Hamilton County, Ohio Burial Records

Volume 13
(GERMAN TRANSLATIONS OF)

First German Protestant Cemetery of Avondale & Martini United Church of Christ Records

Hamilton County Chapter of the
Ohio Genealogical Society
P. O. Box 15865
Cincinnati, Ohio 45215-0865

Edited by
Jeffrey Herbert

HERITAGE BOOKS
2009

HERITAGE BOOKS
AN IMPRINT OF HERITAGE BOOKS, INC.

Books, CDs, and more—Worldwide

For our listing of thousands of titles see our website
at
www.HeritageBooks.com

Published 2009 by
HERITAGE BOOKS, INC.
Publishing Division
100 Railroad Ave. #104
Westminster, Maryland 21157

Copyright © 2001 Hamilton County Chapter of the Ohio Genealogical Society

All rights reserved. No part of this book may be reproduced or transmitted in any form or by any means, electronic or mechanical, including photocopying, recording or by any information storage and retrieval system without written permission from the author, except for the inclusion of brief quotations in a review.

International Standard Book Numbers
Paperbound: 978-0-7884-1729-0
Clothbound: 978-0-7884-8280-9

INTRODUCTION

A newspaper article and picture from 1957 chronicle the memories of the First German Protestant Cemetery Society of Avondale. It was originally founded in the country, away from the City of Cincinnati, in an area that became the Village of Avondale, which in turn was on January 1, 1896 incorporated by the City of Cincinnati. It had a large iron gate entrance at 3632 Reading Road over which hung a key. Legend often repeated that anyone who touched the key would die within the year. It became known as the cholera cemetery by 1878. People feared even digging the ground where cholera victims had been placed. It was closed in 1878 and placed under the care of a seven-man trusteeship. The Village of Avondale, prior to becoming incorporated by the City of Cincinnati, had passed an ordinance in 1894 trying to force the Cemetery Trustees to remove the burials. As time passed, the cemetery was forgotten. In 1966, the cemetery grounds were sold to the Cincinnati Board of Education, then covered over with black asphalt for a school playground. Today, no visible trace remains of the original cemetery.

The record books for the cemetery were written entirely in German, and were kept intact, listing the names of all persons buried there. In 1966 these books were deposited with the officers of The German Evangelical Protestant Cemtery (Vine Street Hill) for safekeeping. In 1975 a person offered to translate the records and make a file of these German records. This attempt was never completed but the records were safely stored by the person. In 1998 they were discovered and offered to the Hamilton County Chapter of the Ohio Genealogical Society. Jeffrey Herbert completed the translation. The original books have now been placed in the rare book department of the Public Library of Cincinnati and Hamilton County.

The following is the original description and copy of the Articles of Incorporation as recorded in Deed Book 112, Pages 537 and 538 on July 1, 1846 by the recorder of Hamilton County, Ohio: "This Society was constituted in the year 1843 by one hundred members or stockholders, each of whom is entitled to, and has received as his share a lot 16 by 16 feet besides his individual and general right to the property of the Society, and the appurtenances and privileges thereof."

The ground of the cemetery contained four acres, more or less, and was purchased by John F Kestner, John F Claudhide, and Fred VonSeggern as trustees, and for the exclusive use of the aforesaid society, from David Shepherd and his wife, Cylinda M Shepherd, both parties of Hamilton County, State of Ohio, and is described according to a Deed recorded May 29, 1843 as follows: " Beginning at the S D corner of Mr Nelson's four acre tract, and running thence south thirteen perches and 80/100 of a perch to the south side of an old stump. Thence north 49 24/100 perches to the middle of the turnpike road. Thence with the middle of said road, north 14 88/100 perches to the south-west corner of Nelson's above named land: thence with his south boundary 43 67/100 perches to the place of Beginning, containing 4 acres and 2 perches, the whole being situated in the State of Ohio, Hamilton Coiunty, part of Section 9 Township 3 and Fractional range 2 in the Miami Purchase."

The Society was incorporated as a legal body by the General Assembly of Ohio in Session 1844-45 with all the privileges and under the regulations which the laws of the State grant and require.

The lots were numbered from 1 to 444 inclusive, and were each 16 feet square. The alleys ran east and west as shown on the plat, were 6 feet wide, and the one running north and south was 15 feet wide. The street that lead from Reading Road to the vault was 20 feet wide, with an alley on each side of 6 feet wide. For a more particular description see the plat.

The Foreword, Constitution and members list have been transcribed and follow this introduction in both the original German text and an English translation.

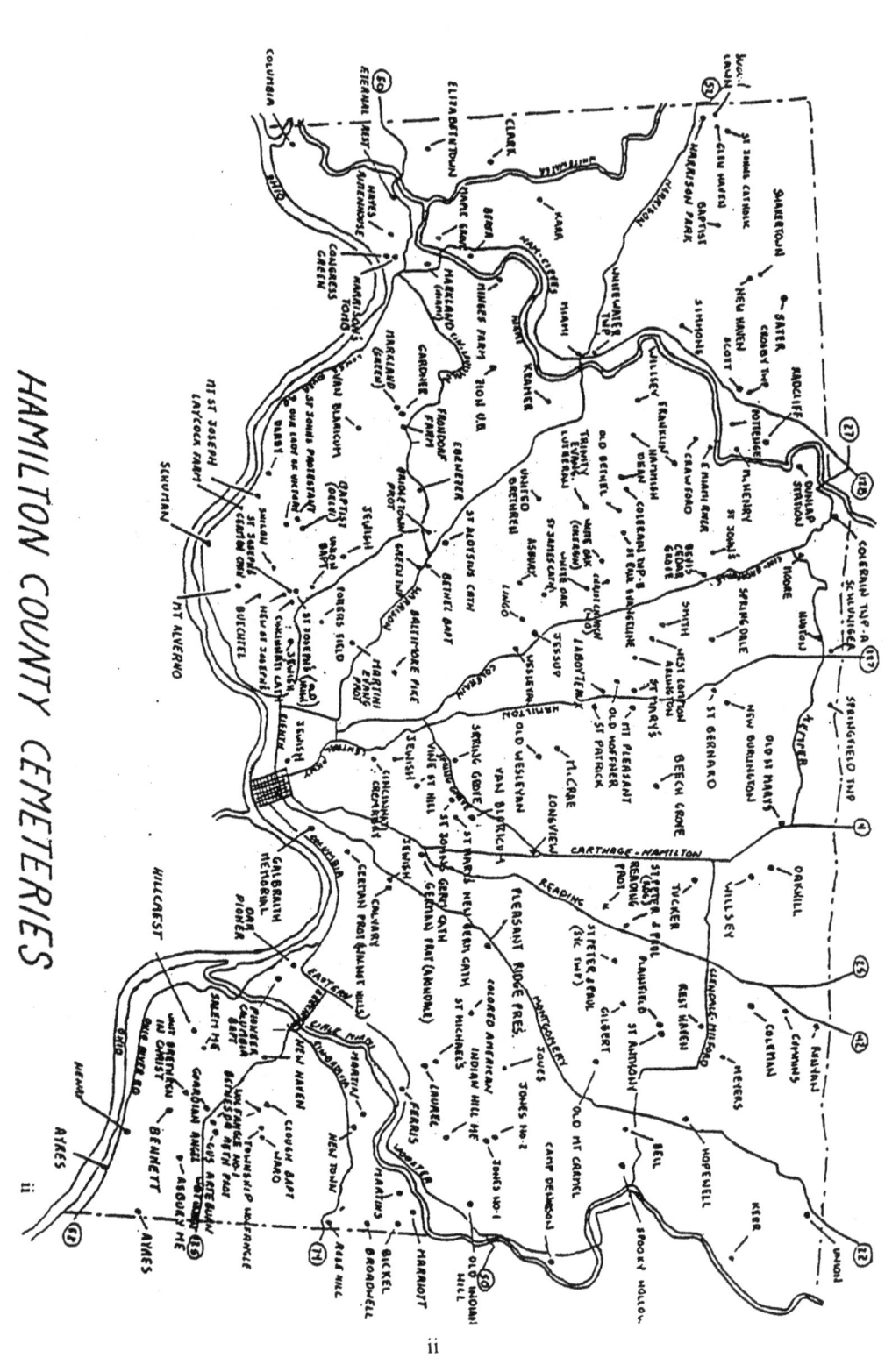

Table of Contents

Introduction	i
Map of Hamilton County, Ohio Cemetery Locations	ii
Table of Contents	iii
Plat of First German Protestant Cemetery of Avondale, Ohio	iv
Foreward (in German and English translation)	v
Constitution of the First German Protestant Cemetery Society (in German)	vi
Constitution of the First German Protestant Cemetery Society (English translation)	xi
Burials sorted alphabetically by last name	1
Burials sorted by lot number and by single grave number	61
Lot owners listed numerically	121
Lot owners sorted alphabetically	126
Introduction to Martini United Church of Christ	131
Burials in Martini churchyard sorted alphabetically	131
Plat of Martini Churchyard	152
Index of Martini Church Burial Records (1851 – 1936)	153

FIRST GERMAN PROTESTANT CEMETERY of AVONDALE, OH

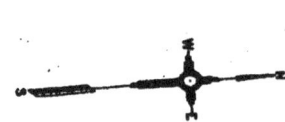

Vorerinnerung

Schon seit längerer Zeit sagten unsrere Deutsche Protestanten hier in Cincinnati den Wunsch, einen eigenen Kirchhof oder Begräbniß-Platz zu besitzen, weil die Beerdigungen der Leichen auf den englischen Todenhöfen so viel Geld kosten.

Um diesen Zweck zu erreichen, traten eine Anzahl Deutscher Protestanten zusammen und bildeten den sogenannten ersten-deutschen-protestantischen Kirchhofs Verein.

Dieser Verein kaufte darauf, zu diesem Behufe, 2 ¾ meilen von Cincinnati, an der Reading Dayton Straße einen Platz, der etwas über 4 Acker groß ist, für 500 Dollars, worüber den 29 April 1843 eine greichtliche Kaufacte, oder Deed ausgefertigt ist.

Es wurde darauf von den Mitgliedern des Vereins eine Constitution verabredet und schriftlich aufgestellet, worin die näheren Bestimmingen, die diesen Gegenstand betreffen, enthalten und Punkt für Punkt angeführt sind.

Damit aber alles, was diesen Begräbnißplatz betrifft, gehörig reguliert und auch in der Zukunft die erforderliche Ordnung dabeÿ beobachtet werde, so haben die Mitglieder des gedachten Vereins, den Entschluß gefaßt, ein schriftliches Document darüber in duplo zu verfassen, worin alle betreffenden Notitzen und Rechnungen von Einnahme und Ausgabe, den etwaigen Veränderungen, Beschlüssen und dengleichen, niedergeschrieben und aufbewahret werden sollen. Ein Exemplar soll dem angestellten Schatzmeister und das andere dem zeitigen Secretair übergeben werden.

Weil die respectiven Mitglieder des Vereins, in der letzten Versammlung, diese angeführten Prinziepien, wie mündlich mitgetheilt haben, so sahe ich es für zweckmäßig an, dieselben, hier als eine Voreinnerung, niederzuschreiben.

Carl Wilhelm Peper
Secretair

Foreward

For a long time already our German Protestants here in Cincinnati have expressed the wish to own a church yard or burial grounds, because the burials of the bodies in the English cemeteries cost too much money.

In order to establish this goal, a number of the German Protestants met together and founded the so called First German Protestant Cemetery Society. This society purchased the lot of ground 2 ¾ miles from Cincinnati on Reading-Dayton Street that was 4 acres in size for $500.00, and recorded the deed on April 29, 1843.

There was a constitution agreed upon by the members of the society, and it was written down, in which even the smallest details were discussed and everything was spelled out and written down point by point.

With all of this the cemetery was begun, and the regulations were established that would be followed and observed in the future, so have the members of the society composed the resolution, and copied the written document in which all notices and rules of the entrance to and exit from the society, and the procedures to change and the decisions have been written down and recorded. One copy should be given to the treasurer, and the other to the present secretary.

Because the respective members of the society have shared these principles verbally at the last meeting, so I saw the need here of writing down these terms as a remembrance.

Carl Wilhelm Peper
Secretary

Constitution oder
Verfassung des ersten-deutschen-protestantischen Kirchhofs Vereins

§ 1.
Der Begräbnißplatz welcher an der Reading-Dayton Straße, 2 ¾ Meilen von der Stadt Cincinnati liegt, führt den Namen, erster-deutscher-protestantischer Kirchhof und soll nach dem Beschlusse der Vereins-Mitglieder, von keiner besondere Kirche abhängig seÿn. Die Eigenthümer desselben nennen sich, erster-deutscher-protestantischer Kirchhofs-Verein.

§ 2.
Der Kirchhof selbst muß das Eigenthum des Gesammtvereins seÿn und bleiben, und so lange Staats oder Stadt-Gestze nicht widerstreiten, als begräbnißort dienen.

§ 3.
Jedes Vereinsglied erhält auf dem Kirchhofe einen Begräbnißplatz von sechszehn Fuß-Länge und gleicher Breite, für sich und seiner Familie. Außer dem Miteigenthums-Recht an dem ganzen Kirchhofe und allen Vortheilen, die derselbe bietet. Dieses Recht geht im Todesfalle eines Mitgliedes, auf dessen gesetzliche Erben über (wenn dieselben Protestanten sind), die dann zusammen zu einer Stimme berechtigt sind. Im Falle aber keine gesetzliche Erben in den Vereinigten Staaten sind, so fällt es an den Verein wieder zurück.

§ 4.
Im Falle, daß ein Vereinsglied fortziehen oder seinem ihm und seiner Familie angehörigen Begräbnißplatz und sein Miteigenthumsrecht an dem ganzen Kirchhofe, einem andere verkaufen oder überlassen will, so hat der gesammte Verein das Verkaufsrecht für dieselbe Verkaufs-Summe eines andere und hat der Verkäufer sich deshalb an den Präsidenten des Vereins zu wenden und der Präsident beruft die Beamten des Vereins und nach zwanzig Vereinsglieder, wo alsdan zweÿ drittel der Mehrheit darüber entscheidet. Sollten zweÿ drittel, wegen gegründete Ursachen den Käufer nicht als Vereinsglied annehmen, so hat der Kirchhofsverein dem Verkäufer alle Gelder, welche derselbe in die Kirchhofs-Casse bezahlt hat, wieder zu erstatten und erhält dafür dessen Eigenthum und Rechte, an dem Kirchhofe.

§ 5.
Kein Mitglied darf für Geld oder Geldeswerth, Fremde auf seinem Platze begraben oder begraben lassen, wohl aber unentgeltlich. Im Übertretungsfalle sind dafür zehn Dollars in die Kirchhofs-Casse, von dem Eigner des Begräbnißplatzes, zu bezahlen.

§ 6.
Jedes Vereinsglied hat beÿ den Abstimmungen, welche die Angelegenheiten des Kirchhofs betreffen, nur eine Stimme. Wer mit seinen Verpflichtungen an die Kirchhofs-Casse, um Dreißig Tage zurück ist, kann nicht stimmen, es seÿ denn, daß er gegründete Entschuldigungen des Falls, den Trösties vorbringt, welche dann entscheiden, ob er stimmen kann oder nicht und jeder der im Verlauf eines Jahres seinen etwaigen Rückstand, mit Zinsen, nicht bezahlt, ist seine Lotte und Kirchhofsrecht verlustig und dasselbe fällt dann an den Verein wieder, ohne Vergütung, zurück.

§ 7.
Die Versammlungen der Vereinsglieder können nur gültige Beschlüsse fassen wenn ein Quorum von Zweÿ-drittel anwesend ist.

§ 8.
Die Zahl der Beamten soll fünf seÿn, ein Präsident, zweÿ Trösties, ein Schatzmeister und ein Schreiber. Jedes Jahr, am 1 ten May, sind dieselben zu wählen under zwar durch Stimmzettel, auf welchen für jedes

Amt dreÿ Kandidaten sind, welche vier Wochen vor dem Wahltage von den Vereinsgliedern ernannt werden. Jeder, so Gewählte, kann nur dreÿ aufeinander folgende Jahre wieder erwählt werden. Zur Wahlcommitte sind dreÿ zu ernennen, von den Vereinsgliedern an demselben Tage, wenn die Kandidaten ernannt werden. Auch soll an demselben Tage ein Tag von dem Verein bestimmt werden, an welcher die Rechnungsablage der Beamten öffentlich stattfinden soll, wozu alle Vereinsglieder eingeladen werden.

§ 9.
Der Präsident beruft, durch den Schreiber, die Versammlung der Beamten und mit den Beamten die Vereinsglieder.

§ 10.
Die Beamten haben dafür zu sorgen, daß das Eigenthum und das Vermögen des Kirchhofs-Vereins, vor allen Nachtheil behütet und so viel als möglich, vermehret werde, daß die Gelder, documente, Rechnungsbücher und die übrigen Pagieren des Vereins stets in Sicherheit und guter Ordnung sind, sie haben ferner darauf zu achten, daß der Begräbnißplatz sich in einem, seinem Zwecke entsprechenden, guten Zustande befinde, um alles entfernt zu halten, was die Würde und Heilighaltung desselben stöhren könnte. Sie sollen überhaupt bemüht seÿn, alles redlich auszurichten, was die Ehre und den Vortheil des vereins fördert und Frieden und Eintracht erhält.

§ 11.
Der Schatzmeister soll beÿm Antritt seines Amtes Bürgschaft leisten, über Einnahme und Ausgabe genaue Rechnung führen und mit Quitungen belegen. Er ist verpflichtet in den Sitzungen der Beamten Rechenschaft über seine geführte Rechnung zu geben, welches jedes mal der Schreiber ins Protocolbuch zu tragen hat. Überhaupt muß er zu jeder Zeit, wenn es dem Trösties beliebt seine Rechnungen einsehen lassen und die Gelder Baar vorbringen. Er darf nur auf Anweisung des Präsidenten (und Schreibers) zusammen, Gelder auszahlen. Jedes Jahr muß der Schatzmeister an dem, von dem Verein bestimmten Tage, öffentlich Rechnung ablegen vor den versammelten Vereinsgliedern und dann die Gelder, Rechnungsbücher und alle Papieren an seinen Nachfolger abliefern. Auch soll er ein Register führen, jeden Namen des Begrabenen darin aufführen und einen Schein an den Todtengräber über jede Leiche ausstellen, die von dem Todtengräber aufzubewahren sind.

§ 12.
Der Schreiber, oder Secretair, welcher Bürgschaft zu leisten hat, muß in den Sitzungen der Beamten, die Verhandlungen desselben, ins Protocolbuch eintragen und dann vom Präsidenten unterzeichnen lassen.

§ 13.
Der Verein verfaßt einen Contract für den Todtengräber und wählt den selben durch Stimmzettel, wo alsdann dreÿ Kandidaten seÿn können, welche sich dem Contracte des Vereins unterziehen müßen. Der sogewählte Todtengräber kann so lange im Amte bleiben, als es dem Verein beliebt, im Fall er sich aber auf eine dem Verein unanständige Weise berträgt sofort seines Amtes entsetzt werden und im Fall, daß es dem Todtengräber nicht mehr gefällt, muß er vier Wochen vorher, sein Amt dem Verein aufkündigen.

§ 14.
Der Todtengräber darf nur auf Anweisung des Schatzmeisters die Gräber machen und im Nothfalle auf seine eigene Kosten, fremde Hülfe nehmen, wofür er selbst verantwortlich ist.

§ 15.
Der Kirchhofs-Verein bestimmt jedesmal auf ein Jahr im voraus die Preise für einen Familien-Begräbnißplatz und auch für die einzelnen Begräbniße an Fremde.

§ 16.
Spätere Zusätze oder Absetze zu dieser Verfaßung dürfen nur durch zweÿdrittel Stimmen-Mehrheit geschehen.

Die Committe des Vereins

Cincinnati, den 9 May 1843
Gustav F. Nepper   Jahn F. Clausheide
J.P. Kestner   Wm. Hollenberg
                          Carl W. Peper

Nachträge

§ 1.
Wirklich Arme sollen unentgeldlich in der Reihefolge einzelner Begräbnißplätze begraben werden.

§ 2.
Vereinsglieder können auch andere Glaubensgenossen, wenn solche zu ihrer Familie gehören, auf ihre Lotten begraben lassen, aber es darf nichts, zum denkmahl darauf gesetzt werden was dem Protestantischen Vereine unanständig ist.

§ 3.
Alle, welche sich absichtlich das Leben genommen haben, können nicht in der Reihefolge einzelner Leichen begraben werden.

Beÿ der ersten Verloosung, im Monat Juny 1843, wurde folgender Plan entworfen, worin einem jeden Mitgliede des Kirchhof-Vereins vorläufig 16 Fuß lang und 16 Fuß breit, als Familien-Begräbniß-Platz zugetheilt sind.

Namen und Nummern der Vereins-Mitglieder

1. Johann Rudolpf Helmich
2. Johann ~~Jacob Schuck~~   Johan Heinrich Rabbe
3. Johann Heinrich Wildbrand auf der Heide   (verkauft an Schulte)
4. Gerhard Heinrich Musekamp
5. Casper Geist
6. ~~Friedrich Wilhelm Helmich~~   Jahn H. König
7. ~~Johann Heinrich Schröder~~   Hermann Pape
8. Wilhelm Hollenberg
9. Johann Heinrich Schwahlmeier
10. ~~Heinrich Wilhelm Borchelt~~   Gerhard Loodig Bühermann (G.L.Buhrmann)
11. Siemon Strunk
12. Christopf Wilhelm Prior
13. Johann Heinrich Kleier
14. Johann Heinrich Wulfeck
15. Johann Friedrich Wilhelm Dinkelmann
16. Johann Adam Wulfeck

17. Wilhelm Kahle
18. ~~Gerhard~~ Heinrich (Adolf) Beste
19. Gottlieb Dzierzanowsky   (verkauft an John Cord Reinke)
20. Victor Wulfeck
21. Johann Heinrich Buse
22. Gerhard Heinrich Menke   (verkauft an B.H. Meier)
23. Dieterich Ihlbrock
24. Heinrich Christopf Ludwig Thieke
25. Johann Heinrich Horstmann
26. Hermann Friedrich Schmidt
27. Hermann Friedrich Lilie
28. Heinrich Sundermann
29. Johann Hermann Wachendorf
30. ~~Hermann Heinrich Wachendorf~~   J.F. Busch
31. Johann Heinrich Wachendorf
32. Carl Wilhelm Maybaum
33. Friedrich vonSeggern
34. Gerhard Heinrich Bruns
35. Christopf Friedrich Koring
36. ~~Klaus Toden~~   H.C. Dannetie
37. Dieterich Heinerich Detchen
38. Johann Philipp Kestner
39. Johann Friederich Krohme
40. Franz Rudolpf Strieck
41. Gerhard Schneider
42. ~~Friederich Wilhelm~~   C.H. Wehrmann
43. Heinrich Wilhelm Schacht
44. Christopf Heinrich Heidenreich   (verkauft an E.H. Löhr,
                                           verkauft an Heinrich Wollem Maÿer)
45. Christopf Stege(n)
46. Johann Heinrich Conrad Fierke
47. ~~Friederich Heinrich Lilie~~   G.R. Schulte 1/58
48. Hermann Heinrich Büscher
49. Ernst Friederich Wilhelm Knoke
50. Friederich Wilhelm Beerhorst
51. Johann Hermann Grothaus
52. Johann Wilhelm Lamfersiek
53. ~~Andreas Heinrich Seifer~~   (verkauft an Heinrich Hanning)
54. Cord Evers
55. Johann Heinrich Stridelmeier
56. Carl Wilhelm Peper
57. August Hahn
58. Johann Dieterich Otten
59. Heinrich Dresing
60. Johann Rothert
61. Carl Liemann
62. Johann Heinrich Ninnaber
63. Friederich Ahlers
64. ~~Friedrich Voss~~   Albert Beckert
65. ~~Hermann Heinrich Scheperklaus~~   Friedrich W. Sundermann ist Erbe von Lotte
66. Friedrich Heinrich Linneweber

67.	Gustav Friederich Nepper	
68.	Johann Friederich Meier	
69.	Johann Friederich Heinerich Knost	
70.	~~Dieterich Kotenkamp~~	(verkauft an C.J. Thiesing)
71.	Gerhard Heinrich Bramsche	
72.	~~Gerhard Rudolpf Pohlkotte~~	Friedrich Wedendorf
73.	Johann Heinrich Klausheide	
74.	~~Heinrich Christian Finke~~	Wilhelm Haning
75.	~~Heinrich Wilhelm Meier~~	(verkauft an Fr. W. Uhlhorn)
76.	Johannes Löppel	
77.	Johann Cord Bruns	
78.	Heinrich Frohbusch	
79.	Johann Heinrich vonderWösten	
80.	~~Dieterich Benter~~	(verkauft an Georg Friedrich Hanning)
81.	Friederich Havekotte	
82.	Johann Heinrich Köstermann	
83.	Adam Kumming	
84.	Hermann Heinrich Lutterbein	(verkauft an Johanne Haselbrock -Wittwe)
85.		
86.		
87.		
88.		
89.		
90.	Johann Schwarze	
91.	Johann Adam Otting	
92.	~~Christopf von Seggern~~	(verkauft an J.H. Steinbrink)
93.	~~Johann Heinrich Kestner~~	(Eigenthümer Josepf J. Rose ?)
94.	Johann Friederich Klausheide	
95.	Heinrich Gerhard Winkelmann	
96.	Friederich Engel	
97.	Ludwig Hagen	
98.	Johann Albert Baumann	
99.	Conrad Ringen	
100.	Wittwe Hadler	
101.	August Friederich Nepper	
102.	Johann Heinrich Havekotte	
103.	Dieterich Harms	
104.	Gerhard Meier	
105.	Carl Friederich Klausheide	

Constitution of the First German Protestant Cemetery Society

§ 1.
The burial place which lies on Reading-Dayton Street 2 ¾ miles from the City of Cincinnati carries the name First German Protestant Cemetery, and should by the conclusion of the society not be tied to a particular church. The owners of the same call themselves the First German Protestant Cemetery Society.

§ 2.
The cemetery itself must be and remain the property of the entire society, and serve as a burial ground, so long as it is not in conflict with the laws of the state or city.

§ 3.
Every society member receives a burial plot in the cemetery 16 feet long and 16 feet wide for his family, in addition to the co-owners right to the entire cemetery and all profits. In the case of the death of a member, this right goes to his legal heirs (when the same are protestants), who are then given altogether one vote. In the case where there are no legal heirs in the United States, so the right reverts back to the society.

§ 4.
In the case where the member of the society has fallen away or he or his family has sold or wishes to sell his burial place and his membership rights to the cemetery, the society has the right to buy back the lot for the same purchase price as the others, and the seller must turn over the rights to the president of the society. The president calls the officers of the society and twenty members of the society where by 2/3 of the majority decides if the buyer is acceptable. Should 2/3 not accept the buyer as a member of the society for sound reasons, then the cemetery society refunds to the seller all money which the seller has paid to the cemetery treasury and receives back his ownership and rights to the cemetery.

§ 5.
No member is permitted to bury or let be buried a non-member in his lot for money or other valuables, as well as uncompensated burials. In case of violation, the owner of the burial lot must pay ten dollars to the cemetery treasury.

§ 6.
Each member of the society has a vote concerning the business of running the cemetery, but only one vote. Whoever is over thirty days behind in his commitment to the cemetery treasury can not vote. If he brought before the trustees the case of reasonable excuses, then they will decide whether he can vote or not, and anyone who in the course of a year is behind and has not paid his dues, then his lot and cemetery rights falls back to the society without reimbursement.

§ 7.
The meeting of the members of the society could only be considered valid when a quorum of two thirds of the members are present.

§ 8.
The number of offices should be five in number: a president, two trustees, a treasurer, and a secretary. Every year on the first of May the officers are elected, from which there are three candidates for each position. These candidates are named four weeks before the election from members of the society. Anyone so elected can only be elected three consecutive years. The election committee are three persons from the members named on the same day as the candidates are named. Also on the same day, a day should be named when the statement of accounts of the offices should be made public, to which all members of the society are invited.

§ 9.

The president calls the meetings of the officials, and with the officials the members of the society together. This is done through the secretary.

§ 10.

The officials have to ensure that the ownership and the prosperity of the cemetery society are protected from all disadvantage so much as possible, and that the money, documents, account books and the above pages of the society are kept in safety and in good order, and furthermore that the burial grounds, corresponding to their purpose, should be kept in good condition and shown the respect and sanctity they deserve. They should above all, be attended to and shown the honor and advantage of the society and receive peace and admittance.

§ 11.

The treasurer should review at the beginning of his term in office the income of the society, and expenses of all bills and verify with receipts. He is obligated during the sessions of the officials to give an accounting of the bills, which are recorded by the secretary in the minutes. Above all, he must allow the receipts to be examined by the trustees, and the money to be brought forward. He is permitted only under the supervision of the president and secretary together to count the money. Every year the treasurer must publish the bills before the members of the society during a meeting, and turn over the money, accounts book and all other papers to his successor. He should also keep a book with all the names of the persons buried and give out a certificate to the grave digger for every body that is buried.

§ 12.

The recorder or secretary who holds the office must record the minutes of the sessions of the officials in a book, which is then signed by the president.

§ 13.

The society engages a contract for the grave digger, and elects by secret ballot from three candidates, which is then signed. The so elected grave digger can remain in office so long as he remains in the society. In the case where he becomes unacceptable to the society, he is removed, and in the case where he no longer wants the job, he should give four weeks notice of his resignation to the society.

§ 14.

The grave digger is allowed to dig the graves only with the permission of the treasurer, and in case of an emergency condition, he can accept outside help for which he himself is responsible.

§ 15.

The cemetery society determines every year the price for a family burial lot and also the price for a single grave for non-members.

§ 16.

Later additions or deletions are permitted to happen only by a two thirds majority.

The committee of the society

Cincinnati, May 9, 1843
Gustav F. Nepper   Jahn F. Clausheide
J.P. Kestner   Wm. Hollenberg
                          Carl W. Peper

Additions

§ 1.
Really poor persons should be buried in a row of single graves for free.

§ 2.
Society members can bury members of their family in their own lot, when they belong to other faiths, but it is not permitted to place a grave marker that is indecent to the protestant society.

§ 3.
Anyone that has taken their own life can not be buried in the row of single graves.

At the first meeting in the month of June 1843 the following plan was put together, where in each member of the cemetery society was entitled to a family burial lot 16 feet long by 16 feet wide.

Name and Number of the Society Member

(see above list beginning on page viii for the list of members)

First German Protestant Evangelical Cemetery

Last Name	First Name	Burial Date	Single Grave	Lot	Age	Remarks
Abert	Johan Friedrich W.	8, Jan. 1853	390		24	
Acker	Wilhelm Friedrich	23, July 1851	328		12d	
Ackerstorf	Catharina Charlotte	1, Dec. 1869			4-3w	
Ackerstorf	Franz Heinrich	7, July 1869	249		10m	
Ackerstorf	Paulina Christina	1, June 1870			5-6m	
Ahlbrand	August Eduard	6, Jan. 1871		396	5w	
Ahlbrand	Friedrich L.	14, Mar. 1861		396	9m	
Ahlbrand	Herman W.L.	21, Dec. 1852		396	2	
Ahlbrand	Johan Friedrich	11, Dec. 1846	73		20	
Ahlbrand	Maria Engel	24, Mar. 1849		396	33	
Ahlers	Georg	11, Mar. 1858		63	22m	
Ahlers	Heinrich	20, Aug. 1850		63	2-12d	
Ahlers	Karliene	31, Aug. 1850	297		2-6m	
Aihlman	Heinrich	4, Jan. 1864		403	44	
Albers	Christine Maria Emery	5, June 1846		79	1-3m	
Albers	Dorathe	15, May 1852	345		2-6m	(buried with Henriette)
Albers	Henriette	5, May 1852	345		4	
Albers	Jefferson	29, Nov. 1844			2	
Albers	Johan	1, Aug. 1859	570		23m	
Albers	Johan Heinrich Wilhelm	19, July 1848		79	1	(buried with sister)
Albrand	Emile Josefina	7, Apr. 1859		396	13m	
Albrand	Friedrich Wilhelm	26, Aug. 1857		396	1-6m	
Albrant	Anna Auguste	23, Oct. 1866		396	3-1m	
Aldenschmidt	Friedrich	2, Jan. 1876		54	11m	
Aldenschmidt	Johan H.	28, July 1851		54	43	
Aldenschmidt	K.H.	14, Apr. 1879	32		5-10m	
Aldenschmidt	Katharine	14, Apr. 1879	33		2	
Alfing	Elisabeth	20, Mar. 1847	85		22-6m	
Alfing	Friedrich Wilhelm	17, Aug. 1850	146		1-2m	(buried with F.W. Alfing)
Alfing	Louisa	2, Sept 1844		4	1-6m	
Alfken	Anna	25, Oct. 1851	213		12m	(buried with Lina)
Alfken	Catharina	29, Mar. 1871			53	
Alfken	Heinrich	12, Apr. 1864			46	
Alfken	Lina	17, June 1849	213		27-6m	
Allfing	Friedrich Wilhelm	24, May 1848	146		1w	
Allfing	Louisa	22, Feb. 1845		4	50	
Allfing	Wilhelm	22, Feb. 1845		4	3m	
Allfing	Wilhelm	1, Sept 1847	85		9m	(buried with mother)
Alrutz	Wilhelm	6, Feb. 1850	129		2	
Althof	Luisa Karolina	19, July 1858	535		1	
Amlingmeier	Johan G.	24, Aug. 1865			5m	(buried with brother)
Amlingmeier	Maria Friedricka	7, Sept 1846			8d	
Amlingmeier	Wilhelm	19, Sept 1852	378		78	
Anland	Janna Carolina	27, May 1845		51	1	
Anschuetz	Otto	20, July 1864			1-6m	
Armbrust	Louisa	18, July 1852	355		4m	
Arnbrecht	(child of Friedrich)	21, May 1850	228		stillborn	
Arnbrecht	(child of Friedrich)	24, Aug. 1859	74		stillborn	
Arnbrecht	Maria	18, July 1855	74		2-2m	
Arnhold	(child)	20, Feb. 1850	106		stillborn	
Arnhold	Luis	4, Aug. 1847	106		2	
Arnold	Paulina	8, May 1860	588		17m	
Asberry	Sophia Elise	9, May 1878		22	3-1m	
Aschemor	Louisa	22, Nov. 1852	385		16	
Asling	Friedrich Heinrich	5, July 1850	161		1-7m	
Asling	Herman Heinrich	2, Aug. 1848	161		11m	
Assmus	Heinrich	18, Nov. 1849	289		15	
Asterstoff	C.	18, Jan. 1869				

First German Protestant Evangelical Cemetery

Last Name	First Name	Burial Date	Single Grave	Lot	Age	Remarks
Asterstoff	C.	15, May 1869				
Aue	Fritz	13, Oct. 1860		70	14	
Auel	Edward	3, Oct. 1854	205		3w	(buried with Catharina)
Auell	Katharina	30, June 1849	205		17	
Auer	Charles	7, July 1860	598		7-6m	
Auer	Friedricka Elisabeth	5, Nov. 1848	137		71	
Aufderhaus	Scherlotte	30, Oct. 1850		40	28	
Aumueller	Friedrich	25, June 1848	151		8d	
Aupke	Gerhard Friedrich	19, June 1849		109	22	
Baches	John	9, Dec. 1868			6-9m	
Backer	Carl	11, May 1848	140		1-3m	
Backer	Carolina	24, May 1848	140		3-3m	(buried with brother)
Backer	Maria Sophia	3, Sept 1851	333		2-6m	
Backes	Carolina	29, July 1859	569		4-6m	
Backes	Elisa	10, Mar. 1852	342		6m	
Backman	Jelle	6, July 1851	350		30-9m	
Backmann	Crist.	19, Oct. 1868			45	
Backmeier	Friedrich H.W.	3, July 1849	39		11	
Baekens	Corhilea	23, Nov. 1848	135		40	
Baertel	Karolina Luisa	4, Dec. 1858		437	15m	
Baettel	Sophie	9, Jan. 1851	305		2-6m	
Baffbauer	Johan	10, May 1852	345		4m	
Bahne	Andreas	27, July 1855		1	17	
Bahne	Andreas	18, June 1863		1	1	
Bahne	Charles Heinrich	23, July 1861		1	3-6m	
Bahne	Robert	1, Mar. 1860		1	17d	
Bahne	Rudolf	26, July 1853		1	4m	
Bakens	Jacob	28, Nov. 1848	135		32	
Balage	Johan Friedrich	2, July 1854		88	48	
Balke	(child of Casper)	2, May 1860	428		stillborn	(buried with Anna Maria)
Balke	Anna Maria	12, Mar. 1854	428		3m	
Balke	Hanna Friedricka L.	24, Aug. 1852	360		1-6m	
Balke	Johan Heinrich	19, July 1853	360		3-6m	(buried with Johanna F.)
Ballmann	Ida Amalia	24, Aug. 1863	668		1-1m	
Balter	Heinrich	21, Oct. 1848		88	1	
Balter	Maria Charlotte	19, Aug. 1848		88	1	
Bardelsmann	Catharina Maria	31, July 1848	58		81	
Barkelt	Maria	23, Sept 1843			2-6m	
Barkes	Johan	22, June 1852	342		10m	(buried with Elisa Barkes)
Barlen	Elise	1, July 1855	71		1-5m	
Barlen	Herman	16, July 1856	71		7m	(buried with C. Barlen)
Barsaun	Elisabeth	18, May 1858	408		28	
Bartels	Friedrich Wilhelm	22, May 1851	391		8m	
Bartels	Herman Eduard	9, Feb. 1853	391		7m	(buried with F.W. Bartels)
Bartels	Louisa	10, Dec. 1854	425		27	
Bartelsmann	Christof	26, Feb. 1848	108		34	
Barth	Adam	26, Dec. 1849	264		1-6m	
Baschier	Friedricka	17, July 1855	436		26-6m	
Basjahn	Johan	8, Mar. 1856	444		27	
Baucks	Fallentine	27, July 1848	119		67	
Bauer	Elisabeth	29, Apr. 1864	81		11m	
Bauer	Friedrich	29, Jan. 1859	423		21m	(buried with Bernhard)
Bauer	Johannes	19, May 1848	142		17w	
Bauman	(child of Albert)	23, Sept 1851		98	stillborn	
Bauman	(child of Albert)	25, July 1861		98	stillborn	
Bauman	(child of Johan Albert)	31, Oct. 1852		98	stillborn	
Bauman	Anna Maria	7, Aug. 1844		98	2m	
Bauman	Johan Heinrich	17, Oct. 1860		98	20-7m	

First German Protestant Evangelical Cemetery

Last Name	First Name	Burial Date	Single Grave	Lot	Age	Remarks
Bauman	Sophia	29, July 1843		98	1	
Baumann	Barbara	18, May 1858	481		67	
Baumann	Cord Heinrich	13, Oct. 1880		98	34	
Baumann	Dorothea Luisa	3, Oct. 1858		98	2	
Baumann	Edward Cristof	30, Apr. 1860		98	6m	
Baumann	Harry Rudolf	5, May 1860		98	6m	
Beck	Jakob	12, Sept 1847	110			
Beck	Johann	3, Jan. 1851	304		10w	
Beckemann	Karolina Dorothea	20, Dec. 1857			17m	
Becken	Carolina	10, Dec. 1846	72		66	
Becker	Albert	11, Feb. 1850		64	1-5m	
Becker	Arthur Harry	18, May 1880		64	5m	
Becker	Jakob Biene	13, Aug. 1849		380	4m	
Becker	Johan Heinrich	23, Aug. 1857	471		29	
Becker	Maria Jenna	16, July 1851	324		2m	(buried with mother)
Becker	Metta Margreta	16, July 1851	324		14d	(buried with mother)
Becker	Sophia Maria	14, July 1851	324		28	
Becker	Walter Wilhelm	7, May 1880		64	5m	
Beckkens	Cornedoha	4, Nov. 1848	5		7w	
Becklage	Katharina	20, July 1849	45		2-7m	
Beckman	(child of Heinrich)	11, Dec. 1847	122		stillborn	
Beckmann	Cl.	12, Feb. 1872		326	4-2m	
Beckmann	Heinrich Ed.	19, Mar. 1863	661		2	
Beckmann	Otto	20, Oct. 1857		326	63	
Beckmann	Wilhelm	15, July 1849		320	10	
Beckmann	Wilhelm Fritz	15, Aug. 1854	421		1-6m	(buried with Maria Hufmann)
Beckmann	Wilhelmina	11, Feb. 1847		109	29	
Beckmann	Wilhelmina	7, Jan. 1850	254		9m	(buried with mother)
Beckmans	Anna L.C.	4, July 1855	395			(buried with Johan Everhard)
Beckner	Katharina	7, July 1849		380	34	
Beckrege	Claus Heinrich	28, June 1849	202		27	
Behrens	Johan Fr.	12, July 1862		91	22	
Beineger	Friedrich	14, Apr. 1862		85	1	
Beintt	Sopfia	19, Aug. 1861		334	12d	
Bekant	(child of Nuest)	18, Sept 1854		440	stillborn	
Bekmann	(widow)	30, June 1849		17	66	
Bekmann	A. Margaretha	18, June 1844			55	
Belmer	Heinrich	15, June 1849	176		48	
Belmer	Heinrich	19, July 1850		21	22	
Belter	Johan Friedrich	7, May 1851		88	1d	
Belter	Johan Friedrich	8, July 1854		88	21m	
Belter	Wilhelm	23, May 1845		88	1-6m	
Bemme	C.L.	Apr. 1872			14	
Benckmann	Johan Wilhelm	28, Nov. 1849	262		18d	
Bening		17, May 1849	159		40	
Benneke	Aleide	16, Aug. 1848	122		26	
Benneke	Anna Gesina	18, Mar. 1848	139		4	
Benneke	Herman	15, Aug. 1848	122		1-5m	(buried with sister)
Benneke	Johan Herman	3, Sept 1848	122		3m	(buried with mother)
Bensack	Jacob	18, Sept 1862		54	27	
Benter	Herman	8, May 1845		80	1-6m	
Benter	Johan Herman	27, Feb. 1848		80		
Berg	Franz	20, May 1858		330	1	
Bergjohan	Barbara	15, June 1849	172		25	
Bergman	Margaretha M. Maria	30, Sept 1845	30		1-6m	
Bergman	Wilhelm	19, June 1848	150		20w	
Bergmann	Heinrich D.F.	7, July 1849	41		1	
Berhard		12, July 1850			28	

First German Protestant Evangelical Cemetery

Last Name	First Name	Burial Date	Single Grave	Lot	Age	Remarks
Beringer	Georg Bernhard	20, July 1849	252		3-6m	
Bermann	C.	12, Feb. 1872				
Bertelmann	Maria Elisabeth	31, July 1849	275		36	
Bertling	Ernst	13, Aug. 1866			55	
Bertling	Heinrich	3, Apr. 1880		333	36	
Bertling	Louisa	27, July 1848	38		1-9m	
Bertling	Maria	13, Aug. 1860	514		18-5m	
Bertling	Wilhelm H.	11, Aug. 1878		333	9m	
Besse	Emilia	25, Aug. 1859		25	6m	
Besse	Wilhelmina	28, Oct. 1857		25	1-6m	
Beste	H.A.	11, Sept 1866		18		
Bettinghaus	Anna Maria	20, Feb. 1848	127		3d	
Bielefeld	Magreta Ch.	20, Mar. 1863	659		4m	(buried with Maria)
Bielefeld	Maria	17, Mar. 1863	659		3-2m	
Bieri	Friedrich	28, July 1870			28	
Billiam	Georg	29, July 1855	76		17m	
Billian	Heinrich	24, June 1850	271		5m	
Billing	Friedrich	19, Mar. 1857	501		1-9m	
Binebrink	(child of Heinrich)	7, Sept 1853	369		stillborn	
Birhorst	Frans	27, Feb. 1852		63	65	
Birhorst	Heinrich	27, Feb. 1852		63	22	
Blaekanech	(child of Adam)	2, Apr. 1848	13		stillborn	
Blankemeier	(child of J. Friedrich)	16, Apr. 1854	136		stillborn	(buried with Heinrich)
Blankemeier	Herman Heinrich	2, May 1849	198		11w	
Blankemeier	Maria Elisabeth	22, Nov. 1845	38		19-6m	
Blankemeyer	Friedrich	20, June 1860	513		40	
Blankemeyer	Johan Heinrich	31, July 1850	198		25w	(buried with Herman H.)
Blankenmeier	Heinrich	20, Feb. 1848	136		11m	
Blankmeier	Christine	6, Mar. 1873			57	
Blase	Catharina Clara	28, Dec. 1847	107		30	
Blase	Catharina Louisa	20, Nov. 1854	367		18m	(buried with Catharina E.)
Blase	Christian	13, July 1849	258		40	
Blase	Johan A.	17, Apr. 1864	591		42	
Blase	Johan Friedrich	16, Mar. 1848	107		6m	(buried with mother)
Blase	Katharina Elise	24, Oct. 1852	367		1-6m	
Blase	Katharina Luisa	18, Mar. 1860	583		15m	
Blase	Katriene Elisebet	10, Sept 1850	258		1	(buried with Kristine)
Blase	Maria	9, Feb. 1877		3	59	
Blase	Maria	8, Feb. 1877			59	
Blaubaum	Heinrich Wilhelm	14, June 1847	102		7w	
Bleibaum	Maria	12, Apr. 1864		39	2	
Bleibaum	Maria L.	12, Apr. 1864		39	2-10m	
Bleiler	Susanna	26, Apr. 1862	273		4	(buried with Wilhelmina)
Bleinler	Wilmina	3, July 1854	417		19	
Blekemeier	(child of Friedrich)	30, Jan. 1859	555		stillborn	
Bloebaum	Matilde S.L.	17, Dec. 1864		39	8-10m	
Bloehbaum	(child of Karl)	25, Nov. 1854		39	stillborn	
Blum	Elisa	20, Apr. 1864			18	
Blum	J.	16, Feb. 1869				
Blum	Johan	12, Jan. 1870			84	
Bobrich	Mardlen	11, July 1846	56		49	
Bock	Wilhelm	7, June 1863	663		1-9m	
Boeckwoege	Heinrich	11, Aug. 1848	162		8d	
Boehm	Carolina	3, Aug. 1859	388		4	(buried with Nonn)
Boehm	Nonn	4, May 1853	388		2-3m	
Boelling	Friedrich	17, July 1874		370	5m	
Boelling	Maria	30, Nov. 1862		370	3-6m	
Boelling	Maria Louisa	25, Oct. 1847	99		41	

First German Protestant Evangelical Cemetery

Last Name	First Name	Burial Date	Single Grave	Lot	Age	Remarks
Boenings	Heinerjette	8, July 1850		87	25	
Boennig	Gerhard	12, July 1845		87	14d	
Boese	Carl	26, Sept 1865			2-6m	
Boester	Karolina	3, Dec. 1849	259		1-2m	
Boettifer	Friedrich W.	29, June 1849		380	49	(Minister)
Boewer	Heinrich	12, Jan. 1863	546		14-6m	
Bohling	C.	23, Dec. 1868				
Bohmann	Albert Friedrich	14, Sept 1850		98	1-7m	
Bohne	(Mrs)	12, Mar. 1849	148		55	
Bohnensack	Carl	1, May 1864	693		6-9m	
Bohning	Rosina	18, Mar. 1864		4	4	
Bohnsack	Mina	2, Feb. 1864			3-6m	
Bolland	Sophia	28, June 1857	504		3-6m	
Bollmann	Johan Heinrich	18, Oct. 1857	515		14m	
Bollte	Johan	30, June 1849	206		28-3m-25d	
Bollte	Maria	10, June 1850		36	6m	
Bollte	Mina	17, June 1850		36	2-6m	
Bolte	Johan Christian A.	22, Aug. 1853	406		1-6m	
Bolter	Maria Emily	7, May 1861		88	2-10m	
Boning	Gerhard Friedrich Wm.	17, July 1850		87	3-7m	
Bonn	Gustaf	25, July 1849	244		10m	
Bonte	Amalia	4, July 1866		427	3m	
Bonthaus	Kordel Heinrich	2, June 1845		86	10m	
Borchalt	W.	31, July 1843		10	1	
Borchelt	Herman	20, Jan. 1845		10	8d	
Borchelt	Johan	13, Dec. 1854		10	7-6m	
Borchelt	Ludwig	1, Aug. 1854		10	1	
Boss	Friedrich	20, Oct. 1844		64	stillborn	
Bosshauer	Christian	20, Aug. 1854	346		17m	(buried with Johan)
Brackemeier	(child of Friedrich)	19, Apr. 1853	52		stillborn	
Brackemeier	(child of Friedrich)	3, Nov. 1853	52		stillborn	(buried with brother)
Brackemeier	Heinrich F.	14, Mar. 1850	52		9m	
Braemer	Heinrich	4, July 1849	232		2	
Brafford	Friedrich Wilhelm	12, Feb. 1847	93		8d	
Brakemeier	(child of Friedrich)	16, Nov. 1854	457		stillborn	
Brakemeyer	Friedrich	1, Dec. 1850	302		2m	
Bramkamp	Heinrich Wilhelm	29, July 1845	22		9m	
Bramkamp	Wilhelm	26, Oct. 1855	443		37	
Bramkamp	Wilhelm	1, June 1857	443		4d	(buried with Wilhelm)
Bramsche	(child of Johan Gerhard)	21, Apr. 1847		71	stillborn	
Bramsche	Anna Margaretha	29, Mar. 1853		71	49	
Bramsche	Anna Maria	2, June 1847		71	23	
Bramsche	Elisabeth	16, Apr. 1859		71	7m	
Bramsche	Georg Wilhelm	16, June 1851		71	9m	
Bramsche	Gerhard Heinrich	7, Jan. 1846		71	45	
Bramsche	Heinrich	29, July 1857		71	2w	
Bramsche	Johan Heinrich	2, Mar. 1848		71	3-6m	
Bramsche	Maria Louisa	19, Mar. 1853		71	10m	
Bramsche	Wilhelm Heinrich	6, Sept 1858		71	15m	
Brand	Carl	16, June 1852	366		25	(buried with Dorothea Pafken)
Brand	Heinrich Johan	26, Jan. 1853	391		62	
Brandt	Wilhelm	1, Mar. 1855	465		18m	
Braun	Etrien	10, Aug. 1846	70		1	
Breborman	Albert	28, May 1846		77		
Breitenbach	Anton	28, Dec. 1856	460		38	
Breman	Johan	29, May 1851	312		6m	
Brenner	Emilia	14, Dec. 1858	552		18m	
Brethorst	Heinrich	13, July 1846		86	4	

First German Protestant Evangelical Cemetery

Last Name	First Name	Burial Date	Single Grave	Lot	Age	Remarks
Brethorst	Wilhelm	6, Sept 1847		86	1-6m	
Bricker	Louisa Elisabeth	16, July 1849	240		9m	
Brincherl	Anna	18, June 1854	413		26	
Brink	Carolina	30, June 1849			30	
Brinkmann	Margaretha	5, July 1849	229		30	
Brinkmeier	Anna Maria	30, Dec. 1849		322	24	
Brochmann	Maria Karolina	12, Apr. 1850	54		7m	
Brockhaus	Johan Bernd	29, June 1849	220		2-7m	
Brockmann	(child of Heinrich)	28, Dec. 1859	577		stillborn	
Brockmann	C.	19, Oct. 1868				
Brockmann	Carolina	29, Jan. 1860	577		1m	
Brockmann	Charlotte Emilia	29, June 1878		346	2	
Brockmann	Christina Sopfia	1, Oct. 1863		346	1	
Brockmann	Elisa	17, Apr. 1860	586		3	
Brockmann	Elisabeth	4, Aug. 1880		346	46-10m	
Brockmann	Emilie	29, June 1878		340	2	
Brockmann	F.	Jan. 1868		346	2-6m	
Brockmann	F.	29, Feb. 1868		346	6	
Brockmann	F. Carl	14, Oct. 1871		346	1	
Brockmann	H.	10, Mar. 1868		346	3-3m	
Brockmann	Herman Georg	2, Oct. 1854		322	6w	
Brockmann	Katharina C.	22, May 1856	459		40	
Brockmann	Sopfia	1, Nov. 1863		346	1-10m	
Brockmann	Sophie	23, Aug. 1872	11		45-6m	
Brockmeyer	Heinrich	14, Jan. 1863		322	24	
Brockschmidt	Anna Doros	9, May 1854	431		16m	
Brockschmidt	Evert Heinrich	19, May 1862	538		63	
Brockschmidt	Louisa	12, July 1849	248		53	
Brockschmidt	Maria Cath. Dorteke	1, Sept 1849	155		1-8m	
Brocksint	Stiena	6, June 1851	346		28	
Brocksmith	Herman Fr.	6, Nov. 1860	522		26	
Broechman	(child of Heinrich)	30, Jan. 1854	427		stillborn	
Broemann	(child of H.A.)	11, July 1860	571		stillborn	
Broemann	Heinrich Rudolph	2, Aug. 1876		7	50	
Broermann	C.	14, Oct. 1872				
Brokmann	Elisabeth	9, July 1849	242		51	
Brokmann	Sophia	6, July 1849	234		23	
Broneland	August	24, Aug. 1848	165		1-7m	
Brotling	Lisette	22, Oct. 1845	38		5m	
Bruchmann	(child of Heinrich)	15, May 1858	427		stillborn	
Bruegemann	(child of Adolf H.)	11, Aug. 1859	571		stillborn	
Brueggemann	Catrina	5, July 1851		432	37	
Brueggemann	Johan Friedrich	26, Jan. 1850	298		50	
Brueggemann	Johan Wilhelm	28, July 1850	298		1-4m	(buried with Johan F.)
Brueggemann	Margaretha	13, Jan. 1850		432	52	
Brueggemann	Maria Sophia	26, June 1851		432	3d	
Bruenning	Herman	10, Sept 1852	377		27	
Brummer	Bernhard Heinrich	5, Sept 1854	452		8m	
Bruning	H.F.	8, Jan. 1869			2m-22d	
Brunland	(child of Philip)	23, Sept 1861	504		stillborn	(buried with Sopfie)
Brunland	August	1, June 1851	165		2-5m	(buried with brother)
Bruns	(child)	18, Apr. 1850		34	stillborn	
Bruns	August	6, July 1852		26	3	
Bruns	G.H.	14, Aug. 1847		34	51	
Bruns	Heinrich	1, Sept 1851		26	34	
Bruns	Heinrich Friedrich	4, June 1853		34	22m	
Bruns	Johan Cordt	12, July 1849		77	34	
Bruns	Johane	7, July 1855	434		15	

First German Protestant Evangelical Cemetery

Last Name	First Name	Burial Date	Single Grave	Lot	Age	Remarks
Bruns	Louisa Margaretha	26, Apr. 1848		77	2-2m	
Bruns	M.	1, Aug. 1872			71	
Bruns	Maria	19, Dec. 1849	261		6w	
Bruns	Marian	9, Aug. 1872		34	71	
Bruns	Michael	6, May 1858			2w	
Brunstrop	Heinrich	24, June 1858	531		19m	
Brunstrup	Clen	4, July 1850	283		32	(buried with Heinrich)
Brunstrup	Heinrich	31, Aug. 1849	283		32	
Buchner	Anna Maria	15, Nov. 1848	133		widow	
Bucke	Friedrich Arnold	23, Aug. 1857	510		2w	
Budke	Cristina Wilhelmina	25, July 1859	510		4w	(buried with F. Arnold)
Buecker	(Mrs)	24, June 1849	167		50	
Buecker	Anna Friedricka	8, Mar. 1854		68	31	
Buecker	Johan Herman	13, June 1849	167		20	
Buecker	Juli Luisa	21, Apr. 1860		371	2	
Buecker	Maria	9, Feb. 1853		68	7m	
Bueckert	Sophia Augusta	23, July 1855		68	1-2m	
Buedke	Friedrich Wilhelm Heinri	3, Mar. 1845			5m	
Buehning	Heinrich	28, Nov. 1843		58	77	
Buehring	Christian Friedrich	8, Apr. 1848			4-6m	(buried with sister)
Buehring	Sophia	9, Mar. 1848	29		7	
Buehrmann	Karl Wilhelm	24, Jan. 1855		10	4-6m	
Buehrmann	Margaretha Elena	24, July 1854		10	2	
Bueke	(child of Christofer)	6, Sept 1852	375		3d	(buried with Christofer)
Bueke	Christofer	2, Sept 1852	375		26	
Buenebrink	(child of Heinrich)	18, Nov. 1852	369		stillborn	
Buening	(child of Gerhard H.)	2, Jan. 1858		87	stillborn	
Buening	Anna Maria	7, Aug. 1845		58	19	
Buening	Charles Edward	26, Aug. 1863			4	
Buening	Gerhard Ludwig	18, July 1857		87	2-6m	
Buening	Johan F.	15, Feb. 1856	445		79	
Buening	Johan Friedrich	30, Apr. 1847	87		3m	
Buening	Katrine A.	25, Nov. 1866		87	3d	
Buening	Katrine Mary	25, Nov. 1866		87	47	
Buenings	Maria Elisabeth	15, Jan. 1860		88	80	
Buente	Henriette Wilhelmine	17, Jan. 1874		377	66-10m	
Buente	Johan	19, Mar. 1849		377	10m	
Buerke	(child of Wilhelm)	21, Nov. 1860		371	stillborn	
Buerkel	Friedricka Magrette	24, Sept 1855		68	3-6m	
Buerker	Anna	21, Feb. 1854		68	2m	
Buescher	Herman Heinrich	17, Dec. 1852		48	53	
Buesching	Cord Heinrich	3, July 1849		26	27-6m	
Buhmeister	Christian	21, Feb. 1845			28	
Buhrmann	Carl Wilhelm	24, Feb. 1855			4-6m	
Buhrmann	Georg Heinrich	13, Mar. 1857		10		
Buhrmann	Maria	16, May 1861		10	18	
Buldmann	Hilhene	27, Feb. 1851	342		73	
Bultmann	Lois	6, Oct. 1849		437	1-8m	
Bultmann	Louisa	30, Jan. 1850	303		66	
Bumiller	H.	12, Oct. 1868				
Buncke	Herman	30, June 1854	415		30	
Burbrink	Johan Wilhelm	21, Oct. 1848	178		1-1m	
Burchard	Elisa	30, Aug. 1858			3	(buried with Karolina)
Burchhard	Karolina	6, Aug. 1858	539		1	
Burker	Sofia Augusta	18, June 1862		371	2m	
Burrichter	F.H.	12, Oct. 1868			6w	
Burwinkel	(child of Heinrich)	6, Oct. 1857	514		stillborn	
Busch	(child of Heinrich W.)	26, Mar. 1854	381		stillborn	

First German Protestant Evangelical Cemetery

Last Name	First Name	Burial Date	Single Grave	Lot	Age	Remarks
Busch	Alwine Justina M.	14, Sept 1852	363		2	
Busch	Anna Almala D.	24, Feb. 1859		29	15m	
Busch	Bernhard H.	2, Mar. 1862	32		21d	
Busch	Catharina	16, June 1846	16		8m	
Busch	Elise Henriette	28, July 1856		29	40	
Busch	Gerhard Heinrich W.	11, Mar. 1859	559		2	
Busch	J.F.	19, Jan. 1872		29	54	
Busch	Johan Fr.	2, Mar. 1862	32		21d	
Busch	Karl Trenke	18, Sept 1855	363		4-6m	
Busch	Karolina Katharina L.	2, Mar. 1859		29	2-6m	
Busch	Katharina	7, July 1858		29	82	
Busch	Klaus T.	26, June 1843		21	Child	
Busch	Magrete Mathilda	3, Apr. 1850	60		1-1m	(buried with Katharina)
Busch	Maria Elisa	17, Sept 1853	381		11m	(buried with mother)
Busch	Sofia	18, Oct. 1852	381		24	
Busche	Georg	21, July 1851	327		2	
Busche	Johan Friedrich	25, May 1844		21	2	
Buschklaus	Maria	21, Apr. 1860		3	5-6m	
Busen	Anna	22, July 1850	229		55	
Butke	Georg	10, Mar. 1859		4	3w	
Butke	George	4, Mar. 1864		4	3w	
Callies	Hedwig	14, Apr. 1877			42	
Campel	John L.	12, Jan. 1847		47	1-2m	
Campel	Trustius	27, July 1848	118		34	
Carlis	Harta	27, Aug. 1873	23		3m	
Carlis	Otto	1874	24		6	
Carpell	(Mrs)	7, Sept 1865	1		36	
Cartico	H.	21, Aug. 1873			3m	
Cartmell	Maria	22, May 1865	687		3	
Cerlein	Johannes	8, July 1850	281		1-1m	
Charlhaus	Heinrich	28, Mar. 1866			1-7m	
Cidakert	Adolf	23, Dec. 1850	135		15m	
Claasen	C.	22, Jan. 1877		338	57	
Claassen	M. Sophia	10, June 1873		427	84	
Claassen	S.	10, June 1873			84	
Classen	C.	5, Mar. 1877		338	59	
Clauer	Georg	1, Feb. 1854	62		7	
Clauer	Katharina	24, Jan. 1854	419		2	
Claus	(child of Samuel)	11, Oct. 1854	456		stillborn	
Clausheide	Amalia	19, Jan. 1864		73	1-11m	
Clausheide		24, Apr. 1872		73	78	
Clayer	Bendine	8, Apr. 1872			1-6m	
Clecte	P.	3, Jan. 1871				
Clemmen	Ernst Ludwig	8, Sept 1879			2m	
Clemmen	Maggie	14, July 1879			28	
Clusener	H.	25, Nov. 1872		77	stillborn	
Cohrs	F.H.	22, May 1873		26	54	
Conrade	Louise	3, May 1857	478		5w	(buried with sister)
Conrade	Sopfia	6, Oct. 1862	647		1-5m	
Conradi	Edward	30, Jan. 1860	489		1m	(buried with Wilhelmina)
Conradi	Friedrich	15, Jan. 1859	334		5w	(buried with Sofia Beckmann)
Conradi	Ludi	27, Jan. 1860	578		5w	
Conradi	Wilhelmina	22, Nov. 1858	489		34	
Coors	George	10, Aug. 1864		26	10m	
Corde	Wilhelmina	28, Aug. 1847	108		3-6m	
Corlies	Otto	10, Mar. 1874			6	
Cortenkamp	(child of L.)	17, Dec. 1860			stillborn	
Crasser	Friedrich C.	18, June 1849	212		7-6m	(buried with Margaretha)

First German Protestant Evangelical Cemetery

Last Name	First Name	Burial Date	Single Grave	Lot	Age	Remarks
Cruestof	Johan	11, July 1849	239		3m	
Daewes	Heinrich	16, July 1852	354		4	
Daewes	Margaretha	19, July 1852	354		1-6m	(buried with Heinrich)
Daewis	Friedrich	14, July 1852	154		8m	(buried with Christina)
Dahlmann	(child of Herman)	20, Apr. 1860			stillborn	
Dallman	(child of Herman)	18, Dec. 1861			stillborn	
Dallmann	A.	3, Mar. 1869			6d	
Dallmann	Anna Wilhelmina	6, July 1870	599		6d	
Dallmann	Herman	20, July 1878		406	50	
Dallmann	Johan Heinrich	18, Apr. 1854		338	5w	
Dallmann	Regina	11, June 1864	599		35	
Dallwig	Martha	9, June 1847	100		1-3m	
Dameier	Louise	19, Jan. 1847	23		6	
Dameyer	Magrethe	7, Aug. 1850	266		1-2m	(buried with Frank)
Dammeier	(Mrs)	20, July 1849	266		38	
Dandu	Dietrich	15, June 1849	210		9d	
Danmeier	Heinrich	28, Mar. 1850	49		2-9m	
Dannebaum	(child of Wilhelm)	26, Dec. 1862	650		stillborn	
Dannettel	(child)	22, Mar. 1850		36	stillborn	
Dannettel	Christoph Louis	23, July 1848		395	1-8m	
Dannettel	Lutzi	22, Oct. 1848		36	35	
Danns	Magrete	2, Mar. 1857	503		3-9m	
Dauvit	Christina	23, May 1848	145		1	
Deetz	(child of H.)	10, Apr. 1853	382		stillborn	
Degischer	Ernst	29, June 1860	475		25d	(buried with Paul)
Deichmann	Carl	30, Nov. 1856	495		6m	
Delfendahl	(child of Henry)	30, Mar. 1874		409	stillborn	
Delfendahl	Anna	3, Apr. 1858		431	10	
Delfendahl	Carl	5, July 1855		434	1	
Delfendahl	Caroline	13, Nov. 1873		409	3	
Delfendahl	Heinrich	9, July 1855		434	40	
Delfendahl	J.	7, Apr. 1868		431	1d	
Delfendahl	Johan Heinrich	28, Dec. 1856		434	3w	
Delfendahl	Johann	11, July 1850		434	28	
Delfendahl	John	7, July 1855		434	3	
Delfendahl	Kate	9, July 1880		409		
Delfendahl	Lizzie	23, June 1882		409	7	
Delfendahl	Magretha	26, Oct. 1873		409	4-6m	
Delfendahl	Peter	10, Mar. 1880		409	8m	
Delhones	Magdalena	28, Mar. 1878		37	78	
Deppe	Christian	2, Dec. 1849	292		40	
Deppe	Johan	4, Apr. 1880		391	59	
Deppe	Johan	3, Dec. 1879		391	59	
Desing	Maria	18, Sept 1847	96		19	
Detchen	Dietrich H.	10, Oct. 1866		37	66	
Detchen	H.	22, Nov. 1872		37	42	
Detters	Anna	24, Nov. 1849	290		26	
Deutemeier	Johan Friedrich	6, Sept 1851	291		3m	(buried with sister)
Deutemeier	Johan Heinrich	18, Aug. 1853	403		8m	
Deutemeier	Maria Elisabeth	6, July 1848	158		3m	
Deutemeyer	Kattrine Luise	24, July 1850	291		11m	
Deutmeier	Anna Elisabeth	26, Sept 1853	413		3m	
Deutsch	Jatz	15, May 1849			46	
Dex	Friedrich Karl D.	7, Mar. 1859		29	2w	
Dex	Sofia Luisa	4, Mar. 1859	363		1-6m	
Dickkroeger	F.Cl.	10, Jan. 1872	669		2	(buried with Bernard)
Dickmann	Herman	3, May 1848			7-6m	
Dickmann	Karolina	7, Mar. 1854	408		55	

First German Protestant Evangelical Cemetery

Last Name	First Name	Burial Date	Single Grave	Lot	Age	Remarks
Dieckmann	(child of Heinrich)	10, June 1853	394		stillborn	
Dieckmann	Heinrich	4, Dec. 1848	180		24w	
Dieckmann	J. Friedrich August	9, Jan. 1854	304		4	(buried with father)
Dieckmann	Karl August	16, Mar. 1850	304		27-6m	
Dieckroeger	Bernhard	17, Aug. 1863	669		4d	
Dieckroeger	Carolina	28, May 1860	591		6m	
Dieckroeger	Friedrich	7, Aug. 1863	591		1-9m	(buried with Ch.)
Diekberder	Herman H.	20, Dec. 1845	42		25	
Diekroeger	B.	2, Aug. 1869			2	
Diemeier	Lisette	18, July 1846	18		1-6m	
Dierle	F.	18, Mar. 1869			28	
Diers	Johan Heinrich	27, June 1849	196		30	
Diller	Catharina	7, Apr. 1871			2-3m	
Dinkelmann	Johan Friedrich Wm.	4, July 1858		15	75	
Dinkelmann	Maria	13, Aug. 1853		15	6	
Dinkelmann	Maria	16, Mar. 1854		15	50	
Distler	Barbara	6, July 1850	280		3m	
Ditemback	Joseph	18, Apr. 1870		391	36	
Ditenbach	J.	23, Feb. 1869				
Doefferct	Philip	26, Sept 1848	127		44	
Doenig	H.	13, May 1871				
Doenselmann	Johan Dietrich	12, Mar. 1854	410		62	
Doentzelman	Johan	4, Nov. 1851	285		6m	(buried with Anna D.)
Doenzelmans	Anna Dorteke	14, Oct. 1849	285		44	
Doepke	Christof	21, Aug. 1849		7	9w	
Doepke	Dorothea	26, May 1848	147		3	
Doepke	Herman Heinrich Wm.	27, July 1847		7	24	
Doepker	(child of J.F.)	23, June 1850	111		stillborn	(buried with Friedrieka)
Doepker	Anna Friedricka	15, June 1849	111		1-1m	
Doepker	Carolina	17, June 1849	174		28	
Doepker	Johan Heinrich	10, July 1851	174		1m	(buried with Catrina)
Doeppe	Albert	5, Mar. 1864		391	8	
Doeppe	Elisabeth	12, Dec. 1847		391	9m	
Doeppen	Doris	1, Sept 1850		391	26	
Doetter	Friedrich	6, Jan. 1855	427		40	
Dolch	Fertina	7, Sept 1847	109		2	
Domeier	Maeri	29, Nov. 1852	372		2	
Domeier	Wilhelm	15, July 1849	23		1-4m	
Domhoff	Carolina L. Ch.	11, Apr. 1864		402	1-8m	
Domhoff	Heinrich L.	23, Dec. 1866		402	3m	
Dommeyer	Friedrich	29, May 1845		53	8	
Dopken	Magrethe	3, Aug. 1850	334		64	
Doppe	Anna Magdalena	25, Apr. 1847	87		56	
Dorfmeier	L.	5, Oct. 1847	74		5	(buried with sister)
Dortmeier	Anna Maria Engel	29, Aug. 1846	74		2	
Drachkelmann	Elisabeth	28, June 1854		72	47	
Dreimeier	Karolina	20, Dec. 1853	397		22	(buried with Wilhelm)
Dreimeier	Wilhelm	10, June 1853	397		30	
Dresing	(Mrs)	14, Aug. 1867				
Dresing	Elisa	31, Aug. 1859		59	6	
Dresing	Heinrich	9, June 1846		59		
Dresing	J.H.	10, Mar. 1868		59	80	
Dresing	Klara Elisabeth	27, Jan. 1860		59	64	
Dresing	Louise	25, Mar. 1857		59	1m	
Dresing	Wilhelm	21, May 1854		59	2-6m	
Drockenpoehler	Henriette	5, Jan. 1849	42		61	
Droege	(child of F.)	3, Apr. 1844	32		stillborn	
Droege	(child of Fr.)	8, Feb. 1847		88	stillborn	

First German Protestant Evangelical Cemetery

Last Name	First Name	Burial Date	Single Grave	Lot	Age	Remarks
Droege	(child of Friedrich)	30, Dec. 1848		334	stillborn	
Droege	C.	22, Dec. 1843		32	6m	
Droege	Friedrich Wilhelm	19, June 1849		48	36	
Droege	Friedrich Wilhelm	19, June 1849	180		30	
Droege	J.H.	7, Aug. 1843		50	30	
Droege	Maria Louisa	19, Dec. 1849	180		10m	
Duetzinger	Anna	8, Sept 1846	60		17	
Dufendorf	Maria Engel	7, Oct. 1852	366		1-6m	
Dufendorf	Maria Engel	10, Oct. 1852	380		44	
Dumhoff	Justina	18, Oct. 1860		402	25	
Dumhoff	Louise	4, Nov. 1866		402	2-6m	
Dumhoff	Maria Elise	20, Apr. 1863		402	2-6m	
Dutchen	G.F.	23, Feb. 1844		37	3m	
Duvelius	(child of H.)	29, Dec. 1860		400	stillborn	
Duwelius	(child of H.)	27, Aug. 1862		400	stillborn	
Duwelius	Magreta Elisa	1, Sept 1862		400	40	
Duwelus	(child of Herman)	5, July 1853		83	stillborn	
Dzeranowsky	Carl	27, Nov. 1846	22		3	
Dzerzanowsky	(child of Gotlieb)	15, Nov. 1846	22		stillborn	
Dziemoskin	Maria Elisa	15, Sept 1847	26		5	
Eberhard	Anna Maria	16, June 1857		375	16m	
Eberhard	Casper Heinrich	18, May 1861		375	81	
Eberhard	Catharina	12, Aug. 1869		375	45	
Eberhard	Friedrich Wilhelm	26, June 1857		375	5	
Eberhard	Katharina Louisa	17, July 1849		375	1-3m	
Eberhardt	C.	24, May 1870				
Eberhart	Anton	22, July 1850	330		50	
Eberhart	Katharina	15, July 1855		375	1-2m	
Eberhart	Katharina Sophia	2, Nov. 1849		375	5m	
Eberle	A.R.	2, Feb. 1878		31	4m	
Eberle	Robert	17, Dec. 1877		31	24	
Eck	Elisa Selli	6, May 1858	526		4	
Eckbusch	(child of F.H.)	18, Jan. 1856	267		stillborn	
Eckelmann	Emma	30, Apr. 1856		60	21	
Egert	Herman	3, Nov. 1849		397	34	
Egert	Johan Christof	2, Oct. 1846			1d	
Eggert	Catharina Dorothea	16, Oct. 1845	34		6d	(buried with Louisa)
Eggert	Louisa	14, Oct. 1845	34		4d	(buried with C. Dorothea)
Eggert	Maria Dorothea	17, Jan. 1848	80		20d	(buried with brother)
Ehlen	Georg	19, June 1855		49	2-6m	
Ehlen	Magrete	15, July 1850		49	10	
Ehlen	Rebecka	8, Sept 1851		49	39	
Ehrwod	Christian	9, Oct. 1848	129		35	
Eichbusch	(child of Friedrich H.)	3, Jan. 1855	267		stillborn	
Eichbusch	Friedrich Heinrich	10, Mar. 1850			3w	
Eiche	Pauline	2, Sept 1853	410		9m	
Eickbusch	Heinrich	31, Oct. 1865	2		42	
Eickbusch	Luisa Dorothea	9, Jan. 1860	558		7d	(buried with Sophia M.)
Eickbusch	Sofia Margaretha	27, Jan. 1859	558		20m	
Eigenbrod	Johan	16, June 1860	511			
Eigner	Carolina	13, Aug. 1848	163		11m	
Elbinger	Peter	21, Sept 1846	61		63	
Elbring	Johan Friedrich	21, Oct. 1845	35		1	
Elfers	(Mrs)	5, July 1849		434	25	
Elfers	Carolina	26, May 1864		434	3	
Elfers	Herman	30, Aug. 1853		434	32	
Elfers	Johan	5, July 1849		434	30	
Elfers	Johan	24, June 1875		434	56	

First German Protestant Evangelical Cemetery

Last Name	First Name	Burial Date	Single Grave	Lot	Age	Remarks
Elfers	John H.	1, Aug. 1864		317	1-5m	
Elfers	Maria	7, June 1860		434	3	
Elfers	Maria Sopfia	5, Feb. 1862	626		9m	
Elfring	Johan Edward	17, July 1849	241		4m	
Elfring	Leise	26, May 1849	160		17	
Ellerhorst	Heinrich	19, July 1849		393	27	
Ellerhorst	Herman Heinrich	14, July 1863		393	7	
Ellerhorst	Sophia	7, Apr. 1852		393	1-3m	
Ellerhorst	Sophia	5, Dec. 1859		393	13m	
Ellerman	Heinrich	2, Dec. 1851	361		32	
Ellermann	Christian	2, Sept 1846		10	18	
Ellermann	Eduard	31, July 1854		432	2d	
Ellis	John	6, May 1881			37	
Ellis	John	5, May 1881			37	
Elpring	Rliliph?	26, Oct. 1846	65		50	
Eming	Georg	4, July 1849	220		38	
Engel	Adelheide	3, Jan. 1864	673		3	
Engel	Heinrich	21, June 1844		96	1	
Engel	Heinrich	8, Aug. 1846		96	2	
Engel	Johan Heinrich	24, Aug. 1850		96	7m	
Engel	Maria Engel	26, Mar. 1845		96	68	
Engel	Sophia	7, June 1853		96	2	
Enghues	Gerhard Heinrich	28, Aug. 1845	31		33	
Epke	Johan Heinrich	16, May 1845		96	8m	
Erfmann	Anna Karolina	16, July 1849		51	24	
Erfmeier	Cathrine	19, Oct. 1871		406	18	
Erting	Luise	1, Aug. 1850	156		1-3m	(buried with mother)
Eschmann	Pauline	21, Aug. 1854	448		6m	
Etzbach	Catharina	27, June 1852	351		2-6m	
Evers	Cord	9, Apr. 1850		54	62	
Evers	E.	23, Dec. 1870				
Evers	Edwart	20, Aug. 1848	164		1-6m	
Evers	Elisabeth	26, Jan. 1870		54	72	
Evers	Friedrich	17, Oct. 1854		42	2	
Evers	Heinrich W.	19, Apr. 1847	82		81	
Evers	Henriete	11, Nov. 1846		27	7	
Ewehard	Johan Heinrich	21, June 1853	395		16m	
Ewers	Friedrich Heinrich	4, Jan. 1852	340		1m	
Fagin	Laslie	20, Apr. 1883			2-2m	
Fagin	Sadie	20, Jan. 1883			2-1m	
Fahien	Johan Heinrich	9, July 1849		433	34	
Fanbergen	Friedrich	26, Aug. 1857	93		3m	
Fappe	Johan Heinrich	3, July 1846		38	8w	
Farwich	Gerhard Heinrich	24, Feb. 1858		84	10m	
Farwick	Regina	28, June 1865		84	1-3m	
Farwig	Heinrich	1, May 1860		84	15m	
Fastens	Anna Margaretha	19, June 1849	178		28	
Fauy	Maria	8, Sept 1851	334		1-6m	
Faye	Heinrich	14, Feb. 1848		381	11m	
Faye	Heinrich	4, Sept 1854		381	3-7m	
Faye	Maria Anna	31, Jan. 1856		381	26d	
Faye	Mary Elisabeth	21, Mar. 1857		381	5d	
Fehrman	Carl Heinrich	10, Apr. 1861	529		23	
Fehrmann	Heinrich	2, Nov. 1864	602		61	
Feid		25, Jan. 1851	306		stillborn	
Feldermann	Johan Friedrich	18, May 1849	157		16	
Feldkamp	Johan Friedrich	13, Mar. 1846	43		4	
Fennemann	August	3, Aug. 1849	276		4	

First German Protestant Evangelical Cemetery

Last Name	First Name	Burial Date	Single Grave	Lot	Age	Remarks
Fennemann	Diena	18, Apr. 1853	208			(buried with Joanna Rothaken)
Fennemann	Philipp	7, June 1854	411		26	
Fennemann	Wilhelm	3, Aug. 1849	276		14	
Ferfker	Jan	26, July 1852	370		20	
Fetcker	Jenni	9, Aug. 1874			14	
Fewik	Friedrich W.	15, Nov. 1860	519		70	
Fey	August	3, Aug. 1858	486		33	
Ficke	(child of W.)	8, Jan. 1865	685		stillborn	
Fierken	Elisabeth	15, June 1849		46	34	
Finke	Anna	22, July 1850	325		30	(buried with Johan Finke)
Finke	Anna Maria Elisa	2, Nov. 1844		8	3m	
Finke	H.W.	20, Aug. 1843		8	1	
Finke	H.W.	16, Apr. 1844		8	10d	
Finke	J.H.W.	10, June 1849		8	37	
Finke	Johan	18, July 1850	325		38	
Finke	Johan	18, July 1850	325		8	(buried with Johan)
Finke	Sophia Mathilda	3, Apr. 1847		8	8m	
Fischer	(Mrs)	27, Aug. 1866	6			
Fischer	Adam	22, Aug. 1847	95		48	
Fischer	Amalia	3, Apr. 1864			19m	
Fischer	August	29, June 1848	114		37	
Fischer	Carolina	26, Dec. 1865	641		4w	(buried with G. Withorn)
Fischer	Friedrich	26, June 1849	195		25	
Fischer	Friedrich H.	27, Feb. 1862	629		13m	
Fischer	Johan Friedrich	30, Nov. 1851	95		4m	(buried with Adam)
Fischer	Johan H.	13, Dec. 1846		44	6m	
Fischer	Johanna	23, Nov. 1857	42		3	(buried with Johannes)
Fischer	Johannes	9, July 1849	42		8	
Fischer	Mary	12, June 1855	477		2w	
Fischer	Wilhelm H.	20, July 1845	24		40	
Flage	Franzis	17, June 1858		326	5	
Flage	John	10, Aug. 1873		27	11m	
Flage	Maria Luisa	4, June 1858		326	2-9m	
Flagge	(child of Franz)	18, Mar. 1865		326	stillborn	
Flagge	C.	10, Aug. 1873			4m	
Flagge	F.	11, Sept 1868				
Flagge	H.F.	11, Sept 1868			5-11m	
Flagge	Johan August	8, Feb. 1862		326	3	
Flagge	Wilhelmina Charlotte	10, Jan. 1849		326	1-4m	
Flohr	Friedrich	29, Oct. 1848	136		24	
Flora	Carolina L.	26, June 1864	208		5m	(buried with Heinrich Kruse)
Foerste	Herman	14, Aug. 1866			6	
Foff	(child of Heinrich)	28, Sept 1852	364		stillborn	
Fogelpool	Katharina	20, Sept 1858	542		2	
Fogt	Wilhelmina H.S.	6, Dec. 1864	686		17d	
Forster	Anna Maria	16, Sept 1862	646		4m	
Fortgeholt		11, Mar. 1846				
Fortmeier	Georg Edward	10, June 1851		344	20	
Fosthoff	Theodor	2, Apr. 1864			1-2m	
Fraas	Heinrich	19, June 1849	188		20	
Frank	Louisa	23, June 1850	231		3m-15d	
Franke	Heinrich	6, Jan. 1847	75		62	
Franzmeier	Christian	23, Dec. 1868			1-1m	
Franzmeier	Heinrich	14, Nov. 1864		101	2	
Franzmeier	Louise	27, Mar. 1869			4-6m	
Franzmeier	Maria Sophia	7, Jan. 1859		378	9m	
Frech	Maria	30, Jan. 1852	339		3w	
Freese	Elisa	9, July 1863	664		3m	

First German Protestant Evangelical Cemetery

Last Name	First Name	Burial Date	Single Grave	Lot	Age	Remarks
Frehlock	Friedrich	3, Jan. 1852			22	
Frei	Catrina	27, Nov. 1851	360		54	
Freien	Clara Maria	27, Mar. 1846	50		61	
Frese	Anna	14, Aug. 1865			8m	
Frese	Fritz	21, Sept 1866	7		26	
Frese	L.	18, July 1868				
Frese	Wilhelm	7, Oct. 1867			stillborn	
Frese	Wilhelmina	14, Aug. 1866				
Fricke	(child of Wm.)	10, Oct. 1865			stillborn	(buried with brother)
Fricke	Elisa W.	28, July 1864		344	2-6m	
Fricke	Friedrich Wilhelm	25, Aug. 1857		27	8m	
Fricke	Heinrich Friedrich	14, May 1851		27	3d	
Fricke	Ludwig	4, Apr. 1864		344		
Fricke		26, Oct. 1868			stillborn	
Friskes	F.	26, Oct. 1868				
Fritz	Franz Emil	23, May 1862	639		1-2m	
Froelking	(child of H.)	25, Feb. 1864	672		stillborn	
Frohbusch	Heinrich	30, June 1849		78	40	
Frohbusch	Margaretha	6, Dec. 1854		78	53	
Fruehte	Wilhelmine	7, June 1851		42	10m	
Fuchs	Anna Catrina	18, July 1851	325		6m	
Fuchs	Christina	26, June 1848	152		16m	
Fuchs	Friedrich	14, July 1848	116			(Ohio Volunteers)
Fuchs	Johann	9, Mar. 1863	654		9-6m	
Fuerst	Elisa	13, Apr. 1854		438	8m	
Funke	Wilhelm	3, July 1849	218		35	
Fusler	Philip	10, Jan. 1871			28-2m	
Gaewikaw	(child of Friedrich)	18, July 1851	324		stillborn	
Galle	Heinrich	31, Mar. 1849	126		1-6m	
Galle	Herman Heinrich	3, Sept 1848	126		19	
Galle	Margaretha	20, Aug. 1852	359		2-9m	
Garle	(child of Albert)	7, June 1851	316		stillborn	
Garle	Casper H.	30, Jan. 1862			29	
Gausman	(child of Gerhard)	10, Feb. 1849	184		stillborn	
Gebhardt	Bernhardt	20, Aug. 1854	423		20	
Geisker	(Mrs)	7, July 1855	433		40	
Geisker	F.W.	8, Apr. 1857	433		36-5m	(buried with wife)
Geisler	A.	8, Apr. 1873			1	
Geisler	August	30, Oct. 1857		337	11d	
Geisler	Emilie	8, Apr. 1873		337		
Geist	(widow)	10, July 1849		5	75	
Geist	Alfred	10, Aug. 1878		96	16m	
Geist	Anna Maria	14, Jan. 1883		5	64	
Geist	C. Wilhelm	17, Aug. 1843		5	6m	
Geist	Carl	17, June 1851		5	1	
Geist	Caspar	6, Sept 1880		5	68-5m	
Geist	Charles	27, Jan. 1874		5	6	
Geist	Elisa Sophia	12, July 1846		5	9m	
Geist	Friedrich Ernst	31, Mar. 1853		339	3-8m	
Geist	Friedrich Wilhelm	5, Jan. 1847	83		24	
Geist	H.	14, Mar. 1876		339	29-11m	
Geist	Heinrich	7, Jan. 1855	426		50	
Geist	Ida	21, Oct. 1873		96	3-10m	
Geist	Katharina	21, July 1859		5	18m	
Geist	Liesette	2, July 1849		5	10m	
Geist	Luisa	20, July 1849		5	2	
Geist	Matilde	31, Aug. 1878		96	4	
Geist	Ottilie	31, Aug. 1878		96	4	

First German Protestant Evangelical Cemetery

Last Name	First Name	Burial Date	Single Grave	Lot	Age	Remarks
Geist	Rosine	11, Apr. 1869			14-11m	
Geist	Sophia	17, Aug. 1843	5		1	
Geist	W.H.	16, Sept 1843	5		18	
Gerdes	Heinrich	1, July 1849	259		42	
Gerdes	Johan Friedrich	4, Oct. 1845	37		2	
Getze	Wilhelm	13, Oct. 1860	601		11m	
Giesler	Sophia Louisa	8, Aug. 1855		337	1-7m	
Glaescher	Karl Friedrich	6, Jan. 1855	428		31	
Glinsmann	Johan H.	24, June 1864		83	3m	
Goetz	Heinrich	25, July 1859	566		3w	(buried with Heinrich)
Goetz	Johan	14, Apr. 1850	308		32	
Goetze	Carl	28, Jan. 1865	695		9-6m	
Goller	Johan H.	11, Nov. 1849	287		9d	(buried with mother)
Goller	Margaretha	6, Nov. 1849	287		18	
Goltkueller	Maria	10, Feb. 1854	405		36	
Goltkueller	Maria	29, May 1854	405		6m	(buried with Maria)
Gosepohl	Friedrich	4, July 1845	23		70	
Gotschmidt	Wilhelm	25, June 1844			19	
Gotzinger	(child of Andreas)	16, Dec. 1863	671		stillborn	
Gradjahm	Heinrich	26, Feb. 1867		93	17	
Graeser	Christian	3, July 1849	216		31	
Grahhaus	Friedrich	13, July 1849	56		2-3m	
Gramke	(child of Wilhelm)	28, Nov. 1853	416		stillborn	
Gramke	Wilhelm	2, Oct. 1857	474		30	
Grandeman	(child of Friedrich)	1, Mar. 1849	134		stillborn	
Grashaus	Caroline	18, July 1846	66		1-5m	
Grashaus	Friedrich	24, July 1846	66		1-6m	
Grau	Verdina	4, Sept 1853	316		1m	
Grautman	Christian Friedrich	23, Dec. 1848	187		1d	
Grautmann	Maria Elisabeth	16, July 1849		398	63	
Greener	Fred.	29, Aug. 1878			5	
Greismann	Klara	27, Aug. 1856	85		1-6m	
Grendermann	(child of Friedrich)	22, Feb. 1848	134		stillborn	
Grewe	Anna Maria Catharina	5, May 1849		437	6m	
Grewe	Christian Heinrich	28, Dec. 1846	87		stillborn	
Grewe	Herman Heinrich	20, July 1849		437	29	
Grewe	Johan H.	30, Apr. 1847		437	21	
Grewe	Johan Heinrich	12, July 1858		437	13	
Grewe	Maria August	29, June 1847		437	8d	
Griedmeier	Margaretha	6, Oct. 1848	171		6w	
Grine	Richard	22, Mar. 1849	145			(drowned in canal)
Grobardt	Emily	24, Jan. 1863	620		5-6m	(buried with Anna Ludwig)
Groepper	Friedrich Heinrich	8, Jan. 1846	46		28	
Gronefeld	Eberhard H.	2, Apr. 1856	448		53	
Groneweg	Dorothea	10, June 1852		40	28	
Grooss	Ludwig	15, Nov. 1858	547		10m	
Grosard	Tille	2, Apr. 1871			9	
Grosardt	Dorethe	3, July 1856	490		6d	
Grosechahl	Gerhard	17, July 1844			46	
Grothaus	Heinrich Georg	25, Aug. 1852		51	1	
Grothaus	Herman Heinrich	16, July 1847		51	13m	
Grothaus	Johan	2, July 1851		51	2	
Grothaus	Maria	9, Nov. 1843		51	18	
Grothgan	Dietrich	6, Sept 1860	516		40	
Grothohn	Catharina	6, Aug. 1845	23		1-9m	
Grothus	Herman	10, May 1856		51	36	
Grothus	Rudolf	15, July 1850		51	30	
Grothus	Sophie	22, Sept 1850		51	1	

First German Protestant Evangelical Cemetery

Last Name	First Name	Burial Date	Single Grave	Lot	Age	Remarks
Grotjahn	Fritz	11, July 1850	287		3-8m	
Grotmans	Maria Elisabeth	25, Sept 1853		398	25	
Grotzahn	Emilie	20, Jan. 1860	278		3	(buried with Fritz)
Grube	Johan	23, Feb. 1850	305		21	
Gruell	Theresa	13, July 1852	368		50	
Gruene	(child of Gerhard)	2, Sept 1865			stillborn	
Gruene	Johan	8, Jan. 1865	605		55	
Gruene	Magreta	30, May 1864			7m	
Gruener	(child of J.C.)	13, Nov. 1860	603		stillborn	
Gruener	Catharina	19, May 1860	590		2-2m	
Gruener	Gregina Maria	25, July 1859	501		33	
Gruener	Johan	11, Apr. 1871			4-8m	
Gruener	Lohnhard	12, Aug. 1859	501		13	(buried with Gregina M.)
Gruener	Magreta	14, Dec. 1862	603		2m	
Gruener	Maria Magtalena	31, Oct. 1851	336		1-7m	
Grussenmeier	Heinrich	22, July 1849	270		28	
Guegel	Maria	22, July 1847		59	9m	
Guell	Ludwig	2, Nov. 1858	546		3w	
Guener	(child of Johan Conrad)	6, Dec. 1853	336		stillborn	(buried with sister)
Gugel	Jakob	23, Apr. 1860		59	50	
Gunther	Maria	12, July 1845	26		25	
Habekotte	G.F.	21, Mar. 1868		81	63	
Habekotte	Johan Heinrich	14, July 1848		102	1-6m	
Habenstreit	Philip	11, July 1849	253		40	
Haberhorst	Anna Maria	11, Feb. 1851	307		11d	
Haberkamp	Carl Friedrich	30, Aug. 1851	332		11m	
Haberkamp	Margaretha	5, July 1849	228		31	
Hack	Johan	20, Jan. 1857	88		5d	
Hackmann	H.	Feb. 1868			7m	
Hackmann	Katharina	5, June 1864	598		47	
Hackmann	Margaretha Sophia	27, Aug. 1858		77	15m	
Hackmann	Wilhelmina	1, Oct. 1863	555		21	
Hackmann	Wilhelmina	2, Nov. 1863			8w	(buried with W.H.)
Hackstel	Heinrich	21, June 1849	215		2	
Hadler	Dietrich H.	27, May 1846		100		
Hadler	Dorrete	14, Nov. 1871		100	71	
Hadler	Heinrich	15, July 1845		100	35	
Haesker	Christian	15, Dec. 1845	42		1m	
Haetsch	Jakob	12, June 1843			Child	
Hafer	(child of Golieb)	7, May 1857	430		stillborn	(buried with Scharlotte)
Hafer	Scharlotte Wilhelmina	19, Apr. 1854	430		7w	
Hagedorn	Anna Dorothea	18, Oct. 1858	429		1-6m	(buried with Karolina)
Hagedorn	Clara Louisa	1, June 1870			1-10m	
Hagedorn	D.	24, Mar. 1868	304		3-9m	
Hagedorn	Dorothea Henriette	16, June 1849	116		14w	(buried with Louisa)
Hagedorn	Friedrich Herman	8, Mar. 1852	341		7m	
Hagedorn	Gottlieb Wilhelm	14, Jan. 1859	554			(buried with Dorothea)
Hagedorn	Heinrich	16, Aug. 1850	295		1d	
Hagedorn	Heinrich Conrad J.	5, Oct. 1844			6m	
Hagedorn	Henrejete Wilhelmina	21, Apr. 1861	613		1	
Hagedorn	Johanna	4, Dec. 1858	481		13m	(buried with Sofia H.)
Hagedorn	John	30, Dec. 1865	4		4	
Hagedorn	Karolina	25, Apr. 1854	429		8m	
Hagedorn	Konrad Ludwig F.	13, Apr. 1857	502		1-8m	
Hagedorn	L.	20, Mar. 1869			1-5m	
Hagedorn	L.	19, July 1870				
Hagedorn	Louisa Wilhelmina C.	11, Oct. 1847	116		2	
Hagedorn	M.	28, Feb. 1869				

First German Protestant Evangelical Cemetery

Last Name	First Name	Burial Date	Single Grave	Lot	Age	Remarks
Hagedorn	Maria	3, Mar. 1854	409		28	
Hagedorn	Maria	7, Mar. 1858	502		4	(buried with Konrad L.)
Hagedorn	Maria Dorothea W.	14, Jan. 1859	554		7	
Hagedorn	Mathilda	4, May 1870			4-1m	
Hagedorn	Sophia	15, Apr. 1854	409		15m	(buried with Maria)
Hagedorn	Sophia Henriette	27, Aug. 1855	481		5m	
Hagedorn		14, Mar. 1861	609		3m	
Hagemann	Anton	19, July 1849	265		28	
Hagemann	Gottfried	18, Jan. 1848	101			
Hagemann	S.	20, June 1849	116		14w	
Hagemeier	(child of C.)	3, June 1864	682		stillborn	
Hagemeier	Katarina Karolina	17, Apr. 1853	386		4	
Hagemeier	Katarina Scharlotte	25, June 1853	386		1	(buried with Katharina)
Hagemeyer	Anna	24, Dec. 1870			15-8m	
Hagemeyer	Catharina Francisca	25, Dec. 1860	525		36	
Hagen	(child of Ludwig)	3, May 1846		97	stillborn	
Hagen	Anna	6, Nov. 1863		97	2-6m	
Hagen	Anna Cerina	30, June 1874		97	7-3m	
Hagen	Anna J.	6, Nov. 1863		97	2-6m	
Hagen	Anna Maria	24, Aug. 1851		97	1	
Hagen	Carl Edward	27, May 1860		97	7m	
Hagen	D. Ludwig	8, Nov. 1858		97	10d	
Hagen	Edward Ludwig	8, Nov. 1858		97	10d	
Hagen	Emma	2, Apr. 1866		97	18m	
Hagen	Heinrich	2, Aug. 1846		97	9m	
Hagen	Johan Friedrich	10, Nov. 1870		97	1-4m	
Hagen	Louisa	26, Dec. 1854		97	2m	
Hagen	Luis	8, July 1849		97	1	
Hagen	Maria	1, July 1849		97	37	
Hagen	Maria Elisabeth	6, Aug. 1844		97	3m	
Hagenberg	Anna Maria	17, Dec. 1852	387		73	
Hahn	August	28, Mar. 1847		57		
Hahn	Maria	3, Aug. 1843		57	1	
Hahn	Thomas	17, Sept 1845	32		2m	
Hallenberg	Dinna	10, Aug. 1843		8	3m	
Hallenberg	Rachel	7, Aug. 1843		8	3m	
Halmkamp	Wilhelm	31, Oct. 1848	132		52	
Hamann	Johan	22, June 1860	593		11w	
Hamball	Sopfia	25, Jan. 1864		369	56	
Hambold	Fritz	14, Nov. 1870		369	30-2m	
Hanebal	Justine	19, June 1846	19		11	
Hangeler	Karolina	22, Aug. 1857	509		9m	
Hanibal	Wm.	5, Sept 1871		369	71	
Haniball	F.	2, May 1871				
Haning	Louisa Carolina	8, Aug. 1864		53	1	
Hann	Wilhelm	27, June 1853	43		17m	
Hann		18, July 1849	43		10	
Hannes	Johan	7, July 1850	314		21	
Hanning	Christian	23, Aug. 1854		74	3w	
Hanning	George Fritz	5, Nov. 1860		80		
Hanning	Heinrich	3, Sept 1865		53	42	
Hanning	Helena	13, May 1865		53	38	
Hanning	Johan Fr.	9, Mar. 1865		84	19	
Hanning	K. Louisa	19, Sept 1843		35	1	
Hanning	Lena	11, Aug. 1858		53	17m	
Hanning	Margaretha	5, Aug. 1845		35	1-3m	
Hanning	Maria Friedricka	12, Nov. 1854		80	41	
Hanning	Sophia Christina	15, Dec. 1849		77	10m	

First German Protestant Evangelical Cemetery

Last Name	First Name	Burial Date	Single Grave	Lot	Age	Remarks
Hanselbusch	(child of Jakob)	17, May 1857	265		stillborn	
Hanselmann		23, Jan. 1857	89		6w	
Hardinan	Johan Friedrich	28, Dec. 1845	9		7m	
Hardmann	Anna Margaretha	5, Aug. 1857	397		3m	(buried with Heinrich)
Hardmann	Heinrich	2, July 1853	397		7m	
Hardwig	Todor	8, July 1850	282		11w	
Harmeier	Johan	13, July 1849		89	5	
Harmeier	Johan Rudolf	5, Aug. 1848		89	1-3m	
Harmeier	Laura	28, Aug. 1879	134		3	
Harmeier	Liesa	17, July 1849		89	33	(buried with child)
Harmeier	Rudolf	27, July 1849		89	30	
Harmeier	W.S.	6, Aug. 1872		89	stillborn	
Harmeyer	August	1, Aug. 1871		89	stillborn	
Harms	(child of D.)	11, Apr. 1862		103	stillborn	
Harms	(child of H.)	20, May 1866		428	stillborn	
Harms	D.	7, Oct. 1843		103		
Harms	Dietrich Heinrich	16, June 1854		103	2	
Harms	Dorothea	29, Feb. 1860	507		74	
Harms	Friedrich Wm.	10, May 1861	615		10m	
Harms	Johane Dorothea	27, Apr. 1863		428	36	
Harms	Johanna D.S.	26, July 1863		428	3m	
Harms	Ludwig	14, Aug. 1858		103	15m	
Hartel	Engel	16, Mar. 1866	3		29	
Harting	Catharina Maria	27, Nov. 1847	100		28	
Hartman	Heinrich	12, June 1848	87		4m	
Hartman	Maria L.	2, July 1844			9m	
Hartmann	Dorothea	25, May 1849		95	53	
Harttel	Emma	5, Dec. 1860	607		2	
Hartz	Heinrich	7, July 1859	566		3d	
Harwes	Anna Beka	22, Dec. 1844			19	
Hasebrak	Albert	12, July 1843				
Hasebrock	Gerhard	14, Jan. 1855		84	42	
Hasebrock	Heinrich	11, Sept 1858		84	36	
Hasekeker	(child of Maria E.)	27, Aug. 1843				
Hasekeker	Maria Elisabeth	13, Aug. 1843				
Haselbusch	(child)	10, Mar. 1850	265		stillborn	
Hasenkamp	Anta	30, June 1849	206		24	
Hasenkamp	Heinrich	8, July 1849				
Hasselbusch	(child of Jacob)	8, Mar. 1864	541		stillborn	(buried with Sopfia)
Hasselbusch	Herman Heinrich	20, Dec. 1851	338		6m	
Hasselbusch	Justine Elisabeth	24, Aug. 1855	338		2-6m	(buried with Herman)
Hasselbusch	Sopfia	10, Aug. 1862	541		40	
Haun	Johan	9, May 1858			1	
Hauns	C.	6, Dec. 1872			51	
Hause		10, June 1858		106		
Hauser	Elisabeth	4, July 1861		106	27	
Hauser	Susanna Katharina	24, Oct. 1854		106	14	
Hausfeld	Johan Friedrich	3, Nov. 1845	37		1-3m	
Hausheld	Friedrich	2, Jan. 1852		382	2	
Hausmann	Wilhelmina	30, June 1849	223		1-1m	
Hausschild	Katharina	6, June 1845	6		4	
Haussmann	Anna Sophia	26, June 1858	532		23m	
Havekote	Carl Friedrich	25, Nov. 1846		102	2-6m	
Havekote	Friedrich	16, Nov. 1863		81	47	
Havekotte	(children of Friedrich)	20, Nov. 1851		102		
Havekotte	Blanke	17, Feb. 1862		81	14m	
Havekotte	Friedrich Wilhelm	14, June 1860		102	14m	
Havekotte	Jesse	19, Jan. 1863		81	7w	

First German Protestant Evangelical Cemetery

Last Name	First Name	Burial Date	Single Grave	Lot	Age	Remarks
Havekotte	Maria Elise	15, Jan. 1877		102	65-9m	
Haveniot	Cord Wilhelm Heinrich	29, Aug. 1844		89	1	
Haverkote	Carl Friedrich	25, Apr. 1847		102	2-6m	
Haverkotte	Johan G.F.	5, Jan. 1854		81	2	
Hawekote	Johan Heinrich	15, Dec. 1858		102	47	
Hawekotte	Ernst Lui	5, Sept 1854		102	18m	
Hawekotte	J.H.	28, June 1843		102		
Hawerkotte	Anna Maria	16, Jan. 1845		81		
Hawerkotte	Johan Wilhelm	10, Nov. 1855		81	1-16d	
Haztfa?	Johan Adam	9, June 1851	347		33	
Hebbs	Mab.	5, July 1849				
Hebler	Johane Mathilde	3, Aug. 1850		104	1-3m	
Hebuch	Engel	4, Dec. 1853	404		44	
Heck	Carolina	3, May 1860	504		35	
Heck	Peter	5, Nov. 1848	176		2	
Heckmann	(child of F. August)	29, May 1856				
Heckmann	Friedrich	22, June 1858	485		36	
Heckmann	Friedrich	22, Dec. 1858	485		8m	(buried with Friedrich)
Heckmann	Maria	11, June 1862	640		7	
Heer	Luis	13, Feb. 1864	558		17-6m	
Hegen	Ludwig	29, July 1851		97	1	
Hegener	Mari	11, June 1847	101		9m	
Hegerhorst	Ernst Wilhelm	21, June 1849		112	30	
Hegerhorst	Lisebeth	28, July 1849		112	8m	
Hegerhorst	Maria Lisebet	25, July 1849		112	28	
Hegner	Johann	6, Jan. 1851	368		2	
Hehe	Ernst Friedrich	19, July 1850	336		20	
Hehe	Johan Friedrich	21, July 1850	328		57	
Heidecker	F.	11, Sept 1875		368	45-9m	
Heidecker	Wilhelm	19, Aug. 1862	645		9m	
Heideker	Carl	7, Nov. 1864		426	80	
Heideker	Ludwig	19, Aug. 1864		405	4-9m	
Heidenreich	Christof Heinrich	5, Oct. 1847	98		8m	(buried with brother)
Heidenreich	Christopher	3, June 1847	98		2-8m	
Heidenreich	Maria Elisabeth	15, Jan. 1849	144		31	
Heidhacker	Gerhard Friedrich Wm.	27, Nov. 1850	303		10w	
Heidkaker	Mary	10, Feb. 1857	462		64	
Heidlage	Catharina Maria	29, June 1849	204		22	
Heidman	Scharlotte	23, Nov. 1858	489		17	
Heilbaum	Maria Elisabeth	16, July 1851	351		50	
Heimsath	Katharina	4, July 1849	219		26	
Heine	(child of F.)	13, Dec. 1863		83	stillborn	
Heine	Frank L.	15, Mar. 1865		83	5w	
Heinsath	Maria Carolina	25, June 1849	218		2	
Heinselmann	Dorothea	14, Aug. 1854	422		26	
Heinzelmann	H.	3, July 1868				
Heinzelmann	Wilhelm H.	10, Aug. 1856		83	1-6m	
Heinzemann	Heinrich	24, July 1853	399		1w	
Heithacker	Maria Louisa	26, June 1849	219		6m	
Heithacker		25, Sept 1850	291		stillborn	(buried with M.B.)
Heithaerkers	Anna Maria Louisa	30, Aug. 1854	451		2	
Heitharkers	Heinrich Adolf	5, Nov. 1858	451		11m	(buried with Anna)
Helenring	Elisabeth	17, July 1849		393	50	
Helm	(child of Johan)	12, July 1854		110	stillborn	
Helm	(child of Johan)	23, Jan. 1855		110	stillborn	
Helm	(child of N.)	22, Dec. 1855		110	stillborn	
Helm	Johan Wilhelm	20, Aug. 1849		110	7m-20d	
Helm	Maria Elisabeth	28, June 1849		110	11	

First German Protestant Evangelical Cemetery

Last Name	First Name	Burial Date	Single Grave	Lot	Age	Remarks
Helm	Maria Gederith	31, Jan. 1852		110	27	
Helm	Maria Louisa	11, Aug. 1846		110	1	
Helmann	Casper Heinrich	25, Aug. 1849	138		9m	
Helmann	Gortehe	13, July 1849	256		32	
Helmeking	(child of Herman)	19, Apr. 1849	196		stillborn	
Helmering	Luyieke Willemiene	3, Aug. 1850		393	10m	
Helmering		12, Oct. 1855		393	1-8m	
Helmich	(widow)	4, July 1849		1	60	
Helmich	Heinrich	3, Oct. 1848		1	19	
Helmich	Katharina Elisabeth	9, Aug. 1854		6	9	
Helmig	C.F. Johan	27, June 1850	243		10m	
Helmig	Heinrich Rudolf	22, July 1850		1	11d	
Helmig	Herman Rudolph	26, Nov. 1847		45	80	
Helmig	Johan	13, Aug. 1855		1	6m	
Helmig	Maria	17, July 1850		1	26	
Helms	(child of Adam)	17, Aug. 1845	27		stillborn	
Helms	Sophia	27, Sept 1875			45-8m	
Helmsing	Anna Maria	23, Feb. 1853	383		7m	
Helmsing	Johan Heinrich	2, Oct. 1845	33		1d	
Heman	Sophia	22, Mar. 1849	191		2m	
Heman	Wilhelm	12, Aug. 1848	121		28	
Hemann	Heinrich	27, July 1849	47		3-3m	
Hemke	Johan Heinrich	8, Feb. 1858	519		2-6m	
Hemminghaus	Johan Heinrich	16, Oct. 1846	69		31	
Hempe	Carl H.	21, Mar. 1871		97	47	
Hempel	Antonette	26, Feb. 1849	147		24	
Hempel	Frans August	21, Aug. 1855	479		4-6m	
Hempel	Klare	6, July 1850	315		24	
Hempel		4, July 1849	147			(buried with mother)
Henge	(child of Karl)	25, Feb. 1860		97	stillborn	
Henke	Wm.	2, Jan. 1880		345	38	
Hennge	Herman Heinrich	11, Feb. 1858		97	3	
Henning	Fritz	2, Apr. 1863	548		27	
Hensterman	Catharina	15, Nov. 1848		76	16d	(buried with mother)
Hensterman	Louisa	30, Oct. 1848		76	28	
Hentz	Rosena Wilhelmina	31, Aug. 1859	504		33	
Henzel	August	30, Nov. 1856	73		2	
Hergel	Daniel	17, July 1855	73		1	
Hertz	Anna	30, Jan. 1860	579		3w	
Hes	Ludwig	27, June 1849	198		35	
Hesef	Gottfried	30, July 1848	120		40	
Hesken	Catharina	23, Dec. 1845	12		6	
Hesper	Maria Luwiese	30, Aug. 1850	296		1-6m	
Hesterberg	Karolina	30, June 1853	396		1	
Hetsch	Jakob	5, July 1844			6m	
Hette	Maria	1, June 1846	1		1	
Hetzye	Martin	21, Feb. 1849	188		4m	
Heuer	Dorothea	29, Sept 1857		100	1d	
Heuer	Elisabeth	6, Dec. 1872		100	51	
Heuer	L. Sophia	12, June 1849	166		25	
Heusmann	Anna Sofia Ida	21, June 1862	642		3m	
Hey	Jorg	3, Nov. 1849	253		14d	
Hiechel	Wilhelm	4, Jan. 1850	50		2	
Hilbrand	Maria	24, Aug. 1853	407		1m	
Hilenering	Eika	21, June 1848		393	25	
Hilenring	L. Sophia	24, June 1849		393	1	
Hilge	Heinrich	15, Jan. 1845			8	
Hilge	Maria	2, June 1846	2		1-9m	

First German Protestant Evangelical Cemetery

Last Name	First Name	Burial Date	Single Grave	Lot	Age	Remarks
Hilge	Scharlotte	14, Jan. 1845			29	
Hilge	Wilhelm Jacob	25, July 1856		378	1-4m	
Hilgemann	Dorothea	16, July 1864		400	14m	
Hilgemann	Friedrich	26, Dec. 1857		400	44	
Hilgemann	Maria	14, Aug. 1867		400	56-3m	
Hilgemann	Sophia	18, Nov. 1846	84		8d	
Hilgemeier	Johan Edewart	6, Aug. 1846	72		1-9m	
Hilken	Friedricka Louisa	9, Aug. 1845	25		8w	
Hillebricht	Amalia	3, July 1849	213		23	
Hinsch	Seda	24, July 1849	46		6	
Hitzing	Friedricka Louisa	23, June 1852	350		10m	
Hoeflein	Jacob	6, Dec. 1860	521		77	
Hoeft	Friedrich Wilhelm B.	4, July 1862	643		1-2m	
Hoeft	Hanna Sophia	21, Feb. 1855	419		18m	(buried with Sophia)
Hoeft	Herman Heinrich	15, Aug. 1857	507		8m	
Hoeft	John	30, Aug. 1846			stillborn	
Hoeft	Sophia	26, July 1854	419		26	
Hoegerhorst	Heinrich Wilhelm	12, July 1844			1m	
Hoelscher	(Mrs)	17, Aug. 1855		109	66	
Hoenn	Herman Heinrich	11, Nov. 1844			2	
Hofekamp	H.	24, Apr. 1868			1	
Hoffer	D.	21, Nov. 1871		368	39	
Hoffmann	Gerhard Wm.	9, June 1862		440	30-6m	
Hoffmann	Jan	25, June 1849	181		2	(buried with mother)
Hoffmann	Johan	9, July 1852	367		40	
Hoffmann	Kunigunda	20, June 1849	181		28	
Hoffmann	Louisa Julia	7, June 1854	432		1	
Hoffmeier	Johan Heinrich	21, July 1854	440		13m	
Hoffmeister	Anna Maria	4, July 1881		66	70-5m	
Hofknecht	Conrad	1, July 1848	156		1	
Hofknecht	Magdalena	29, June 1849	156		2d	(buried with Conrad)
Hofknecht	Margaretha	8, Aug. 1852	372		28	
Hoflein	Anna Maria	25, Feb. 1858	477		61	
Hofmann	(child of N.)	5, Nov. 1856	480		stillborn	(buried with H. Hofmann)
Hofmann	Elisabeth	7, June 1855	476		3w	
Hofmann	Heinrich	16, Aug. 1855	480		3m	
Hofmann	Louise	6, Nov. 1856	87		3-4m	
Hofmann	Louise Ch.	1, June 1865			2m	(buried with Wilhelm G.)
Hofmann	Machtelene	16, July 1849	181		4m	
Hofmeister	Heinrich	25, July 1878		66	52	
Holdgrieve	(child of W.)	31, July 1856	441		stillborn	
Hollenberg	Catharina Susan	24, May 1849		8	11	
Hollenberg	G.	14, Mar. 1871				
Hollenberg	Georg	22, Sept 1870		8	24	
Hollenberg	Georg Heinrich	13, June 1869		8	4m-20d	
Hollenberg	H.	18, Mar. 1870				
Hollenberg	L. Maria Clara	10, July 1845		8	8m	
Hollenberg	Maria Engel	27, May 1849		8	33	
Holmann	Scharlotte Emma	8, Jan. 1856	81			
Holmann	Wilmine	9, Feb. 1872		404	64-9m	
Holmeyer	Dietrich	8, Jan. 1851		335	30	
Holschers	Franz	17, Aug. 1855		109	66	
Holthausen	Gustaf	7, July 1851	60		10	
Holthausen	Paul	14, July 1851	60		6m	(buried with brother)
Holzhausen	Reinhart	13, June 1849	209		3-6m	
Holzhausen	Wilhelmina	22, June 1849	177		39	
Hommer	Dorothea Maria	9, June 1849	165		39	
Hoowe	Friedrich Wilhelm	14, June 1849	169		25	

First German Protestant Evangelical Cemetery

Last Name	First Name	Burial Date	Single Grave	Lot	Age	Remarks
Hopf	M.E.	31, Aug. 1859	573		15m	
Hormann	Christian Friedrich W.	21, Oct. 1858	81		9m	(buried with S.E. Holmann)
Horry	Herman	30, Nov. 1864	683		4d	
Horst	Carl Johan	24, Mar. 1863	656		5m	
Horstman	Johan Heinrich	11, Feb. 1862	627		4	
Horstman	Matilde	26, Jan. 1864		431	9m	
Horstmann	Adolph	20, Apr. 1882		25	8m	
Horstmann	C.S.	20, Sept 1874			75	
Horstmann	Charlotte Sophia	19, Sept 1874		215	75	
Horstmann	Georg Adolph	19, Apr. 1882		25	8m	
Horstmann	Heinrich	13, June 1878		25	81	
Horstmann	Johan H.	9, Feb. 1864			2-2m	
Horstmann	Johan Heinrich	11, June 1878		25	81	
Horstmann	Louise	3, July 1876		25	45	
Horstmann	Luisa Julia	7, June 1854	432		1	
Horstmann	Sophia	4, July 1876		25	45	
Hosker	(child of M.)	9, Oct. 1849	42		stillborn	
Howind	Maria	24, Feb. 1864	675		3-5m	
Hucke	Carlina Friedricka	22, June 1851	322		2m	
Hucke	Heinrich	29, Jan. 1855	470		5w	
Hucksoll	William	17, Mar. 1879		83	4	
Hucksoll	Wm.	20, Nov. 1878		83	4	
Huefe	Johan Cordt	7, July 1849	236		22	
Huefe	Margaretha	27, July 1849	271		28	
Huehn	(child of Herman)	22, May 1849	203		stillborn	
Huellmann	Heinrich	11, Apr. 1848	138		2	
Huelmann	Franz Heinrich	27, Jan. 1848	32		7m	
Huenefeld	(child of Johan)	13, Dec. 1862	648		stillborn	
Huenefeld	Anna Maria	23, Dec. 1847	109		24	
Huenefeld	Anna Mat.	18, Apr. 1863	648			(buried with brother)
Huenefeld	Catharina M.	26, Oct. 1865	585		1-3m	
Huenefeld	Heinrich	21, Nov. 1861			6d	
Huenefeld	Herman Heinrich	26, Sept 1848	128		41	
Huenefeld	J.	19, Jan. 1869				
Huenefeld	Johan	24, Dec. 1855	82		4-2m	
Huenefeld	Johan	16, Apr. 1860	585		2	
Huenefeld	Johan Gerhard	6, Dec. 1869			70-9m	
Huenefeld	Katrina	2, July 1854	416		20	
Huenefeld	Louise	12, Apr. 1857	82		1-2m	(buried with Johan)
Huennefeld	Elisa	22, July 1858	536		7m	
Huennefeld	Emma Wilhelmina	14, Aug. 1858	537		8m	(buried with Luisa)
Huesemann	Kattrine	22, July 1850	331		30	
Huester	Maria	24, Jan. 1847	88		13	
Huette	Herman Heinrich	31, July 1850		436	1-4m	
Huette	Johan H.	10, Mar. 1864		436	74	
Huette	Johan Heinrich	27, Mar. 1849		436	1-6m	
Huette	Margaretha Sophia	3, June 1847		436	11m	
Huetten	M.	25, May 1868				
Hufman	Maria Elisabeth	12, Aug. 1854	421		23	
Huge	Carl	17, Aug. 1870			3w	
Huge	Edward	5, Apr. 1872	10		2-6m	
Huge	Heinrich	11, Aug. 1855	439		70	
Huge	Louisa	24, Apr. 1848		439	6m	
Huge	P.	3, Aug. 1869			45	
Huge	Tolina	26, Jan. 1872	9		45	
Huge	Wilhelm	26, July 1849	245		5d	
Hugo	Anna Katharina	6, Aug. 1849	279		23	
Hugo	Anna Maria	26, July 1882		439	2	

First German Protestant Evangelical Cemetery

Last Name	First Name	Burial Date	Single Grave	Lot	Age	Remarks
Hugo	Dina	25, Oct. 1853	402		28	
Hugo	Emma Minna	15, June 1878		439	11w	
Hugo	Ernst Wilhelm	15, Aug. 1882			60	
Hugo	Johan Friedrich	9, Apr. 1873		439	45-6m	
Hugo	Johan Friedrich H.	14, Dec. 1846		439	1	
Hugo	Julius	9, Dec. 1865	5		1-4m	
Hugo	K.	4, Apr. 1869			3w	
Hugo	Louis	17, July 1867			stillborn	
Hugo	Louise	12, Sept 1865		439	6-4m	
Hugo	Luwise	5, Dec. 1860	604		9m	
Hugo	Scharlotte Friedrika	27, Aug. 1853	279		1	(buried with Anna Hugo)
Humbolt	Sopfia Carolina	25, Jan. 1864		369	56	
Hummel	Louisa	12, June 1854	433		6m	
Hundikofer?	(child of W.J.)	18, Aug. 1853	112		stillborn	
Huneke	Eddy	16, Aug. 1878		316	2-2m	
Huneke	Heinrich	16, Aug. 1874		316	4-4m	
Hunter	Mari Elisabeth	4, Dec. 1873		59	25	
Husmann	Heinrich Wilhelm	9, Feb. 1850	223		4w	
Husmann	Herman	6, July 1849	232		22	
Hussmann	Albert Heinrich	29, Dec. 1854	463		1-6m	
Huthmacher	Carolina	11, Dec. 1854	461		6m	
Huthmacher	Georg	12, Dec. 1854	461			(buried with Carolina)
Hutte	C.	8, Aug. 1869			1-6m	
Ihelen	Julius	15, May 1849	199		1-8m	
Ihlbrock	(child of W.)	31, Oct. 1881		23	stillborn	
Ihlbrock	(Mrs)	11, Aug. 1864		23	80	
Ihlbrock	Anna	3, Dec. 1863		23	3	
Ihlbrock	Elisabeth	5, Jan. 1881		23	81	
Ihlbrock	Emelia	13, Aug. 1867				
Ihlbrock	Emilia	13, Aug. 1869		23	8m-8d	
Ihlbrock	Heinrich	23, Sept 1864		23	69	
Ihlbrock	Katharina	30, July 1874		23	3d	
Ihlbrock	Sophia	16, Nov. 1845		23	16	
Ihlbrok	Margaretha Elisabeth	20, Oct. 1847		23	48	
Ihlebrock	Anna Magreta	3, Dec. 1863		23	37	
Ilbrock	Elisabeth	15, Apr. 1881		23	81	
Imholz	Heinrich	17, June 1850		108	39	
Imholz	Heinrich Wilhelm	27, July 1846		108	1-2m	
Imholz	Lowiese	30, June 1850		108	1-6m	
Imholz	Maria	7, July 1849		108	16	
Ipper	Karl Benjamin	28, Dec. 1852	375		5m	
Israel	Christian	16, Mar. 1846	42		52	(buried with wife)
Israel	J.	20, Dec. 1845	41		22	
Israel	Katharina Engel	3, Jan. 1846	42		52	
Iswels?	Maria Elisa	16, Apr. 1845			24	
Jaedten	H.	12, Mar. 1870			2-6m	
Jaeger	Jakob	17, June 1853	398		35	
Jahenmann	Karl	12, Apr. 1863			16m	
Jahn	(child of Wilhelm)	25, Feb. 1855	464		stillborn	
Jahns	(child of August)	24, Aug. 1850	226		stillborn	
Jahns	August	3, July 1849	226		2	
Johnson	A.L.	18, Jan. 1869			4m-13d	
Jasper	Catharina Sophia	25, July 1861		378	44	
Jedikofer	Wilhelm	15, Sept 1847	112		1m	
Jenson	(child of Wohrt)	2, Sept 1846	63		4d	(buried with Maria)
Jentzen	Karl	28, July 1858	537		1d	
Jesen	Rebeka	7, Aug. 1849	35		3m	(buried with mother)
Jesenz	Franz	6, July 1849	235		33	

First German Protestant Evangelical Cemetery

Last Name	First Name	Burial Date	Single Grave	Lot	Age	Remarks
Jill	(child of Jatz)	17, June 1850	265		stillborn	
Joergens	Friedrich Heinrich	29, Oct. 1850	242		7d	(buried with Elis. Beckman)
Johannes	Bernhard	1, Sept 1859		94	1-6m	
John	Heinrich	7, Oct. 1847	98		50	
Johnson	Lisabeth Ch.	3, July 1871		35	16m	
Jonschen	Carl	22, June 1847	103		14d	
Jonsen	Sophia Henriette	28, Nov. 1848	142		24	
Jonson	Anna Margaretha W.	25, Mar. 1848	133		8m	
Jonston	Maria Elisabeth Sophia	29, June 1846	29		1	
Jost	Bertha	13, Dec. 1863	368		4-9m	
Jost	Katharina	12, May 1849	202		2-2m	
Jost	Teobald Adolp	2, Apr. 1857	500		5m	
Juedsen	Heinrich Robert	30, May 1869		33	2-6m	
Juell	Johan	1, Aug. 1849	165		1-3m	
Juell	Luisa	6, June 1849	163		30	
Juncker	Friedrich	2, Nov. 1848	138		63	
Jung	(child of Philip)	12, Sept 1861	538		stillborn	(buried with Heinrich)
Jung	(child of Philipp)	3, Nov. 1857		98	stillborn	
Jung	Heinrich	30, July 1858	538		4	
Jung	Wilhelmina	27, Apr. 1859	495		39	
Jung	(child of Ph.)	19, May 1863	495		stillborn	(buried with Wilhelmina)
Jungblut	C.	2, Feb. 1873			87	
Jungblut	Friedrich	6, Feb. 1846		86	24	
Jungblut	Lowisa	21, Mar. 1852	297		1	
Jungblut	M.	4, June 1870				
Jungblut	Maria	29, Aug. 1869		317	16m	
Jungblut	Wilhelm	14, July 1864		317	49	
Jungblut	Wilhelmina	3, Jan. 1846		86	20	
Jungbluth	Carl	17, Nov. 1875		317	6	
Jungbluth	Maria D.L.	26, Feb. 1866		317	70	
Jungeblut	Heinrich Wilhelm	26, Mar. 1851	297		3d	(buried with Heinrich Unewer)
Jungeblut	Maria	15, Aug. 1857		86	2-8m	
Jungebluth	Carl	15, Nov. 1875		317	6	
Jungebluth	Carl Christian	27, Mar. 1861		86	6	
Jungebluth	Eduward	14, Aug. 1858		86	10m	
Jungebluth	Emily	25, Jan. 1863	62		2-6m	(buried with Heinrich)
Jungebluth	George Friedrich	27, Aug. 1861		86	9m	
Jungebluth	Heinrich	26, Sept 1846	62		22	
Jungebluth	Louisa	5, Nov. 1854	62		1-6m	(buried with Heinrich)
Jungebluth	Maria Ch.	16, Sept 1865		317	1-4m	
Kaefe	Johan Heinrich	18, July 1854		396	58	
Kaemmerer	Clara	21, Feb. 1876		326	8m	
Kaemmerer	Wilhelm Otto	18, Aug. 1875		326	3-2m	
Kaemper	Gerhard	29, Dec. 1858		84	6	
Kahle	Fritz	29, Jan. 1844		17	23	
Kahlen	Sophia	28, June 1849	199		24	
Kaifker	(child of Friedrich)	16, Dec. 1852	373		stillborn	
Kaisker	Wilhelm	6, Dec. 1848	181			
Kalendorf	Friedrich Wilhelm	28, July 1849	273		20	
Kalenkamp	Edward	23, Mar. 1879		77	7d	
Kalenkamp	Martha	13, Nov. 1875		77	10m	
Kallmeier	Heinrich	3, June 1848	149		3w-5d	
Kampe	Heinrich Wm.	18, Mar. 1864	679		2	
Kampel	Heinrich	18, Aug. 1857		84	38	
Kampel	T.	21, Aug. 1849	282		48	
Kaneke	Maria	14, July 1856	452		35	
Kanike	Anna Elisa	28, June 1859	497		26	
Kanike	Elisa	7, July 1859	497			(buried with Anna Elisa)

First German Protestant Evangelical Cemetery

Last Name	First Name	Burial Date	Single Grave	Lot	Age	Remarks
Kanzler	Jakob	9, July 1849	244		54	
Kaps	Georg	7, July 1872	20		stillborn	
Kaps	L.	15, July 1869			9m-15d	
Kaps	Louis	25, July 1871	14		9m	
Karing	F.	8, July 1843				
Karl	Dietrich	8, Dec. 1849	58		19d	
Karpner	Maria	22, May 1865	687		3	
Karzdorfer	Katharina	20, Oct. 1848	130		47	
Kaselfinke?	Friedrich Wilhelm	10, May 1844		3	64	
Kasten	Luis	12, July 1850	320		35	
Kastens	Friedrich	23, June 1849	189		29	
Kastens	Friedricka Elisabeth	3, July 1849	137		48	
Kastens	Sophia	11, July 1849	137		7m	
Kasting	Catharina Louisa	30, June 1849	37		6-2m	
Kasting	Johan Heinrich	5, July 1849	235		2-3m	
Katenkamp	Dietrich	13, Mar. 1846	52		53	
Katenkamp	Edward	24, Feb. 1879		77	7d	
Katenkamp	Martha	13, Nov. 1875		77	10m	
Kattelman	Christian	12, Sept 1851	187		40	(buried with Conrad)
Kattelmann	Conrad	22, June 1849	187		23	
Kattenbring	(child of Herman H.)	20, Dec. 1852	376		5d	
Kattenbrink	Johan Heinrich	29, Sept 1847	96		2-6m	
Kays	Wilhelm	17, Aug. 1858	487		66	
Kegel	Barbara	12, June 1851	320		2	
Kegel	Fransiska	22, Sept 1851	320		3m	(buried with Barbara)
Kegel	Gustaf	17, Sept 1853	412		14m	
Keinen	(Mrs)	16, May 1849	156		23	
Keisker	Johan Christian	4, Feb. 1852	181		1-6m	(buried with Wilhelm)
Kelleman	Rudolf	16, Nov. 1863	556		32	
Keller	Maria Christina	21, May 1847		69	23	
Keller	Wilhelm August	7, Dec. 1849				
Kemmer	Louise	10, Nov. 1846	70		22	
Kemper	Fenne	7, June 1854	412		60	
Kemper	Heinrich	26, Aug. 1856	412		1-6m	
Kemper	Margreta	4, Sept 1861	532		30	
Kemphaus	John	10, July 1873	21		1-8m	
Kenbel	Maria Elisabeth	28, Sept 1853	400		78	
Kenert	Johan Victor	20, Aug. 1862		20	1-2m	
Kese	Dorohe	16, Jan. 1863			63	
Kese	Dorothea J.W.	16, Jan. 1863		396	63	
Kesler	Anna Maria	25, May 1845		67	1	
Kesner	Anna Sophie	10, July 1850		38	6m	
Kesner	Doris F.	7, July 1856		38	14d	
Kesner	Emma	30, Aug. 1857		38	2w	
Kessing	Jost	29, June 1849	203		30	
Kessing	Maria	1, July 1849	203		26	(buried with Jost)
Kestepp	Grant	27, May 1870				
Kesters	Harry Grant	27, July 1869		38	9m-18d	
Kesting	W.	29, Apr. 1868			1d	
Kesting	Wilhelm	21, Dec. 1849		108	2	
Kestner	(child of G.F.)	25, Dec. 1862		38	stillborn	
Kestner	Anna Catharina	8, Jan. 1847		38		
Kestner	Charles R.	1871		38	15m	
Kestner	Henriette E.	2, Nov. 1863		38	22	
Kestner	Johan Heinrich	29, Jan. 1860		93	67	
Kestner	Julian	7, Aug. 1855		38	6m	
Kettler	Luisa	20, July 1849	267		47	
Kettler	Wilhelm	10, Apr. 1849	150		53	

First German Protestant Evangelical Cemetery

Last Name	First Name	Burial Date	Single Grave	Lot	Age	Remarks
Kiel	Herman	14, Apr. 1864	590		26	
Kindelmeyer	Hinrich	30, Aug. 1850	338		23	
Kindemann	Heinrich	11, Jan. 1857	496		2	
Kindemann	Heinrich	18, May 1863	662		4-5m	
Kinhorst	Liesette	1, Feb. 1851	369		2-3m	
Kinkel	Christian	23, June 1852	349		1-6m	
Kinker	Heinrich	14, July 1852	369		24	
Kinkhorst	Ludwig	11, Apr. 1859	494		50	
Kistener	Friedrich Rudolf	18, Mar. 1850	53		5	
Kistner	George	27, Mar. 1869			9m	
Klaassen	Henriette	17, May 1849		338	24	
Klaassen	Maria Niele	17, June 1849		338	6w	
Klack	Bernard	10, July 1867		107	6-6m	
Klamer	Heinrich	25, July 1849		397	20	
Klare	Louisa	3, May 1854		109	25	
Klaser	Georg	1, Apr. 1855		435	15m	
Klaser	Otto	19, Mar. 1875		338	19	
Klassen	(child of C.)	8, Jan. 1851		338	stillborn	
Klassen	(child of C.)	12, Nov. 1851		338	stillborn	
Klassen	Adelheit	7, Aug. 1854		338	34	
Klassen	Friedrich	16, July 1852		338	2m	
Klassen	Hienerjete	15, May 1849			24	
Klassen	Magneta	17, June 1849			1-6m	
Klatte	Heinrich	26, May 1862	618		16m	
Klauden	Adam	9, June 1846	9		4-6m	(buried with Elisabeth)
Klauden	Elisabeth	30, May 1846	30		3-6m	
Klauer	(child of Balthaser)	25, July 1854	419		stillborn	(buried with Catharina)
Klaun	Catharina Margaretha	27, Dec. 1845	49		19	
Klausheide	(child of Fr.)	10, Aug. 1846			Child	
Klausheide	Christina Friedricka	17, July 1849		94	36-10m	
Klausheide	Juliana Maria	20, Dec. 1844		94	6m	
Klausheide	Karl Friedrich	22, July 1849		94	7	
Klausheide	Karolina	24, July 1852		94	15	
Klausheide	Maria	25, July 1849		94	7m	
Klausheide	Maria	1, Sept 1854		73	7	
Klaussen	Louise	8, Oct. 1856		338	3-6m	
Klaussen	Sophia	30, Oct. 1856		338	37	
Klebeck	Heinrich	22, June 1847	90		50	
Klebecker	Heinrich	4, May 1848	90		14	(buried with father)
Kleemeier	Heinrich	1, Oct. 1855	441		40	
Kleier	Anna Karliene Marya	20, July 1850		13	1-9m	
Kleier	Aug.	28, May 1881		17	2-7m	
Kleier	August	28, May 1881		47	2-2m	
Kleier	August	22, Sept 1861		17	27	
Kleier	Carolina	1, July 1863		17	2-8m	
Kleier	Catharina	3, Apr. 1862		17	28	
Kleier	Cl.	17, July 1872		33	1-7m	
Kleier	D.	8, Apr. 1872				
Kleier	Ernst	1, Jan. 1872		17	1-11m	
Kleier	Ernst Heinrich	17, June 1855		13	4m	
Kleier	George Wilhelm	21, Aug. 1862		17	1-4m	
Kleier	J. Radine	8, Apr. 1872		17	1-6m	
Kleier	J.H.	19, June 1875		43	55	
Kleier	J.H.	9, June 1875		13	55	
Kleier	Johan Bernart	25, Sept 1847		13	2-3m	
Kleier	Johan Cristofer	20, May 1855		13	2	
Kleier	Johan Wilhelm M.	20, Sept 1866		17	8	
Kleier	Kattrina	3, Apr. 1862		17	28	

First German Protestant Evangelical Cemetery

Last Name	First Name	Burial Date	Single Grave	Lot	Age	Remarks
Kleier	Lizzie	7, Aug. 1867		17	1	
Kleier	Rudolf	21, July 1854		13	30	
Kleier	Sophia Maria	22, Sept 1847		13	2m-15d	
Kleier	Wilhelmine	20, May 1878		17	2d	
Klein	Johan	12, Dec. 1856	459		22	
Klein	Alwina	3, July 1854	434		10m	
Kleinhaus		12, July 1850			22	
Kleinschmidt	Anna Maria Elisabeth	29, Mar. 1850	306		56	
Kleinschmidt	Johan Bernhard	19, Jan. 1854	418		15m	
Klekamp	Emmelein	29, Apr. 1848		378	10w	
Klekamp	J.H.	22, May 1849		378	30	
Klekamp	Johan	22, Mar. 1850		328	10m	
Klekamp	Luisa	7, Aug. 1843			1	
Klekamp	Sophia Anna	10, Sept 1845			5d	(buried with Louisa)
Klem		21, May 1855	475		stillborn	
Klemeier	Sophia	13, July 1849	250		30	
Klemeyer	Doris	19, July 1850	250		3d	(buried with Sophie)
Kleyer	Wilhelm	11, Oct. 1866		17	43-6m	
Klieber	Casper	14, July 1846	14		40	
Klinge	Carl	6, Dec. 1855		434	43	
Klinge	Heinrich	3, July 1849	212		30	
Klinge	Johan	12, Aug. 1849		434	13-5d	
Klinge	Margaretha	24, July 1846	24		6m	
Klingen	Margaretha	20, May 1849		434	37	
Klinger	Casper	24, Mar. 1846	45		1-3m	
Klocke	Albert	25, Mar. 1877			2-6m	
Klocke	C.	12, June 1870				
Klocke	Elisabeth	Aug. 1867				
Klocke	Elisabeth	30, Aug. 1869		107	6-3m	
Klocke	Johan Herman	7, Jan. 1853		107	66	
Klocke	Luy Heinrich	14, July 1846		107	1-6m	
Klocke	Peter	1867			17	
Klocke	Peter	10, Nov. 1869		107	11-3m	
Kloene	Johan Heinrich	11, Dec. 1845	48		17	
Kloke	Heinrich	10, Dec. 1849		107	8m	
Kloken	Louise	17, Mar. 1857		107	3-3m	
Klot	August	4, June 1850	310		28	
Klufman	Sophia Louisa	13, July 1854	436		2-6m	
Klute	Johan	19, May 1850		436	1	
Klute	Maria Luisa	24, Aug. 1859		436	19m	
Klute	Sophia Dorothea	17, Feb. 1861		436	19d	
Klute	Sophia Dorothea	25, Mar. 1861		436	31-10m	
Klutte	Carl	27, Jan. 1857		436	4m-12d	
Knabels	Maria Adelheit	24, Feb. 1847	84		74	
Knake	Maria	4, Jan. 1846		49	62	
Knap	(Mrs)	6, July 1863	492		76	
Knapp	Ferdinand	1, June 1883		2	6m	
Knauft	Anna	2, Nov. 1856	317		6-6m	
Knauft	Crist	11, July 1850	317		36	
Knauft	Johan Michael	2, May 1849	197		9m	
Knauft	Oskatvika Amalia	12, Oct. 1848	173		1-3m	
Knehaus	Wilhelm	30, Oct. 1862		22	26	
Knicthorn	F.	18, July 1868				
Knipenberg	Heinrich	29, July 1856		392	1-7m	
Knipenberg	Johan Heinrich	28, July 1856		392	3m	
Knipenberg	Karliene	15, July 1850		392	1	
Knipenberg	Kattrine	15, Sept 1855		392	43	
Knippenberg	E. Ludwig	29, Jan. 1872	15		2-2m	

First German Protestant Evangelical Cemetery

Last Name	First Name	Burial Date	Single Grave	Lot	Age	Remarks
Knippenberg	Eberhard	16, Sept 1862		392	70	
Knippenberg	Elisabeth	25, Jan. 1864		392	72	
Knippenberg	Elisabeth	2, Mar. 1864		392	75	
Knippenberg	Emile Karolina	12, May 1858		392	1	
Knippenberg	Friedrich	17, July 1849		392	30	
Knippenberg	L.	6, Aug. 1869			2	
Knippenberg	M.	5, Sept 1872				
Knippenberg	Maria	20, June 1860		392	1-6m	
Knippenberg	Matha	30, Aug. 1871		392	9m	
Knippenberg	Wilhelmine	11, Sept 1877		30	3-9m	
Knochenhauer	Anna Maria	17, Mar. 1880		372	30	
Knochenhauer	Ludwig Friedrich	31, May 1880		372	3m	
Knoepker	Maria	21, July 1859	568		10m	
Knost	Friedrich	26, Aug. 1857		439	1	
Knost	Friedrich Heinrich	26, May 1849		69	33	
Knost	Heinrich	21, Nov. 1849		69	8d	
Knost	Louisa	13, Nov. 1848		69	3m	
Knost	Louisa	12, Sept 1857		69	1	
Knost	Louisa Dorothea	24, Nov. 1848		335	14	
Knost	Margaret Elis. Hedwig	11, July 1848		69	14	
Knost	Maria	14, July 1849		69	25	
Knost	Rosina	3, Nov. 1858		439	5m	
Knost	Wilhelm Heinrich	1, July 1850		439	4	
Knost	Heinrich	18, Oct. 1846		69	2	
Knostman	Friedrich	22, July 1847	93		adult	
Knostman	Johan Gerhard	20, June 1848	113		30	
Knostman	Johan Heinrich	19, Nov. 1847	120		1	
Knostman	Johan Heinrich	22, Feb. 1848		82	45	
Knostman	Louisa	12, Dec. 1847	27		4	
Knostman	Ludwig	15, July 1844		82	1-6m	
Knostmann	Catharina Maria Elise	27, July 1846	27		2	
Knostmann	Elisabeth	20, Sept 1846		69	26	
Koch	(child of Johan H.)	9, Oct. 1851	335		stillborn	
Koch	(child of Johan)	14, Feb. 1850	302		stillborn	(buried with mother)
Koch	(Mrs)	19, June 1860	512		30	
Koch	Anna	2, May 1859	335		22m	
Koch	Anna	10, May 1859	561		22m	
Koch	Anna Maria	18, Mar. 1853	395		66	
Koch	Carl	21, July 1869	335		1d	
Koch	Christian	18, July 1849	264		23	
Koch	H.	19, Apr. 1869			1d	
Koch	Johan Frank	26, Apr. 1860	508		48	
Koch	Johan Friedrich	10, Mar. 1853	380		6m	
Koch	Johan Heinrich	29, Aug. 1853	380		4	(buried with Johan F.)
Koch	Mina	1, Feb. 1850	302		23	
Kockebrand	Wilhelm	12, Jan. 1853	378		1-9m	
Koehler	Louise	7, Mar. 1876		84	17	
Koehnke	Herman Heinrich	4, Aug. 1846	71		6m	
Koenig	Alwina	9, Sept 1870		6	19-3m	
Koenig	Catharina Maria	1, Feb. 1845		6	4	
Koenig	Catharina Maria	14, Nov. 1858		6	51	
Koenig	Herman Heinrich	26, Dec. 1849	294		20	
Koenig	J.H.	16, Oct. 1872			25	
Koenig	Johan Herman	26, Apr. 1845		6	1d	
Koenig	Johan Herman	1, Feb. 1871		6	62-1m	
Koenig	John H.	16, Oct. 1872		6	25	
Koenig	M.	4, Mar. 1871				
Koenig	Margaretha Christina	30, Aug. 1844		6	1	

First German Protestant Evangelical Cemetery

Last Name	First Name	Burial Date	Single Grave	Lot	Age	Remarks
Koenker	Johan	18, July 1849	242		2	
Koennen	Johannes	26, June 1850		40	3-6m	
Koerbitz	Louisa	13, June 1854		380	5	
Koerlitz	Robert	30, July 1852			1-7m	
Koerwitz	Emil	3, Apr. 1854		380	8m	
Koester	Elisa	15, Dec. 1860	523		56	
Koester	Friedrich	17, Feb. 1855	50		2-6m	(buried with Wilhelm Himpel)
Koester	Heinrich	27, June 1856	489		23w	
Koester	Karl Heinrich	28, July 1849	272		43	
Koester	Magrethe Sophia	25, Mar. 1861	610		1-3m	
Koester	Theodor Ch.	4, Aug. 1863	610		1d	(buried with Magrete)
Koester	Toewes	24, Aug. 1859	503		75	
Koesterman	Jana	29, July 1861	616		9m	
Koesters	Maria	31, July 1849	272		50	
Kohlmann	Catharina	15, Nov. 1848	182		8m	
Kohlmann	Leise	27, July 1850	332		24	
Kohlmeyer	Friedrich Luki	30, July 1850		89	1-3m	
Kolbe	Herman	5, Jan. 1856		49	65	
Kolkmeier	Anna Maria	1, Feb. 1847	79		21	
Kollmeier	Johan Friedrich	24, Sept 1848		89	1-6m	
Kolmeier	(Mrs)	15, July 1849		89	24	
Kolmeier	Friedrich	15, July 1849		89	35	
Koly	Christian	4, May 1852	365		51	
Koly	Johan Adam	13, July 1852	365		52	(buried with Christian)
Komming	Maria Elisabeth	2, Sept 1851		83	36	
Kons	W.S.	21, Nov. 1872			4-4m	
Koop	Hennerike Lewise	27, Jan. 1862		377	8d	
Koop	J.H.	24, Mar. 1881		377	44-3m	
Koops	Friedrich	3, July 1848	154		1-6m	
Kopp	H.	24, Mar. 1881		377	44	
Kopp	U.S.	21, Nov. 1872		377	2-2m	
Koring	A.	8, Jan. 1869				
Koring	Anna	25, July 1849		376	26	
Koring	Anna	8, July 1855		35	64	
Koring	Cristof	1, July 1850		35	1-1m	
Koring	Friedrich Cristof	3, Jan. 1857		35	38	
Koring	Johan Friedrich	8, July 1854		35	69	
Koring	Louisa	17, Dec. 1844		35	1	
Koring	Scharlota	10, Mar. 1850		35	4-2m-5d	
Kork	Johan Friedrich	16, July 1850	323		33	
Kork	Sophia Wilhelmina	15, July 1849	214		2	
Kortenkamp		17, Dec. 1860		77	3m	
Kostenber	Gotlieb	12, Sept 1848	168		8w	
Koster	Johan H.	22, June 1864	503		7w	
Kottenkamp	J.H.	Feb. 1868		77		
Kracht	Andreas	27, Jan. 1848	53			
Kracht	Christina	17, Apr. 1875		321	63	
Kracht	J.	25, Apr. 1871				
Kracht	Margaretha	28, Feb. 1853			4w	
Kracht	Theodor	1, July 1870		320	56	
Kraetzmeier	Friedrich	2, Apr. 1846	50		1-6m	
Kraetzmeier	Maria	8, Aug. 1843			1-6m	
Kraft	Madalene Christine	22, May 1846			3w	
Kragman		9, July 1868			1-5w	
Krame	August Rudolf	21, June 1849			3w	
Krame	Heinrich	10, June 1846	10		1	
Kramer	Andreas	14, Jan. 1863	651		1-6m	
Kramer	Catharina Maria	14, July 1846		61	3-2m	

First German Protestant Evangelical Cemetery

Last Name	First Name	Burial Date	Single Grave	Lot	Age	Remarks
Kramer	Dietrich	20, May 1851	345		40	
Kramer	Emile Philomena	8, June 1852	347		14m	
Kramer	Johan Friedrich	25, June 1846	25		1-2m	(buried with M. Friedricka)
Kramer	Maria Friedricka	13, June 1846	13		3	
Kramm	Wilhelm	6, Jan. 1849	61		1	(buried with brother)
Krampe	(child of W.)	25, Dec. 1860	606		stillborn	
Krantz	Louisa	3, Jan. 1854		35	2d	
Kranz	Franz	28, July 1864			8m	
Kraster	Johan	29, June 1851	212		1-2m-18d	(buried with brother)
Krauss	Juliana	2, Mar. 1876			87-2m	
Krebs	(child of Friedrich)	28, Feb. 1848	128		stillborn	
Krebs	(Mrs)	14, Feb. 1857	464		40	
Krebs	Katharina	8, July 1857	464		6m	(buried with Mrs. Krebs)
Kreckler	Heinrich	15, July 1849		437	11m	
Kreienhagen	Wilhelm	9, July 1855	435		36	
Kreisman	Wilhelmina	19, Aug. 1863	551		32	
Kreke	Hanna	1, Apr. 1844		57	1-6m	
Kreme	Conrad	18, Mar. 1846	94		12w	
Krening	Franz	2, July 1849		326	1-10m	
Krening	Maria Leide	4, July 1849		326	40	
Krieger	Wilhelm	12, June 1858		73	16	
Kroeger	(child of Heinrich)	6, Oct. 1848	72		stillborn	
Kroeger	Anna	28, Mar. 1864		432	1	
Kroeger	H.	7, June 1872				
Kroeger	Heinrich	20, June 1849	186		46	
Kroeger	Heinrich	4, July 1860	597		child	
Kroeger	Henry	7, June 1871		432	4m	
Krogmann	Jos.	8, July 1868				
Krohme	Adam Heinrich	1, Sept 1852	374		49	
Krohme	Catharina Elisabeth	1, May 1848		39	28	
Krohme	Johan Friedrich	8, Jan. 1855	374		21m	(buried with Adam H.)
Krohme	Johan Heinrich	2, Sept 1847		39	2-3m	
Krohme	Maria Elisa	20, July 1848		39	4m-15d	
Kromert	Heinrich	1, Nov. 1861		20	28-6m	
Kron	Elisa	18, Feb. 1860		438	3-6m	
Krueger	(child of Ludwig)	26, Dec. 1859		47	stillborn	
Krueger	Heinrich F. Wilhelm	10, Oct. 1851	358		26	
Kruse	Cordt Heinrich	2, July 1849	208		51	
Kruse	Elisabeth	9, July 1849	243		47	
Kruse	Herman Heinrich	10, May 1851	322			(buried with A. Maria Wuelber)
Kruse	Katharina Ilse	16, July 1857	468		62	
Kruse	Wilhelm	28, Aug. 1846	59		21	
Kuchham	Friedrich	11, Oct. 1856	456		42	
Kuck	Friederike	29, July 1850		72	23	
Kuck	Wilemine Elisebet	3, Sept 1850		72	8m	
Kuckelhan	Frd.	28, July 1864		438	8m	
Kuckherm	Friedrich	7, May 1855	67		5-6m	
Kuckherm	Wilhelmina	7, May 1858	67		11m	(buried with Friedrich)
Kuckherm		15, July 1868			3m	
Kuckhermann	Anna	8, July 1849			6m	(buried with C.H.)
Kuckhermann	Ernst Heinrich	23, Sept 1846			1d	
Kueckelhan	Emmy	28, July 1855		438	1-10m	
Kueckelhan	Jette	23, Nov. 1847		438	7	
Kueckelhan	Johan H.	19, Apr. 1847		438	56	
Kueckherm	Maria	28, Oct. 1848		392	1-6m	
Kueker	Wilhelm	4, Aug. 1847		49	5	
Kuemper	Gerhard	29, Dec. 1858		48	6	
Kuester	Elisabeth	18, Nov. 1857	517		2	

First German Protestant Evangelical Cemetery

Last Name	First Name	Burial Date	Single Grave	Lot	Age	Remarks
Kuester	Magdalena	26, Sept 1859	517		14m	(buried with Elisabeth)
Kuhlman	Janna	18, Aug. 1850	336		50	
Kuhlmann	Albert	10, Sept 1856	86		9m	
Kuhlmann	Friedrika	31, Aug. 1849	48		8	
Kulmann	August	3, July 1853	398		2w	
Kun	John	23, May 1846	23		8-6m	
Kundelmeier	B.	30, Apr. 1881			80	
Kundelmeier	Elisabeth	15, Mar. 1879			84	
Kunge	Wilhelm	17, Feb. 1854	425		16m	
Kunsberg	Clara	19, Mar. 1866			5w	
Kupper	(child of Fr.)	8, Mar. 1863	658		stillborn	
Kurdelmeyer	Bernhard	7, Dec. 1878			80	
Kurdelmeyer	Maria Elisabeth	7, Dec. 1878			84	
Kurmann	Heinrich	3, July 1849	211		23	
Lachtrab	Anna	24, July 1855		434	1d	
Lachtrob	Elisa	3, Feb. 1866		431	5-4m	
Lachtrop	H.	12, Mar. 1868		431	2	
Lachtrop	Heinrich	27, Feb. 1858		434	4m	
Laesser	Heinrich	13, Nov. 1854		45	1d	
Lahman	Ludwig	16, Jan. 1860			32	
Lahmann	Heinrich	27, Nov. 1852	388		27	
Lahmeier	Johan Michael	21, June 1849	185		29	
Lahmering	Friedrich Heinrich	13, June 1852		85	11m	
Lahmering	Heinrich	8, June 1850		85	4m-15d	
Lahne	Rolnot	6, Mar. 1860			17d	
Lahrman	Friedrich H.A.	17, Mar. 1861		344	8m	
Lakamp	A.	20, Jan. 1877			74	
Lakamp	Herman	4, May 1865	607		66	
Lakamp	Maria L.C.	26, Feb. 1862	634		46	
Lake	Emma	31, Jan. 1856		110	2	
Lammat	Margaretha	19, Feb. 1871		439	7w	
Lammering	Maria Elisa	12, July 1851		85	25	
Lammers	Annie	19, Mar. 1881		439	9	
Lampersick	Friedrich	1, July 1862		32	24	
Lampersick	Johan Friedrich	13, June 1844		52	6m	
Lampersick	Johan Wm.	4, Aug. 1862		52	64	
Lampersik	Cordt	2, July 1849	215		35	
Lampersik	Engel	2, July 1849	214		30	
Landmeier	(child of Heinrich)	25, Feb. 1854	387		stillborn	(buried with A.M. Hagenberg)
Landmeier	(child of Heinrich)	28, Dec. 1859	387		stillborn	
Landmeier	August Wilhelm	2, Feb. 1852	318		2m	(buried with Herman W.)
Landmeier	Bendiene W.	10, Apr. 1856	365			
Landmeier	Heinrich Wilhelm	19, July 1878			64-6m	
Landmeier	Herman Wilhelm	10, June 1851	318		1-3m	
Landmeier	Johan Heinrich	28, Sept 1857	510		11m	
Landmeier	Luisa Wilhelmina	18, Aug. 1859	510		1	(buried with Johan H.)
Landmeier	Wilhelmina Maria	8, Feb. 1862	628		9d	
Landmeier	Wilhelmina Sofia	6, Oct. 1852	365		1w	
Lanfersick	Friedrich	1, July 1862		52	24	
Lanfersick	Maria Elisabeth	24, Aug. 1881		52	80	
Lang	Martlen	2, July 1846	2		54	
Lange	Luise	4, June 1846	4		5	
Langhorst	Heinrich Wilhelm	30, Sept 1851		395	33	
Langhorst	Luhi	3, July 1849		395	8m	
Lankhorst	Luhy Heinrich	22, Oct. 1850		395	3w	
Lankhost		4, Dec. 1849	260		child	
Lartz	F.	4, Feb. 1873			25	
Laun	Matilda	22, Feb. 1858	523		6m	

First German Protestant Evangelical Cemetery

Last Name	First Name	Burial Date	Single Grave	Lot	Age	Remarks
Lay	(child of Margaretha)	6, July 1849	222		3	(buried with mother)
Lay	Margaretha	6, July 1849	222		22	
Lechner	Friedricka	14, Oct. 1846	63		21	
Lecht	Susana	21, July 1857	469		18	
Leck	(child of Scharles)	17, Aug. 1857	91		11w	
Leckamp	Clara Maria	9, Jan. 1846	40		36	
Lehenis	Conrad	21, June 1849	182		21	
Lehmkoler	Wilhelm	13, Aug. 1866		426	8	
Lehmkuhler	Louise	6, May 1864		426	1-9m	
Lehrkamp	Catharina	19, Dec. 1846	74		16	
Leichering	E.	7, July 1872			10-5m	
Leichering	J.S.	30, Aug. 1872				
Leichtering	Emma Anger	7, July 1872		98	10-5m	
Leichtering	J.S.	24, Aug. 1871		98	14	
Leinert	Carolina	6, Jan. 1868		431	20-3m	
Lemkoeler	Emma	31, Mar. 1866		426	11m	
Lemkoler	Wilhelmina	9, Mar. 1861	611		6m	
Lemmer	Heinrich	5, Apr. 1844		95	22	
Lenterle	Luise	20, Dec. 1866	16		50	(buried with F. Dodt)
Leonhard	Katie	8, Apr. 1883		2	2-3m	
Leonhard	Philip	2, Feb. 1854	422		2	
Leopold	(child of Johan G.)	2, Aug. 1852		340	stillborn	
Leopold	(child of Johan)	25, July 1851		340	stillborn	
Leopold	(child of Johan)	3, July 1854		340	stillborn	
Leopold	Friedricka	25, July 1849		340	25-11m	
Lerf	Johan Dietrich	31, Aug. 1853	408		7m	
Letenle	Jakob	16, Jan. 1860	506		56	
Leukelnig	Gerhard Cristof M.	4, Aug. 1852		98	9m	
Leukering	Richard Albert	7, Apr. 1875		98	16	
Leukering	Rosa Dorothea G.	17, July 1854		88	14m	
Leuning	Heinrich	8, Dec. 1851			1-6m	
Ley	(child of Heinrich)	3, July 1849	220		child	
Ley	Heinrich	3, July 1849	220		24	
Ley	Luhi	4, July 1849	220			(buried with father)
Leyn	Friedrich	30, Dec. 1851	362		31	
Lichtendahl	Carolina	15, Mar. 1853	379		7m	
Lichtendahl	Emile	19, July 1858	534		1	
Lichtendahl	Johan	23, Mar. 1846	95			
Lichtendahl	Johan Heinrich	18, Feb. 1848	95		4	(buried with brother)
Lichtendahl	Maria	17, Sept 1848	169		14m	
Lichtendahl	Mina	3, Dec. 1857	476		18	
Lichtendahl	Wilhelm	24, Apr. 1848			6-2m	
Lichtendahl	Wilhelm	4, Feb. 1851	169		3d	(buried with Mag.)
Liemann	(Mrs)	1, Sept 1855		61	30	
Liemann	Doris	21, June 1846		61	3	
Liemann	Johan Herman	8, July 1846		61	10m	
Liemann	Louis	7, Apr. 1849		61	39	
Liemann	Mathilde	22, Mar. 1857		61	5	
Lieske	Johann	20, Sept 1861	533		48	
Lilie	Friedrich Heinrich	3, July 1849		47	2	
Lilikamp	Wilhelmina Karolina	9, Apr. 1858		29	18m	
Lindner	Balding	17, May 1855	474		1-5m	
Lindner	Wilhelm	16, May 1859	474			(buried with Baldwin)
Linke	Anna L.	20, July 1863	666		14d	
Linneweber	Friedrich Heinrich	12, Sept 1854		66	40	
Linneweber	N.H.	2, Aug. 1843		66	19	
Littelmann	Herman	1, May 1873			71	
Litzenberger	Johan	6, Jan. 1846		63	50	

First German Protestant Evangelical Cemetery

Last Name	First Name	Burial Date	Single Grave	Lot	Age	Remarks
Loeckamt	Maria Engel Catrina	13, May 1851	310		7w	
Loehmann	Elisabeth	15, Aug. 1854		324	34	
Loehmann	Magreta	26, Dec. 1862		324	83	
Loehmann	W.	17, May 1870				
Loehmann	Wilhelm	12, Aug. 1869		324	17-11m	
Loekamp	Catharina	23, Mar. 1846	13		4-6m	
Loeppel	Johan	8, July 1849			45	
Loerkamp		6, July 1849	40		stillborn	(buried with Clara Maria)
Loewinger	Lina	5, May 1858	498		3w	(buried with Johan)
Loheide	Herman T.	13, Oct. 1846	81		1-6m	
Lohkamp	Adam	21, Jan. 1877		2	74	
Lohleweiler	Jacob	18, May 1848	141		30d	
Lohmann	Friedrich	8, May 1849		324	1-2m	
Lohmann	Heinrich	6, July 1856		324	6	
Lohmeier	Sophia	23, Sept 1847	114		1-6m	
Lohmeier	Wilhelm	6, July 1849	233		33	
Lohnson	Magreta	11, Apr. 1864	681		8m	
Lohrey	Frank	27, June 1860	595		2-5m	
Lohrey	Wilhelmina	17, Dec. 1863	670		17m	
Lohrmann	Henriette Louisa	20, May 1856	486		1-3m	
Lohrmann	Ludwig	16, Jan. 1860		344	32	
Lokamy	Catrina Elisabeth	12, June 1851	348		15	
Lomhalk	Luisa	13, July 1851		10	25	
Loon	(child of Johan)	2, Oct. 1853	414		stillborn	
Loscher	Maria	4, Sept 1848	166		1-7m	
Loth	Elisabeth	23, Dec. 1849	1		2	
Loth	Heinrich	5, June 1843			Child	
Loth	Josep	25, Dec. 1863			2-5m	
Loth	Louisa	20, Oct. 1854	445		3	(buried with Maria)
Loth	Maria	14, Aug. 1854	445		4-6m	
Lotz	Frank	3, Feb. 1873		370	25	
Lowenger	Johan	25, Jan. 1857	498		8d	
Lucke	Laura	27, July 1878		43	1-6m	
Ludolf	Conrad	16, June 1858	484		27	
Ludwig	Anna	3, Nov. 1861	620		7-6m	
Ludwig	Barbara	2, Mar. 1859	557		15w	
Ludwig	Carl	3, Sept 1861	617		2m	
Ludwig	Kareliene	27, Sept 1856	493		1	
Ludwig	Magdalena	10, May 1860	557		17w	(buried with Barbara)
Ludwig	Wilhelm	27, Sept 1862	617		5w	(buried with Carl)
Ludwig	Wilhelm	14, Nov. 1851		326	14d	
Luebe	(child of Wilhelm)	25, June 1862			stillborn	
Luebkemann	Ahleit	9, July 1849		434	32	
Luebkemann	Janni	12, July 1849		434	1-6m	
Luebkemann	Johan	12, July 1849		434	40	
Luecke	Johan Heinrich	8, Feb. 1845			1d	
Luecken	Wilhelm	16, Aug. 1856	84		1-8m	
Lueckens	August	18, May 1864		405	2-6m	
Lueckens	Wilhelm	2, Mar. 1859	84		2-6m	(buried with Wilhelm)
Luedike	Herman	12, Mar. 1860		376	7m	
Luedke	Anna	1, July 1849		376	2	
Luehing	Heinrich	17, Jan. 1854	406		53	
Luehring	Carolina	22, Jan. 1847	89		1	
Luehring	Heinrich	20, Sept 1857	472		21	
Luehrings	Carliene	14, Aug. 1850	335		34	
Luekens	Johan Friedrich	27, July 1850		334	70	
Luekens	Katharina Wilhelmina	6, Sept 1845	32		20	
Luekens	Sophia	17, July 1845	26		28	

First German Protestant Evangelical Cemetery

Last Name	First Name	Burial Date	Single Grave	Lot	Age	Remarks
Luepkemann	Herman Heinrich	8, Dec. 1846	23		5	
Luepkemann	Johan	4, June 1846	4		3	
Luering	Louisa Karolina	12, Dec. 1849	51			
Lueske	Friedricka Wilhelmina	22, Apr. 1861	614		1	
Luis	(child of Johan)	26, Jan. 1850	263		stillborn	
Luske	Johan Heinrich	28, Jan. 1857	263		11m	
Luterbein	Christina Louisa	1, July 1854		84	14m	
Luterbein	Elisabeth	7, Dec. 1854		84	48	
Lutterbein	Johan Herman H.	18, Oct. 1850		84	11m	
Lutterbein	Maria Sophia	24, Aug. 1848		84	3w	
Lynig	Margaretha	19, Dec. 1851	359		41	
Mack	Heinrich	19, Apr. 1848	130		7w	
Maier	Anna Christina	16, Aug. 1846		104	2-8m	
Maier	Friedrich George	28, May 1865	688		5-4m	
Maier	Herman	15, Mar. 1847	25		3-6m	
Maiers	Barbara	22, Jan. 1857	461		26	
Maihof	Johan Daniel Victor W.	2, Aug. 1851	330		1-7m	
Makes	Tidor	2, Jan. 1853	389		50	
Maltamet	S.	23, Apr. 1869				
Marks	Heinrich	26, June 1849	26		23	
Marr	Johan	1, July 1849	227		5m	
Marscher	(child of Gerhard)	4, Aug. 1853		98	stillborn	
Martens	(child of Carl)	6, June 1851	314		stillborn	
Martin	Gotfried	1, Aug. 1852	357		1d	
Martin	Heinrich	13, Mar. 1855	467		6m	
Martin	Magreta	23, Nov. 1864	603		74	
Maschmeier	Rudolph	13, Sept 1846			1	
Maschmeyer	Heinrich Wilhelm	13, July 1850	600		9m	
Massmeier	Friedrich	11, July 1865			1-1m	
Matha	Eduard	6, Feb. 1848		380	6w	
Mathe	Carl	22, July 1851		380	33	
Matte	Karl	30, Aug. 1852		380	1	
Mattes	Martha	12, July 1849	255			
Maybaum	C.W.	21, Apr. 1844		32	Child	
Maybaum	Karolina	23, Feb. 1844		32	6m	
Mayer	Maria	20, June 1856	449		7w	
McKinzie	Louise Agnes	20, June 1873		35	8m	
Mechterschemim	Johan	29, Aug. 1854	450		10m	
Medeke	Karoline	11, Aug. 1847	26		13m	
Medeke	Lisette	11, Aug. 1845	26		1	
Medeker	Heinrich	26, June 1850	272		1-6m	
Medeker	Heinrich	7, Aug. 1850	293		4m	
Medicke	Carliene	17, June 1855	68		1-7m	
Mefeke	H. Elisabeth	31, Mar. 1849	194		3w	
Mehlgauge	Heinrich	24, Sept 1847	97		34	
Mehlhoy	Heinrich	15, July 1859	499		24	
Mehlhoy	Maria	17, July 1854	438		9m	
Meier	(widow)	7, Aug. 1849	280		50	
Meier	Anna Sophia Elisabeth	25, Oct. 1845	11		11	
Meier	August	3, July 1858		374	2-6m	
Meier	Bernd Heinrich	17, June 1850		22	4w	
Meier	Bernhard	31, Dec. 1852	238		10w	(buried with Elisa)
Meier	Bernhard A.	28, Mar. 1866			3	
Meier	Bernhard Friedrich	8, Sept 1853	411		3	
Meier	Bertha	24, Sept 1852	276		15m	(buried with Augustina)
Meier	C.	11, July 1868				
Meier	Catrina	5, July 1851	349		20	
Meier	Christian	29, June 1849	243		4	

First German Protestant Evangelical Cemetery

Last Name	First Name	Burial Date	Single Grave	Lot	Age	Remarks
Meier	E.M.	25, Nov. 1871		95	1-11m	
Meier	Elisabeth	11, July 1849	238		1-3m	
Meier	Elisabeth	10, Mar. 1850	266		6m	
Meier	Franz M.	11, Nov. 1871		95	4	
Meier	Friedrich	2, Feb. 1846		44	60	
Meier	Friedrich	26, June 1849	36		10	
Meier	Friedrich	17, Dec. 1853		32	1-6m	
Meier	Friedrich Wilhelm	3, Jan. 1850	44		2d	(buried with Johan H.)
Meier	G.H.	21, Nov. 1871		95	2	
Meier	Gerhard Heinrich	19, Nov. 1845		104	52	
Meier	H.	12, Jan. 1869				
Meier	H.	4, May 1871				
Meier	Heinrich	4, July 1849	225		26	
Meier	Heinrich	30, Dec. 1870		40	62	
Meier	Heinrich Jacob	22, Apr. 1846	53		31	
Meier	Heinrich Mathaeus	31, July 1854		44	4	
Meier	Heinrich Mathias	19, Aug. 1854	447		4	
Meier	Herman Heinrich	23, Feb. 1860	406		4w	(buried with Heinrich Luehring)
Meier	Johan	1, Aug. 1849	248		2-15d	
Meier	Johan	21, Mar. 1858	524		14m	
Meier	Johan	10, Apr. 1883		105	65-6m	
Meier	Johan Conrad	28, Feb. 1861			68	
Meier	Johan Friedrich	20, Mar. 1848		68	36	
Meier	Johan Heinrich	19, July 1849	44		4	
Meier	Johan Heinrich	15, Nov. 1861	622		6m	
Meier	Johan Heinrich F.	9, Sept 1853	411		5	(buried with brother)
Meier	Katharina Elisabeth	3, Sept 1854		432	5d	
Meier	L.	11, Nov. 1872				
Meier	Louisa	5, Aug. 1845	24		2	
Meier	Luisa	22, Apr. 1860		322	4	
Meier	Margaretha Maria	7, Aug. 1849		44	1-5m	
Meier	Maria	3, June 1846		104	5	
Meier	Maria Elisa	19, Apr. 1853		374	3-3m	
Meier	Maria Elisabeth	27, June 1845		44	1m	
Meier	Rosina Wilhelmina	16, June 1846	16		6	
Meier	Wilhelm Georg	11, Jan. 1859	553		8d	
Meier	Wilhelmina	10, May 1860		322	11m	
Meier		3, Jan. 1854	356		stillborn	(buried with brother)
Meier	(child of Heinrich)	25, Apr. 1848	25		stillborn	(buried with brother)
Meier	(child of Heinrich)	28, Jan. 1849	192		stillborn	
Meier	Friedrich	7, Feb. 1849	143		16	
Meier	Heinrich Wilhelm	6, June 1849		44	1-10m	
Meiem	(Mrs)	28, June 1849	100		38	
Meiers	Dorothea	13, Mar. 1848		68	1	
Meiers	Elisabeth	21, Oct. 1846	24		8m	(buried with Louisa Meiers)
Meiers	Friedrich	18, Feb. 1848	126		8m	
Meiers	Luke	15, Jan. 1848	28		5	
Meiers	Maria	12, Apr. 1848			3	
Meiers	Sophia	7, May 1848		68	5	
Meiers	Wilhelmina	16, Nov. 1849	24		1-9m	
Meinen	Franz	12, Sept 1847	111		8d	
Meiners	Herman August	29, June 1845	8		16m	
Meiners	Lowiese	24, Oct. 1850		22	2	
Meir	Anna Louisa	12, Mar. 1853		339	1-8m	
Meir	Anna Maria	10, Dec. 1844			5m	
Meir	Gottlieb Heinrich	25, July 1844			1	
Meir	H. Ludwig	8, Mar. 1844		22	3m	
Meir	J.H.	28, June 1843		80	1	

First German Protestant Evangelical Cemetery

Last Name	First Name	Burial Date	Single Grave	Lot	Age	Remarks
Meir	Johan Friedrich Wm.	18, July 1852	356		1-6m	
Meir	Johan Heinrich Wm.	9, July 1854	401		2w	(buried with Wilhelm)
Meir	Sophia	2, Jan. 1845			38	
Meir	Wilhelm	12, Aug. 1853	401		5m	
Meister	Heinrich	16, Apr. 1852	343		1-8m	
Meister	Rudolf	26, Sept 1850	298		1-6m	
Meizer	Elisabeth	9, July 1852	353		1	
Melhah	Engel	27, June 1849	197		50	
Melser	Emilie	29, Apr. 1872	17		1	
Melser	Emilie	6, May 1872	18		3	
Meltzer	E.	19, Apr. 1869			4	
Meltzer	G.	7, Apr. 1869			1d	
Melzer	(child of F.)	8, Mar. 1866			stillborn	
Melzer	Amalia	6, Jan. 1864	469		1-4m	
Melzer	Emilia	24, Aug. 1870			11-9m	
Melzer	Friedrich	19, June 1856	488			(buried with Johan H.)
Melzer	Johan Heinrich	10, June 1856	488		5m	
Melzer	Wilhelm	23, Nov. 1861	624		6m	
Menebroecker	Franz Heinrich	15, Feb. 1854	424		10m	
Menebroeker	Heinrich	3, Aug. 1856	424		4m	
Menebroeker	M. Elisabeth	27, Aug. 1856	455		30	
Mennbroeker	(child)	26, Nov. 1849		392	stillborn	
Menning	Otto	14, May 1877		81	13d	
Merhorst	Louisa	23, Sept 1849		48	1	
Merker	W.	3, Aug. 1855		68	1	
Mesker	Carolina	1, May 1848			25	
Messerschmidt	George	12, Feb. 1863		12	27	
Metz	Fr.	13, Mar. 1868			stillborn	
Metzel	Georg	25, Aug. 1870			1d	
Metzel	Lawoise	12, Aug. 1861	469		12w	
Metzer	Johan Heinrich	25, Mar. 1855	469		4w	
Meyer	(child of F.)	15, Dec. 1864	501		stillborn	(buried with F. Meyer)
Meyer	(daughter of Heinrich)	29, Nov. 1869			stillborn	
Meyer	Anna Maria	8, Oct. 1878		403	60-7m	
Meyer	August	1, July 1850	276		9w	
Meyer	Christine	3, July 1850	312		25	
Meyer	Emerlin G.	24, July 1863		45	9m	
Meyer	Friedrich	28, Mar. 1861	612		1	
Meyer	Friedrich	31, Oct. 1863	501		1	
Meyer	Friedrich	11, July 1868			10m	
Meyer	H.	17, Jan. 1846	45		23	
Meyer	H.W.	24, Dec. 1874		374	59	
Meyer	Heinrich	26, June 1864	600		40	
Meyer	Johan Conrad	28, Feb. 1861		4	68	
Meyer	Louwise	12, Apr. 1863	657		9	
Meyer	Lowise	18, Aug. 1862		46	5	
Meyer	W.	14, Aug. 1866				
Meyer	Wilhelm	22, July 1866	12		5m	
Meyer	Wilhelm A.	12, Apr. 1863	660		3-2m	
Meyern	Louise	4, July 1850	277		8d	
Meyern	Lowiese Emiele	6, July 1850		22	4-5m	
Meyhof	Catharina Maria	17, Nov. 1847	119		1-3m	
Michraus	Johan	30, Mar. 1850	307		63	
Middendorf	(widow)	6, Nov. 1849		323	69	
Middendorf	Adam Heinrich	6, July 1849		323	9m	
Middendorf	Adam Heinrich	21, Jan. 1853		323	40	
Middendorf	Anna Maria	19, June 1849		109	14	
Middendorf	B.	7, Apr. 1868		109	72	

First German Protestant Evangelical Cemetery

Last Name	First Name	Burial Date	Single Grave	Lot	Age	Remarks
Middendorf	Maria Louisa	12, July 1849		323	2-6m	
Middendorf	Maria Sophia Louisa	26, July 1854		323	3	
Mielberg	Heinrich	14, Aug. 1850	294		1d	
Mielhausen	Ulrich	21, July 1845	20		Child	
Miening	George	30, May 1864		81	8d	
Milberg	Cristofer B.	6, May 1860	587		3m	
Milberg	Dafiet Heinrich	12, July 1855	72		11m	
Milbery	Christofer	3, Jan. 1863	545		46	
Millberg	Matt	9, July 1855	294			(buried with Heinrich)
Miltzen	Dorothea	3, Oct. 1854	455		18m	
Mitharn	Karl	26, Dec. 1857	518		5w	
Mithoefer	(child of Heinrich)	26, Nov. 1858	550		stillborn	
Mittendorf	Adam (Mrs)	8, Aug. 1843		20		
Mittendorf	Anna Maria	9, Dec. 1847			53	
Mittendorf	C.H.	23, Aug. 1843		20	3m	
Mittendorf	Catharina	11, Aug. 1846		108	15	
Mittendorf	Heinrich	6, June 1846	6		1-3m	
Moedeker	Wilhelm	30, June 1848	115		25	
Moehring		2, Jan. 1863	649		stillborn	
Moellenkamp	Friedrich Wilhelm	17, June 1851		338	3d	
Moellenkamp	Henriette	8, July 1849		338	25	
Moellenkamp	William	2, July 1849		338	2-6m	
Moellmann	Gerhard	11, Mar. 1845			stillborn	
Moenter	Elisabeth	17, July 1849	262		28	
Moenter	Maria Louisa	17, Oct. 1846	82		8m	
Moenthers	Maria Karolina	10, July 1849	237		1-10m	
Moering	(child of J. Heinrich)	6, July 1849	231		5	(buried with father)
Moering	Johan Heinrich	6, July 1849	231		45	
Moering	Johan Heinrich	30, Dec. 1856	463		21	
Moerkerl	Herman	16, Apr. 1852		14	19	
Moerscher	(child of Gerhard)	10, Oct. 1852		98	stillborn	
Mohlers	Aleit Rebeka	19, June 1849	184		30	
Mohlers	Friedrich	11, Jan. 1850	301		34	
Mohr	Wilhelm	25, Aug. 1848	123		25	
Mormann	Villemine	28, July 1850	292		2m	
Morr	Elisabeth	5, July 1849	193			
Moshwerdt	Rudolf	23, Oct. 1848	131		34	
Muehlberg	Liesette	26, Jan. 1851	222		17	(buried with Magrete Ley)
Muehlberg	Ludwig	11, Nov. 1861	621		9	
Muehlenbach	Sophia	10, July 1849	252		25	
Muehlhausen	Friedrich	13, May 1846	13		child	
Muelberger	Johan	17, Nov. 1860	520		35	
Muelberger	Simon	7, July 1849	238		46	
Mueller	Carrol	24, Sept 1861	619		10m	
Mueller	Christian	6, Mar. 1848	110		22	
Mueller	Cordel	19, Sept 1847	113		6d	
Mueller	Heinrich	10, Sept 1844			1	
Mueller	Heinrich	24, June 1849	191		14	
Mueller	Heinrich	25, Sept 1854	454		14m	
Mueller	Herman Heinrich	7, June 1850	191		1-6m	(buried with Heinrich)
Mueller	Johan Davis	15, Nov. 1852	382		38	
Mueller	Karliene Willemine	22, Sept 1855	482		11m	
Mueller	Karolina	1, Feb. 1853	377		2-8m	
Mueller	Kristine	15, May 1849	155		74	
Mueller	Magrethe	27, Mar. 1851	155		7-8m	(buried with Cristine)
Mueller	Michel	6, Mar. 1855	430		45	
Mueller	Tobias	23, Nov. 1849	255		8d	
Mueller	Valentin	23, Nov. 1849	256		8d	

First German Protestant Evangelical Cemetery

Last Name	First Name	Burial Date	Single Grave	Lot	Age	Remarks
Mueller	Wilhelm	21, June 1844			36	
Muhle	Johan	9, July 1850	285		3	
Muhle	Johan Friedrich	26, Oct. 1849	257		6m	
Muhle	Johan Georg	8, Aug. 1855	285		2-3m	(buried with Johan)
Muhle	Johan Heinrich	28, Apr. 1852	344		1-9m	
Mukke	Johann	26, Feb. 1863	653		3-6m	
Mulle	Johan Heinrich	24, Nov. 1848	141		22	
Musekamp	Anna Maria	16, Feb. 1845		4	46	
Muthmann	Emilie Katharina	27, June 1858	525		10m	(buried with Frank)
Muthmann	Frank	24, Apr. 1858	525		2	
Nagel	Johan	17, Aug. 1857	92		8m	
Nagel	Johan	15, Aug. 1859		319	1	
Nan	Martha	26, Aug. 1850	337		60	
Nau	Heinrich	2, July 1849	210		59	
Naumann	Cornelia	1, July 1876		26	1-1m	
Neddermann	Rebecca Adeleit	3, Jan. 1848	125		3	
Negengnoth	Herman	6, Jan. 1845			5w	
Nehren	Maria	17, June 1851	321		1-10m	
Neidinger	Catharina	28, Aug. 1846			15d	
Nely	Georg	7, June 1851	315		9m	
Nensen	Emilie Johanna	7, May 1858	201		15m	
Nepper	(child of D.)	3, Apr. 1862		67	stillborn	
Nepper	(child of Dietrich)	28, July 1853		67	stillborn	
Nepper	(child of Dietrich)	25, Mar. 1854		67	stillborn	
Nepper	Anna	22, Mar. 1854		67	20m	
Nepper	Anna	6, Oct. 1862		67	68	
Nepper	Dorothea	31, Mar. 1854		67	22	
Nepper	Ludwig	15, Aug. 1859		67	8m	
Nese	(child of Johan)	12, May 1849	201		stillborn	
Neter	Louisa	18, Sept 1853	399		56	
Niederhespe	Maria Elisabeth	6, Aug. 1846	20		3-6m	
Niederschulte	Arnold	11, June 1851	319		2-6m	
Niehaus	(child of Johan)	30, Apr. 1864	606		stillborn	
Niehaus	Anna Sophia	6, Dec. 1854	459		2	
Niehaus	Anna Sophie	3, Aug. 1851	278		8m	(buried with J. Konrad)
Niehaus	Heinrich Georg	9, May 1858	459			(buried with Anna Sophia)
Niehaus	Heinrich H.	9, Nov. 1849	156		3m	
Niehaus	Herman	12, July 1849	254		6	
Niehaus	Johan Heinrich	11, Aug. 1847	107		9m	
Niehaus	Johan Konrad	5, July 1850	278		2-1m	
Niehaus	Maria	15, July 1849	254			
Niehaus	Sophia	11, July 1849	254		36	
Niehausen	Margaretha Elisabeth	27, Dec. 1845	43		30	
Niehenheuser	John	26, Jan. 1865	606		45	
Nieman	Joseph	19, Feb. 1859	493		60	
Niemann	Conrad	16, Jan. 1846	47		32	
Niemeier	Andres	6, June 1851	313		1-1m	
Niemeier	Anna Margaretha	30, July 1849		18	41	
Niemeier	Heinrich	18, June 1849	214		1	
Niemeier	Johan Friedrich	6, Sept 1845	31		1-9m	
Niemeier	William	28, May 1849	161		30	
Niemeyer	Dorothea Maria	1, Feb. 1848	31		1-3m	(buried with brother)
Niemeyer	Elisa	24, May 1847	88		56	
Niemeyer	Gerhard Heinrich	17, Nov. 1847	102		18-6m	
Nienaber	Friedrich	7, July 1849	209			
Nienaber	Maria Engel	2, July 1849	209		32	
Nienhusen	(child)	1, July 1850	153			(buried with Maria)
Nienhusen	M.E.	15, May 1849	153			(buried with mother)

First German Protestant Evangelical Cemetery

Last Name	First Name	Burial Date	Single Grave	Lot	Age	Remarks
Nienhusen	Maria Elisabeth	14, May 1849	153		30	
Nihren	Friedrich	25, June 1847	104		8m	
Nollte	Friedrich Heinrich	18, Feb. 1851	343		45	
Nolte	Johan Heinrich	12, Mar. 1853	381		1-6m	
Nolte	Johan Herman Wilhelm	6, Sept 1848	167		8m	
Noltekamper	H.W.	21, Oct. 1846		88	30	
Noltekemper	Louisa	3, Sept 1844		88	1	
Noltekemper	Maria	28, May 1849		88	30	
Noltekemper	Wilhelm	26, May 1849		88	8	
Nolten	Margaretha	27, Feb. 1850	323		8m	
Nonnenberg	Bertmar	4, July 1849	226		52	
Nordman	Friedrich	20, June 1850		335	50	
Nordmann	Heinrich	27, June 1858	533		3	
Nueschker	Katharina	27, Nov. 1849	291		26	
Nueschker	Louisa	6, Dec. 1849	291		1-1m	(buried with mother)
Nufki	Wilhelmina	13, Feb. 1853	393		38	
Oberhilmer	Heinrich	23, June 1850	274		5m	
Oberklein	(child of Heinrch Wm.)	1, Oct. 1849	201		stillborn	
Oberklein	(child of Heinrich)	29, Sept 1848	16		stillborn	(buried with brother)
Oberklein	Anna Sophia	21, Aug. 1857	508		2-6m	
Oberklein	Georg Heinrich	28, June 1849	201		31	
Oberklein	George H.	24, Mar. 1863			40	
Oberklein	Heinrich	3, Feb. 1845			stillborn	
Oberklein	Heinrich	29, July 1850	201		9m	(buried with Gorg Wm.)
Oberklein	Heinrich Fr.	29, Jan. 1847	91		2m	
Oberklein	Rudolf	14, June 1849	168		16	
Ochhus	Elisabeth	10, July 1849			31	
Ochhus	Louisa	12, Dec. 1849	293		26	
Ochs	Georg Willem	26, June 1849	27		38	
Oehling	Maria	13, Dec. 1862	543		75	
Oelker	Wilhelm	29, July 1849	274		30	
Ohling	Peter	16, Apr. 1856	449		73	
Ohrnhold	Friedrich	5, July 1850	313		40	
Oldenschmidt	Karl Heinrich	30, Dec. 1878			5-10m	
Oldenschmidt	Katharina	14, Jan. 1879			2	
Onk	Anna Gertruda	31, Aug. 1858	540		4	
Oring	Heinrich	30, Oct. 1855	442		36	
Orth	Catharina	18, Apr. 1849	134		82	
Ortmann	(child of Karl)	14, Sept 1849	64		stillborn	
Ortmann	Adeleit	5, Feb. 1846	47		1-6m	
Ortmann	Carl	2, Jan. 1851	56		5	
Ortmann	Heinrich	22, Mar. 1874	14		64-2m	
Osterstaff	August W.	16, Apr. 1860	249		1	
Osterstat	Alleda	11, July 1849	249		32	
Ott	Jacob	10, Dec. 1851	61		5	
Otte	(child of J.H.)	14, Jan. 1847	90		1d	
Otte	Johan Heinrich	13, Jan. 1847	90		1d	
Otte	Maria	9, Dec. 1843			22	
Otte	Wilhelm	6, Apr. 1849	152		30	
Otten	Anna Maria	27, Feb. 1845			6m	
Otten	M. Elisabeth	23, Aug. 1843		58	1	
Otting	(child of Gerhard H.)	11, Dec. 1860		91	stillborn	
Otting	(child of Johan Adam)	7, July 1852		91	stillborn	
Otting	Adam (Mrs)	17, Feb. 1844		91		
Otting	Alinde Christina	30, Mar. 1858		20	1w	
Otting	Ch.	29, Apr. 1868		20	stillborn	
Otting	Edward	23, June 1851		20	1-6m	
Otting	G.	23, Feb. 1871				

First German Protestant Evangelical Cemetery

Last Name	First Name	Burial Date	Single Grave	Lot	Age	Remarks
Otting	Gerhard Heinrich	15, Aug. 1870		91	1	
Otting	Heinrich	23, Aug. 1849		91	41	
Otting	Johan Adam	18, Mar. 1870		91	70-7m	
Otting	Jorgen	16, Oct. 1850	340		28	
Otting	Maria Elisabeth	21, Nov. 1844		91	1	
Otting	Maria Elisabeth	30, June 1846		91	27	
Otting	Maria Louisa	7, July 1846		91	child	(child of Maria)
Otting	N.	10, Jan. 1871				
Overbeck	C.	19, Feb. 1869				
Overbeck	Catharina Christina	6, Apr. 1870		379	1-10m	
Overbeck	Emma Mina	5, Apr. 1881		379	6-7m	
Overbeck	Herman	26, June 1849		397	36	
Overbeck	Louisa	10, June 1854		397	37	
Overbeck	Luisa	11, Aug. 1849		397	1	
Overbeck	Rosa	21, Dec. 1876		379	12d	
Pabest	Christian	26, Mar. 1859	560		6-6m	
Pape	Anna	28, Dec. 1872	21		4-2m	
Pape	Bernhard	14, Aug. 1857	506		14m	
Pape	Carolina	15, Sept 1863		430	17m	
Pape	E.	28, Dec. 1872			4	
Pape	Engel	1, Aug. 1856	454		26	
Pape	Friedrich	12, Aug. 1849		7	2	
Pape	Johan Wilhelm	17, June 1859		430	1	
Pape	Lizzie	Apr. 1869			3-6m	
Pape	Louise	21, Nov. 1856	454		1-10m	(buried with mother)
Pape	Wilhelm	5, Nov. 1854		7	13m	
Pappe	Heinrich	29, Oct. 1850		7		(buried with Friedrich)
Pappe	Louisa	9, Aug. 1854	444		18m	
Pappe	Maria Louise	28, Apr. 1862	637		3	
Pasauer	Catharina	29, July 1861	531		19	
Paske	Dorothea	11, Mar. 1850			25	
Pauckner	Justina	5, Sept 1852	362		1d	
Peches	J.	9, July 1868				
Pefer	Gustaf Adolf	27, Apr. 1858	497		11m	
Pefer		24, Jan. 1857	497		5w	
Pein	Carl Heinrich	16, July 1869		427	8m	
Pein	H.	19, Apr. 1870				
Pein	Henriette	20, Feb. 1883		427	50	
Pein	Sophia	7, Apr. 1860		338	2	
Peinke	Elisabeth	15, June 1846	15		2-6m	
Pendey	August	7, Oct. 1856	494		2d	
Peper	Catharina Louise	14, Jan. 1847		56	3	
Peper	Cord Heinrich	12, Nov. 1847		56	73	
Peper	Emma Sophia	27, Jan. 1855		56	1-6m	
Peper	Jakob Philip	7, Apr. 1867		56	18	
Peper	Karl Wilhelm	19, Sept 1852		56	1-6m	
Peper	Karl Wilhelm	19, Oct. 1854		56	37	
Peper	Maria Heinrich	12, July 1849		56	67	
Pepper	(child of H.)	7, Feb. 1851	92		stillborn	(buried with H. Weber)
Pepper	Heinrich Wilhelm	15, July 1850	48		1-9m	(buried with Justaf)
Pepper	Justus	31, Mar. 1846	48		2-6m	
Pepper	Margaretha	1, July 1852	352		1-6m	
Perdey	Dorothea	3, Dec. 1857	494		8w	(buried with August)
Petebron	Lina	3, Mar. 1862	636		4m	
Petersen	Wilhelm Peter	2, Oct. 1845	35		36	
Pfankuchen	W.	20, Dec. 1870				
Pfannkuchen	Heinrich W.	14, Mar. 1870		107	1d	
Pieker	Karl Wilhelm	27, Sept 1847	115		2m	

First German Protestant Evangelical Cemetery

Last Name	First Name	Burial Date	Single Grave	Lot	Age	Remarks
Piepenbring	Karl	5, July 1850		435	1-2m	
Piepenbring	Karl Ludwig	1, July 1853		435	13d	
Piepenbring	Lisette	30, June 1854		392	16m	
Pieper	August Wilhelm	14, Mar. 1857	90		6m	
Placke	(child of H.L.)	24, May 1849		112	stillborn	
Placke	(child of Heinrich Ludwig)	22, Sept 1846		112	stillborn	
Placken	Maria Elisabeth	28, July 1849		112	45	
Placken	Maria Louisa Sophia	1, Aug. 1849		112	32	
Plate	Maria	21, Sept 1845	33		80	
Plump	J.H.	10, Feb. 1872		50	34	
Plump	S.	4, Dec. 1870				
Plump	Sophia	12, Nov. 1867			30	
Plump	Sophia	12, Dec. 1869		86	30	
Poeler	Heinrich Wilhelm	7, June 1851		85	3-3m	
Pohlman	Friedrich H.	3, June 1864			17w	
Pohlman	Friedrich W.H.	20, July 1865			3m	(buried with Fr.)
Pohlstofer	Amaly	11, Sept 1866		18	9-4m	
Poppe	Wilhelm Heinrich	30, Aug. 1849	199		10m	
Portebaum	Friedrich	21, June 1864		378	8w	
Portheborn	Louise	25, Mar. 1857		339	11m	
Pot	Margaretha	8, Nov. 1847	118		2-6m	
Poterbaum	Nanne	30, Dec. 1871		339	20-6m	
Poth	E.	20, Jan. 1869			3-4m	
Potherbaum	Herm.	30, Dec. 1872				
Pott	Eduard	14, Feb. 1876		112	10m	
Pott	Liese	29, Apr. 1874		112	4	
Pott	Lizzy	15, Nov. 1876		112	34	
Pott	Wilhelm	29, Aug. 1863		392	64	
Prante	Heinrich	21, June 1852	348		6m	
Prante	Johan	7, June 1853	396		27	
Precht	Cristof	22, Mar. 1853	394		20	
Pries	(child of Friedrich H.)	27, Jan. 1849	190		stillborn	
Priesmeier	Wilhelm Heinrich	10, May 1858	559		8m	
Priesmeyer	(child of Gerhard F.)	6, May 1861	592		stillborn	
Priesmeyer	Gerhard Fr.	17, June 1860	592		14m	
Prior	Christofer W.	6, July 1873		12	59	
Prior	Johan Friedrich	26, July 1846		12	2-6m	
Prior	Sophia Emma	22, Nov. 1855		12	2-3m	
Prior	Wilhelmina Louisa	26, Jan. 1852		12	1-6m	
Prive	C.	6, July 1873			59	
Prueser	(child of Heinrich)	25, Apr. 1853	385		1d	
Prus	(child of Heinrich)	25, May 1853	389		stillborn	
Quante	(child of Friedrich)	26, Nov. 1846	86		stillborn	
Quanten	Dina	8, June 1847	99		3	
Raab	Johan	20, June 1843			Child	
Rabens	Ohesche	6, Aug. 1851	350		54	
Rabius	Friedrich	3, Feb. 1859	491		29	
Racker	Emile Katharina	6, Aug. 1853	328		2w	(buried with Wilhelm)
Rade	Herman Christian A.	13, July 1850	288		1-9m	
Raff	Friedrich	28, Mar. 1854	426		2w	
Raff	Karl August	8, Aug. 1857	426		5m	(buried with Friedrich)
Rahan	E.	18, Oct. 1873			76	
Rahe	Anna Cerina	20, Jan. 1875		110	1-7m	
Rahe	Elenore	5, Aug. 1850		379	10	
Rahe	Johan	3, July 1858		110	22m	
Rahen	Johan	23, May 1880		379	87	
Rahmer	Pauline	1, July 1850	275		9m	
Rahne	Emilie Louise	30, Sept 1856		1	4m-12d	

First German Protestant Evangelical Cemetery

Last Name	First Name	Burial Date	Single Grave	Lot	Age	Remarks
Rainolds	Maria	1, Oct. 1848		47	18m	
Rake	C.	31, Jan. 1856		110	2-1m	
Rasch	Carl Adam	13, July 1876		27	7d	
Rasch	Ludwig Theodor	2, Aug. 1873	22		4m	
Rash	Ludwig Th.	31, Aug. 1863			3-2m	(buried with Elise S.)
Rathelf	Wilhelm	28, Sept 1850	339		27	
Rathge	Nonzi	5, July 1848	157		1	
Ravers	Luedeke	11, Feb. 1850	300		60	
Raynolds	Louise	28, July 1846			9m	
Reberger	John Pit	11, June 1846	11		2	
Reberger	Rosine	20, June 1846	20		10m	(buried with John P.)
Rebock	Herman H.	26, July 1851		334	8m	
Rebock	Wilhelmina	27, Feb. 1858		334	10-6m	
Rede	Herman Heinrich	15, July 1850	321		8	(buried with J. Heinrich)
Rede	Johan Heinrich	15, July 1850	321		70	
Rede	Lotte	15, July 1850	321		5	(buried with J. Heinrich)
Rede	Ludwig	12, Mar. 1854	288		2	(buried with L.A. Rede)
Redmann	Michael	9, Feb. 1855	429		23	
Rehberger	Carl Gottfried	15, Mar. 1860	582		1d	
Rehberger	Heinrich	8, Oct. 1858	543		4	
Rehberger	Johan Georg	28, June 1849	221		11m	
Rehbock	Heinrich	8, Apr. 1854		334	10m	
Rehbok	H.	4, May 1871				
Rehbold	Emilia Henriette	17, Oct. 1870		334	1-3m	
Rehde	Anna Margaretha	13, Feb. 1858	522		3	
Rehde	Maryanna	17, May 1862			1d	(buried with Friedrich)
Rehde	Rudolf	23, June 1863			47	
Rehde	Rudolf	14, Sept 1866			2	
Rehdeker	Augusta	4, July 1849	40		5	
Rehlberger	Margaretha	28, July 1854	442		2	
Reich	Madam	21, Oct. 1846	64		25	
Reifschneider	Johannes	2, Aug. 1846	70		1	
Reiling	(child of Johan)	24, Nov. 1848	87		stillborn	
Reiman	Ida	25, Sept 1874		21	6w	
Reimann	Maria	29, Aug. 1877		21	1-6m	
Reineke	C.D.L.	14, Apr. 1868		334	46	
Reineurth	Johan Adam	4, Dec. 1853	403		16	
Reinhardt	Wilhelm	12, Oct. 1847	117		2-6m	
Reinke	(child of Friedrich W.)	26, Aug. 1854		334	stillborn	
Reinke	(child of Louisa)	7, Jan. 1849		334	stillborn	
Reinke	C.F.	20, Feb. 1849		334	2	
Reinke	Friedrich Wilhelm	21, Apr. 1876		334	1	
Reinke	Johan Dietrich	22, Dec. 1854		19	68	
Reinke	Johan Friedrich Janni	5, July 1850		334	14w	
Reinke	Louisa	7, Jan. 1849		334	21	
Reinke	Sopfia	19, Aug. 1861		334	12d	
Reinke	Wilhelmina	3, May 1876		334	4	
Reinken	Dorethe	19, July 1856		19	60	
Reinkes	Dietrich	26, Feb. 1845		19	stillborn	
Reis	Wolfgang	19, Feb. 1848	111		46	
Remke	Adeline	23, Mar. 1860	584		15m	
Remke	H.	31, Jan. 1870				
Remke	John	21, May 1864	597		19	
Remke	Magrete Lowoise	28, Apr. 1862	584		15m	(buried with Adalina)
Remme	C.L.	4, Apr. 1872				
Remme	Elisa Catharina	9, Feb. 1861		429	5-9m	
Remme	H.	13, Dec. 1870				
Remme	H.W.	Apr. 1872		429		

First German Protestant Evangelical Cemetery

Last Name	First Name	Burial Date	Single Grave	Lot	Age	Remarks
Remme	Heinrich Wilhelm	15, Jan. 1870		429	19-7m	
Remme	Karolina Margaretha	6, Aug. 1849			9m	
Remme	Louisa Maria	2, Dec. 1844			2-6m	
Remme	Maria Sophia	8, Jan. 1848	5		1-6m	
Remmer	Anna Amelia	10, Oct. 1846	5			(buried with Maria)
Remmer	Katharina	1, Nov. 1866		429	56	
Remmert	Heinrich	6, Mar. 1848	70		1-3m	
Remmet	Friedrich	13, Aug. 1851	354		1	
Remmet	Sophia Wilhelmina	4, May 1860	354		3	(buried with Friedrich)
Rempe	Karl	9, Apr. 1867		168	70	
Renker	Dietrich Heinrich	31, Jan. 1869			7m-29d	
Rentzelmann	Jatz	2, Mar. 1857		36	2	
Resch	Anna	4, Sept 1855	484		12d	
Resch	Sophia Elisa	15, July 1859	567		5m	
Resing	Johan Bernard	9, Oct. 1844			21	
Resing	Johan Bernhard	10, July 1849				
Resink	Johan	3, July 1849	38		6	
Resink	Sofia Ch.	17, Feb. 1863	652		4	
Ress	Margaretha	20, Nov. 1854	254		1d	(buried with Catharina)
Reutepoehler	A.M. Elis. Wilhelmina	19, Apr. 1849		87		
Reutepoehler	Anna Maria Elisabeth	29, Jan. 1849		87	36	
Reutepoehler	Catrina Maria Louisa	30, July 1851		87	1-6m	
Reutepoehler	Heinrich August	14, July 1848		87	1-3m	
Reutepoehler	Johan Heinrich	10, Mar. 1854		87	44	
Reutepohler	Gerhard Heinrich	3, May 1845		87	28-6m	
Riecke	(child of H.)	27, Mar. 1865		394	stillborn	
Riecke	Charles	13, Mar. 1862		440	2-3m	
Riecke	Simon	18, Oct. 1860		440	27	
Riegen	Anna Maria	21, June 1849	192		26	
Rieke	Carl	29, Aug. 1856		394	1d	
Rieke	Catharina Charlotte	14, Mar. 1848		394	21w	
Rieke	Francisca L. Charlotte	12, Dec. 1847		394	18	
Rieke	Heinrich	29, Aug. 1856		394	1d	
Rieke	Heinrich Wilhelm	17, Aug. 1850		394	60	
Rieke	Herman Heinrich	14, July 1858		440	2w	
Rieke	Scharlotte	19, May 1853		394	2	
Riemeier	Alwina	14, July 1865		85	6m	
Riemeier	August	4, Nov. 1870		85	4m	
Riemeier	Carl Friedrich August	26, Mar. 1871		85	22-4m	
Riemeier	Carolina Sophia	19, June 1845		85	1	
Riemeier	Emalie	16, July 1849		108	10m	
Riemeier	J.D.	2, Oct. 1854		108	38	
Riemeier	J.F.	3, Apr. 1872		85	56	
Riemeier	Johan David	14, July 1858		108	2-6m	
Riemeier	Johan Heinrich	2, June 1859		108	8m	
Riemeier	Johan Juergen	30, July 1849		108	66	
Riemeier	Juergen Heinrich	16, Apr. 1846			6m	
Riemeier	M.C.	4, Nov. 1871				
Riemeier	Magrete Caroline L.	26, Dec. 1846		85	1	
Riemeier	Maria Elisabeth	20, Oct. 1870			46-7m	
Riemeyer	(child of T.D.)	20, Jan. 1863		108	stillborn	
Riemeyer	A.	11, Apr. 1871				
Riemeyer	Catharina G.	6, May 1875		108	87	
Riemeyer	Friedrich L.	5, Mar. 1862		85	1	
Riemeyer	Jod.	12, Aug. 1847		108	8m	
Ringen	Conrad	19, June 1845		99	1-6m	
Ringen	Edward	25, Apr. 1851		99	4	
Ringen	Katharina	30, Dec. 1849		99	30	

First German Protestant Evangelical Cemetery

Last Name	First Name	Burial Date	Single Grave	Lot	Age	Remarks
Rising	Feneken	30, Jan. 1846			2m	
Ritte	Anna Karolina	9, July 1849	256		6m	
Rittenhoff	Jeto	14, Apr. 1872		323	2-8m	
Ritterhoff	Emma	26, Oct. 1875		323	8-6m	
Ritterhoff	Henry	20, Apr. 1877		323	56	
Rodefeld	(child of Heinrich)	10, Oct. 1847	101		stillborn	(buried with mother)
Rodefelt	Maria	13, Oct. 1847	101		22	
Roehm	Catharina Friedricka	22, Aug. 1848	32		6	
Roehm	Johan G.	25, Mar. 1857	465		38	
Roehm	Johan Georg	6, Dec. 1848	175		6m	
Roehm	Johan Michel	31, July 1848	31		9m	
Roehm	Maria Mathilda	1, Nov. 1848	175		1-10m	
Roehm	Maria Matilda	7, July 1854	435		22m	
Roehm	Simon	24, July 1848	31		7	
Roewekamp	(Mrs)	7, Sept 1852	376		35	
Roewekamp	F.P.	28, July 1854		342	8m	
Roewekamp	Johan Heinrich	1, July 1849	224		6m	
Roewekamp	Wilhelm	9, Feb. 1860		342	5m	
Rohan	Johan	22, May 1880		379	87	
Rohde	Heinrich F.	15, Aug. 1861	522		8m	(buried with Anna M.)
Rohen	Anna Maria Elisabeth	29, Apr. 1848			2-6m	
Rohfing	Carl Heinr. Ferdinand	1, Jan. 1848		68	14d	
Rohlfing	(child of H.A.)	15, Mar. 1879		341	stillborn	
Rohlfing	Carrie	17, Aug. 1882		341	13	
Rohlfing	Elisa	13, Mar. 1858		341	7	
Rohlfing	George	Aug. 1866		86	14	
Rohlfing	Herman H.W.	15, Aug. 1864		341	2-9m	
Rohlfing	Johan Wilhelm Ed.	6, Mar. 1875		341	1-9m	
Rohlfing	Maria Sophia	14, July 1850	289		1-6m	
Rohlfing	Mina	13, Mar. 1858		341	15m	
Rohlfing	Raymond Louis	7, Jan. 1880		341	3m-15d	
Rohlfing	Wm.	11, Nov. 1872		341	44	
Rohm	(child of Johan Georg)	15, Sept 1849	251		stillborn	
Rohn	Mary Elisabeth	18, Oct. 1873		379	76	
Rohne	Anna Maria Elisabeth	29, Apr. 1848		379	2-6m	
Rolfing	Johan H.	7, Jan. 1866		341	1-6m	
Rolfing	Johanna W.	15, Mar. 1863		341	2	
Rolfing	Louis	2, Apr. 1880		341	3m	
Rolfing		30, Oct. 1877		341	stillborn	
Rolfing		15, Mar. 1879		341	stillborn	
Rolfink	D.M. Lilli	12, Aug. 1871		341	1-4m	
Rolwagen	Maria	11, Nov. 1860	602		4w	
Rolwing	Christian	12, Sept 1854	239		36	(buried with Sophia)
Rolwing	Sofia	19, Sept 1852	239		20	(buried with Sofia)
Rolwing	Sophia	8, July 1849	239		24	
Rolwing	Wilhelmina	6, July 1849	233		75	
Rose	Heinrich R.	23, Apr. 1878		93	26	
Rosenbring	Emily Elise	2, June 1862		344	1-3m	
Rosengarten	Mary	21, Aug. 1875		374	49	
Rosenmeier	Friedricka	15, Aug. 1851	355			
Rosner	Kerlliene	26, July 1850	331		1-4m	(buried with Kattrine Huseman)
Rost	Barbara	6, Oct. 1852	374		60	
Rotert	Johan Friedrich	15, Sept 1846			3w	
Rothaken	Carolina Johanna	13, June 1849	208		1-4m	
Rothaken	Jann	16, June 1849	175		54	
Rother	Anna Maria	13, Oct. 1846		64	1-6m	
Rothert	Georg Heinrich	21, Sept 1856		60	7m	
Rothert	J.H.	21, Apr. 1844		60	Child	

First German Protestant Evangelical Cemetery

Last Name	First Name	Burial Date	Single Grave	Lot	Age	Remarks
Rotmann	Emile Wilhelmina	13, Aug. 1853	402		2w	
Rowe	Heinrich	12, Jan. 1863	546		14-6m	
Rowekamp	Carolina	3, Nov. 1848	179		4	
Rowekamp	Georg Washington	9, Apr. 1856		342	4-2m	
Rubrecht	Christine	17, Aug. 1857	470		37	
Rubrecht	Herlein	10, June 1850			6m	
Rubrecht	Maria	2, Jan. 1854	420		2	
Rubrecht	Sophia	10, June 1850	311		28	
Ruesse	Anna Maria	30, June 1849		108	67	
Ruesse	Friedrich Willem	30, June 1849	207		32-5m	
Ruesse	Heinrich	5, July 1849	227		30	
Ruesse	Johan Heinrich	30, June 1849		108	67	
Ruesse	Maria	5, July 1849	227		22-6m	
Ruhner	John	2, Dec. 1865	3		6m	
Rund	Heinrich	13, June 1852		106	8m	
Runde	(child of Louis)	31, Dec. 1846	88		9w	
Runge	Franz	13, Aug. 1855		95	60	
Runge	Friedrich	30, June 1855	70		3m	
Runge	Wilhelm	5, May 1859		372	23m	
Runk	Margaretha	9, Aug. 1849		106	6m	
Rupprecht	Margaretha	9, July 1849	41		6	(buried with mother)
Rupprecht	Rosina	23, Oct. 1853	401		30	
Rupprecht	Sophia	17, June 1849	35		12	
Ruprecht	Eva	10, July 1849	56		13	
Ruprecht	Sophia	11, July 1850	311		10m	(buried with Sophia)
Rusch	Theo.	2, Aug. 1873			4m	
Ruse	Samuel	21, July 1849	268		25	
Ruskamp	(widow)	5, July 1849		437	25	
Rusky	Wilhelm	29, Dec. 1862	544		16	
Sachs	Magreta	5, Nov. 1846	67		30	
Sack	Friedrich	11, Oct. 1859	572		4	
Sack	Heinrich	19, July 1881			80	
Sack	Henry	9, June 1872	19		3d	
Sadfeld	Willemine	17, Aug. 1856	437		1	
Saf	H.	13, June 1869			stillborn	
Sage	Anters	3, July 1849	217		4	
Salmann	Barbara	18, June 1849			49	
Sambink	H.	3, Feb. 1869				
Sammers	Sophia Wilhelmina	30, June 1847	105		8m	
Sand	Johan Fr.	6, Aug. 1863	453		13m	(buried with Georg)
Sander	Anna	9, Oct. 1854	269		1	(buried with Fritz)
Sander	Carl	9, June 1859	564		8-6m	
Sander	Carolina	19, July 1859	565		34	
Sander	Cristian	24, June 1854	414		57	
Sander	Fritz	20, Apr. 1850	269		6m	
Sander	Georg Heinrich	21, Sept 1854	453		2	
Sander	Gottlieb	14, Dec. 1862	542		40	
Sander	Heinrich	28, Apr. 1880		377	65	
Sander	Johanna	3, Jan. 1859	44		3w	(buried with Christian)
Sander	Wilhelm	23, May 1851		377	2	
Sandkuhl	Anna	17, Sept 1855	440		4	
Sandkuhl	Johan	17, Sept 1855	440		40	
Say	(child of Heinrich)	24, Aug. 1870			stillborn	
Schacht	Anna Maria	21, July 1849		43	7m-19d	
Schacht	Anna Maria	5, Jan. 1863		43	12	
Schacht	Catharina	29, May 1876		43	7m-6d	
Schacht	Heinrich Wilhelm	9, Feb. 1860		43	46	
Schacht	Lowisa	24, July 1851		43	18	

First German Protestant Evangelical Cemetery

Last Name	First Name	Burial Date	Single Grave	Lot	Age	Remarks
Schacht	Wilhelm	27, Dec. 1845		43	1-3m	
Schacht	Wilhelm	27, Sept 1876		43	33	
Schaefer	(child of H.)	30, Oct. 1861	625		stillborn	
Schaefer	Anna	30, Dec. 1857	363		3-6m	(buried with Alwina Busch)
Schaefer	Anna	14, Aug. 1866				
Schaefer	Anna M. Luisa	5, Aug. 1858	363		10m	(buried with Anna)
Schaefer	Dietrich	17, June 1849	171		30	
Schaefer	Friedrich	27, Sept 1863	552		55	
Schafer	F.N.	23, Aug. 1848		440	1-8m	
Schafstall	G.H.	16, Jan. 1872		317	62	
Schaperklaus	Friedrich	22, July 1853		392	16m	
Schapers	Maria Elisabeth	28, Nov. 1846		440	3	
Schappenhass	Wilhelm	1, July 1848	155		3m	
Scharfscharr	Heinrich Christoph	18, June 1877		343	55	
Scharfscher	(child of Heinrich)	31, Aug. 1853	409		stillborn	
Scharfscher	Christian	1, Feb. 1860		343	3-6m	
Scharfscher	Heinrich Ludwig	10, Feb. 1859		343	10m	
Scharfscher	Johan	27, Dec. 1847	124		14m	
Scharfscher	Wilhelmina Karolina	26, Feb. 1853	124		3m	(buried with Johan)
Scharnhorst	F.	15, Aug. 1869			5m	
Scharnhorst	Henry	17, Feb. 1872	16		5m	
Scharrenberger	Louise	4, May 1864	595		30	
Schauenberger	George	22, June 1864	595		3m	(buried with Louise)
Schecht	Anna	26, Nov. 1851	337		1-3m	
Schecht	Bertha	14, Aug. 1854	443		7m	
Schee	Anna	12, Oct. 1853		28	1	
Scheffer	Herman	4, Jan. 1864	589		35	
Scheibe	Philipp	1, July 1854	384		2w	(buried with Wilhelm)
Scheibe	Wilhelm	16, Apr. 1853	384		1d	
Scheider		21, July 1876		41	26	
Schele	Ernst	1, July 1849	246		21	
Schenk	(child of Emlein)	27, July 1851	329		stillborn	
Scheperklaus	Anna Wilhelmina	17, Apr. 1856		65	1	
Scheperklaus	Engel	2, July 1849		65	62	
Scheperklaus	Herman Heinrich	9, July 1849		65	59	
Schepert	Mary	27, Apr. 1856	472		6w	(buried with F. Schepert)
Schepperd	Fenne	13, Dec. 1854	472		4m	
Scherenberger	Herman	15, Mar. 1863	655		6-3m	
Scherf	Anna Kristina	12, July 1850	319		35	
Schielker	Herman Heinrich	10, Sept 1856		109	6m	
Schlacken	Friedricka	9, Nov. 1849	288		20	
Schlaedmann	Emma	12, Oct. 1858	544		5	
Schleibaum	(child of Heinrich)	10, Nov. 1852		335	stillborn	
Schleibaum	August	6, Feb. 1860	568		7w	(buried with August)
Schleibaum	Ernst	2, July 1859		335	13m	
Schleibaum	Gerhard F.H.	24, Feb. 1853		335	3-4m	
Schleibaum	Heinrich	14, Apr. 1859		335	34	
Schleibaum	Katharina	5, Dec. 1848		335	1d	
Schleibaum	Mina	5, Jan. 1858		335	11m	
Schleibaum	Wilhelmina Regina	10, June 1854		335	2-6m	
Schliering	Johan	14, July 1847	91		38	
Schlotmann	Wilhelm Herman	21, May 1859		333	6-6m	
Schmanzel	Margaret	30, Jan. 1846	40		3m	
Schmerditz	Magdalena	24, May 1850	37		1-6m	
Schmidt	(child of Heinrich)	1, Oct. 1854		335	stillborn	
Schmidt	August	24, June 1849	194		26	
Schmidt	Friedrich	29, Mar. 1851	344		28	
Schmidt	Georg	27, June 1848	118		10m	

First German Protestant Evangelical Cemetery

Last Name	First Name	Burial Date	Single Grave	Lot	Age	Remarks
Schmidt	Heinrich	25, May 1849	205		8m	
Schmidt	Herman Friedrich	20, Dec. 1844		20	27	
Schmidt	Ida	28, Mar. 1877			1-11m	
Schmidt	John Henry	24, Nov. 1873		105	2-6m	
Schmidt	Margaretha	22, Apr. 1846	49		1	
Schmidt	Maria	24, May 1847	97		8d	
Schmidt	Maria	27, Mar. 1848	135		6d	
Schmidt	Maria Sophia Margareth	19, Sept 1844			1-8m	
Schmidt		16, Feb. 1860	580		1d	
Schmied	Johan	28, Apr. 1848		26	3-6m	
Schmith	Eldon	29, Aug. 1879	135		2-4m	
Schmith	Johan	20, Apr. 1854		28	40	
Schmith	Mina	17, Oct. 1846	68		16	
Schneemann	Charles	4, May 1863		60	16m	
Schneider	(child of Heinrich)	15, May 1849	200		stillborn	
Schneider	(child of Johan)	14, Apr. 1848	137		stillborn	
Schneider	August	14, Nov. 1866	678			(buried with C.)
Schneider	Carl Wilhelm	20, July 1876		41	26-1m	
Schneider	Charles	13, Mar. 1864	678		3m	
Schneider	Charles	25, Sept 1859		41	36	
Schneider	Friedrich Jefferson	3, Jan. 1857		41	2	
Schneider	Georg Friedrich	19, July 1849		41	1-1m-5d	
Schneider	Gerhard Friedrich	27, July 1857		41	74	
Schneider	Jacob	17, June 1862	539		26	
Schneider	Johan	22, July 1849	257		4	
Schneider	Ludwig H.	14, Aug. 1866	78		1	(buried with brother)
Schneider	Scharles	25, Sept 1859		45	36	
Schneider	Wilhelm	13, July 1849	257		37	
Schnerenberger	(mother & 2 children)	2, Aug. 1855	438		35	
Schnerenberger	Anna	29, Oct. 1866	655		50	
Schnerenberger	Louise Kat.	2, Aug. 1855	438			
Schnerenberger	Rosine	1, Aug. 1855	438		1-6m	
Schnickers	Maria Elisabeth	3, Oct. 1849	285		26	
Schnierkahl	Magrete	21, Feb. 1856	446		33	
Schnitger	Gerhard Franz	25, June 1870		373	1-6m	
Schnitger	Johan	1, Apr. 1849	195		1	
Schnitker	(child of Gerhard)	16, Sept 1857		12	stillborn	
Schnitker	Friedrich Heinrich	19, Oct. 1857		373	14w	
Schnitker	Gerhardt	9, June 1866		373	6m	
Schnitker	Mary	24, June 1873		109	21	
Schnitker	Wilhelm	27, May 1855		109	5m	
Schnitker	Wilhelmina	25, June 1873		109	2m	
Schnitker	Wilhelmine	14, Jan. 1879		109	52	
Schnittger	F.	23, Apr. 1871				
Schoene	Christian	14, June 1849		21	27	
Schoene	Wilhelm	5, Jan. 1851		21	12m	
Schoner	Barbara	28, Jan. 1855	123		2	(buried with Johan)
Schoner	Johan	18, Dec. 1847	123		2	
Schoner	Margaretha	12, Feb. 1855	65		4-6m	
Schootmueller	Louisa	6, June 1853	391		3	
Schopenhorst	August	22, Aug. 1850	278		1-5m	
Schoppenhorst	Maria	4, Aug. 1849	277		30	
Schoppenhorst	Wilhelm	6, Aug. 1849	278			
Schorn	Elisabeth	9, Nov. 1845	37		72-6m	
Schott	Johan	6, Aug. 1849	281		39	
Schrage	Anna Catharina	17, Apr. 1863		318	10m	
Schrage	Mary	7, June 1855	432		26	
Schrage	Wm.	7, Jan. 1873		318	3-6m	

First German Protestant Evangelical Cemetery

Last Name	First Name	Burial Date	Single Grave	Lot	Age	Remarks
Schrichmeier	Conrad Heinrich	7, July 1849		108	6m	
Schroeder	(child of F.)	29, July 1850		87	stillborn	
Schroeder	(child of J.H.)	3, Oct. 1849	144		stillborn	
Schroeder	Anna	3, July 1849	228		6m-13d	
Schroeder	Anna	4, July 1849	229		1-6m	
Schroeder	Anna Henriette	9, July 1850	284		1d	
Schroeder	Friedrich	2, Nov. 1864	601		42	
Schroeder	Heinrich	1, Jan. 1849	183		1-6m	
Schroeder	Heinrich	17, May 1849		87	2	
Schroeder	Herman Wilhelm	19, Aug. 1853	284		1-6m	(buried with Anna)
Schroeder	Jets	20, Oct. 1849		87	1	
Schroeder	Johan Carl	13, Apr. 1853		19	15m	
Schroeder	Johan Heinrich	2, July 1849		7	40	
Schroeder	John Friedrich	21, May 1848	144		3d	
Schroeder	Magreta	16, Dec. 1864	604		16	
Schroerluecke	Maria	6, Sept 1863		72	14-6m	
Schroerlueke	Wilhelm	15, Aug. 1850		72	28	
Schrotenbaer	Sophia	30, May 1851	58		7	
Schrotenbuhr	Gerhard	28, Aug. 1844			31	
Schrotenbuhr	Sophia Charlotte	10, July 1849			38	
Schuck	Johan Jakob	18, Apr. 1847		76		
Schuck	Charlotte	5, June 1847		76		(buried with father)
Schuerman	Maria Louisa	9, Jan. 1847		110	1-3m	
Schuermann	Herman	6, July 1852		60	8m	
Schuermann	Herman Heinrich	22, Sept 1847		110	6m	
Schullmeier,	Adam	30, Dec. 1843			3	
Schulmeier	Maria	23, May 1863	439		80	
Schulmeir	Adam (Mrs)	4, Aug. 1843				
Schulmeir	Cardel	7, Oct. 1844			11	
Schulte	(widow)	10, July 1849		3	60	
Schulte	Elisa	16, Oct. 1853	244		3-3m	(buried with brother)
Schulte	F. Wil.	28, July 1868			4-9m	
Schulte	Fanny	26, Nov. 1879			56-8m	
Schulte	G.R.	10, Nov. 1874		47	56-4m	
Schulte	Gerhard	7, Apr. 1860	33		46	
Schulte	H.H.	5, July 1849		3	4	
Schulte	Heinrich	1, Apr. 1856	447		20	
Schulte	Heinrich	11, July 1881		316	38	
Schulte	Helena	17, Jan. 1849	34		12	
Schulte	Jatz Rudelp	29, Jan. 1857	446		22w	(buried with brother)
Schulte	Johan	10, Jan. 1849	33		4	
Schulte	Johan	21, Mar. 1860		3	15	
Schulte	Johan Heinrich	27, July 1849	246			
Schulte	Johana Gertrude	16, July 1851	323		3m	
Schulte	Johanna	9, Apr. 1879		47	56-8m	
Schulte	Johanna Luisa	26, Oct. 1858	545		2-6m	
Schulte	Mary	20, Feb. 1876		316	8m	
Schulte	Sophia	20, Sept 1858		3	35	
Schulte	Sophie	22, June 1850		3	7	
Schulte	W.	29, July 1868				
Schulte	Wilhelm	2, Feb. 1858		3	38	
Schulz	Anna	23, June 1855	69		2	
Schumacker	F. Wilhelm	28, July 1868			3w	
Schurmann	Heinrich Friedrich	5, June 1856		79	1m	
Schusler	Wilhelm	5, Sept 1850	171		1-3m	(buried with Dietrich)
Schwacke	Wilhelm	15, June 1849	173		22	
Schwaded	Anna Engel	9, Dec. 1851		97	57	
Schwalmeier	Heinrich Friedrich	22, Oct. 1852		9	1-8m	

First German Protestant Evangelical Cemetery

Last Name	First Name	Burial Date	Single Grave	Lot	Age	Remarks
Schwalmeier	Heinrich Gerhard	10, Feb. 1847		9	2-6m	
Schwalmeier	Johan Heinrich	14, July 1847		9	1-3m	
Schwaner	Werner	18, Nov. 1882			84	
Schwartz	(child of Johan)	8, Oct. 1846		90	stillborn	
Schwartz	(child of Johan)	28, Nov. 1847		90	stillborn	
Schwartz	Friedrich	12, Oct. 1877		99	59	
Schwarz	(child of Johan)	21, Apr. 1852		90	stillborn	
Schwarz	Elisabeth Dorothea	12, Nov. 1845		90	8d	
Schwarz	J.H.	1, Feb. 1844		90	stillborn	
Schwarztrauber	(child of Joseph)	13, July 1875		75	stillborn	
Schweitzer	(child of Gottlieb)	1, Nov. 1848	148		stillborn	
Schweitzer	Louisa Friedricka	29, May 1848	148		7m	
Schwemlein	(Mrs)	17, Aug. 1849	250		30	
Schwemlein	Karolina	30, July 1849	158		7m	(buried with Ludwig)
Schwenke	C.F.	12, Apr. 1872		374	50	
Schwenker	C.F.W.	2, Sept 1867		374	3w	
Schwenker	Carolina	17, Mar. 1863		374	1	
Schwenker	Charles	9, May 1864		374	4-6m	
Schwenker	Heinrich	11, Feb. 1850		64	1-7m-9d	
Schwenker	Heinrich	31, July 1856		374	2-6m	
Schwenker	Johan Heinrich	29, June 1852		64	15m	
Schwenker	Wilhelm	14, Feb. 1858		374	5	
Schwenlein	Erhard	30, July 1850	158		3	(buried with Karl Ludwig)
Schwenlein	Ludwig Karl	23, May 1849	158		28	
Schwenring	(child of Johan)	29, Mar. 1854	427		stillborn	
Schwers	Elisa	5, Jan. 1866		335	2-9m	
Schwers	Heinrich	21, Dec. 1865		335	10m	
Schwetker		14, Apr. 1853	285		stillborn	(buried with Maria E.)
Schwuer	Gerd	5, Aug. 1844			55	
Schwuer	Maria Sophia	24, Aug. 1847		77	1	
Schwuers	Margaretha	14, Aug. 1845	9		12	
Sebers	Anna Maria		131		6m	
Seckfort	Ernst Heinrich	25, July 1854	441		8m	
Seckfurt	Georg	30, Sept 1857		375	15m	
Sect	H.	4, Mar. 1870				
Seekamp	(child of Dr.)	25, Dec. 1860	596		stillborn	(buried with Johan H.)
Seekamp	Johan Heinrich	30, June 1860	496		1	
Sehr		7, May 1870			stillborn	
Seifer	A.H.	5, Aug. 1843		53	1	
Seifert	Fritz	8, June 1848		53	8m	
Senbach	Johan Heinrich	24, Feb. 1870			2m-15d	
Senkepeb	Bertha	23, July 1855	75		5-6m	
Severs	Dietrich	7, July 1849	237		30	
Sewers	(widow)	28, Jan. 1854	407		71	
Sewers	Dorthe	1, Aug. 1850	333		22-6m	
Sidmeier	Ludwig	11, Aug. 1854	420		50	
Siefering	(child of Henry)	23, Dec. 1873	10		2d	
Siefers	Karolina	3, June 1849	162		40	
Siefert	Sophia Karolina	24, May 1849	204		3	
Siefling	C.	24, July 1869			29	
Siefling	Louisa	27, July 1870			30	
Siemer	Wilhelm	28, June 1845	22		28	
Siemonn	Heinrich	11, July 1850	318		28	
Sierp	Augusta Mina	25, July 1859	551		3-6m	
Sierp	Carolina	24, Jan. 1849	146		58	
Sierp	Wilhelm Friedrich	29, Mar. 1855	66		15m	
Sillmann	Catharina	17, Mar. 1866		379	9m	
Smith	Edward	13, Mar. 1864	680		14m	

First German Protestant Evangelical Cemetery

Last Name	First Name	Burial Date	Single Grave	Lot	Age	Remarks
Smith	Eldon	29, Aug. 1879			2-4m	
Smith	Marta	26, July 1865	680		4w	(buried with E. Smith)
Sohnhorst	Karl	24, Mar. 1863	656		5m	
Soldfeld	Anna	7, Dec. 1854	64		5	
Soldfeld	Sophia	16, July 1854	437		1	
Sommer	Hermann	1, Mar. 1851	57		3-9m	
Sommerkamp	A. Dieken	30, Mar. 1849	151		21	
Specht	(Mrs)	24, Sept 1860	517		37	
Specht	Carl	12, Feb. 1862	535		36	
Specht	Emma	24, July 1862	535		6m	(buried with Carl)
Specht	Ottilge	9, Aug. 1858		31	9m	
Speckmann	(child of F.)	12, July 1860	599		stillborn	
Speckmann	(child of Friedrich)	13, Apr. 1850	268		stillborn	
Speckmann	George Friedrich	5, Dec. 1860	524		44	
Speckmann	Heinrich	24, Jan. 1854	400		2m	(buried with J. Henriette)
Speckmann	Henrietta	13, Sept 1858	541		18m	
Speckmann	Johanna Henriette	9, Aug. 1853	400		3	
Speckmann	Luisa Dorothea	16, July 1859	541		11m	(buried with Henriette)
Speickmann	Johan Wilhelm	8, June 1853	392		2	
Speikmann	Friedrich	30, Nov. 1852	371		1-6m	
Speikmann	Friedrich Herman	2, Dec. 1852	371		1w	(buried with Friedrich)
Spieren	(widow)	22, July 1849	269		58	
Sprau	Georg	26, May 1859	496		62	
Spreen	(child of Charles)	14, Dec. 1862		345	stillborn	
Spreen	(child of Friedrich W.)	7, Mar. 1853		320	stillborn	
Spreen	August	27, Nov. 1871		345	10d	
Spreen	August	18, Mar. 1873		403	62	
Spreen	C.	28, July 1870				
Spreen	F.	30, July 1868				
Spreen	Georg	2, Feb. 1880		403	7	
Spreen	George Friedrich	4, Apr. 1862	635		14m	
Spreen	Jenriette Wilhelmina	2, Apr. 1864		320	1-6m	
Spreen	Louwise	13, July 1862		344	10	
Spreen	Lowise W.S.	7, Aug. 1862		345	2m	
Spreen	Matilde	22, Apr. 1874		320	1d	
Spreen	Sophia	2, Mar. 1859		319	2-6m	
Spreen	W.Cl.	3, Oct. 1872		403	1-5m	
Spreen	Wilhelm	27, June 1874		320	2-9m	
Spreen	Wilhelm Heinrich	13, Feb. 1860	581		6m	
Spren	(child of F.)	4, June 1866		463	stillborn	
Spren	Anna M.W.	8, Aug. 1855		326	27	
Spren	Louise	12, Apr. 1856		319	9d	
Sprenger	W. Sophie	3, Aug. 1868			52-7m	
Sprenkmeier	(child of Wilhelm)	3, Feb. 1850		108	stillborn	
Sprenn	Jette	11, Aug. 1866		345	29-6m	
Sprenn	Sophia	2, Mar. 1859			2-6m	
Springel	Friedrich	22, Sept 1857	473		49	
Springmeier	Laura	27, Aug. 1879			3	
Springmeier	Wm.	18, Sept 1872		89	2w	
Springmeyer	Jorgen	6, July 1850		89	40	
Sprinkmeier	Mina	10, Aug. 1864		91	8d	
Sprinkmeyer	Friedrich B.	11, July 1864		91	2	
Stackhoff	Carl	24, Oct. 1877			54	
Stagemeier	Johan Heinrich	4, Nov. 1852	383		37	
Stange	George	19, Sept 1861	618		6	
Stefe	Heinrich	21, June 1849	179		25	
Stegemeier	(child of C.H.)	20, Sept 1849		334	stillborn	
Stegen	Anna Maria	20, May 1849		434	10d	

First German Protestant Evangelical Cemetery

Last Name	First Name	Burial Date	Single Grave	Lot	Age	Remarks
Stegen	Christ.	9, Feb. 1880		45	75	
Stegen	Herman Rudolph	29, June 1843		45	3m	
Stegen	Margaretha	27, Mar. 1877		45	72	
Steinbach	Georg	5, July 1849	230		2m	
Steinbard	Mina	4, July 1857	467		5w	(buried with Dorothea)
Steinbek	Catharina	14, June 1847	89		40	
Steinbrink	Anna Maria	19, Apr. 1844		92	60	
Steinbrink	Carolina	17, Oct. 1852		92	1	
Steinbrink	Friedrich	21, July 1856		92	28	
Steinbrink	Friedrich W.	17, Feb. 1847		92	2	
Steinbrink	Johan Heinrich	21, Oct. 1850		92	1	
Steindiener	Johan	21, July 1851	326		3m	
Steinhauser	Amalia	29, Jan. 1855			4w	(buried with Pauline Eshmann)
Steinhauser	Johan	2, Feb. 1855	466		13w	
Steinmetz	Michel	20, May 1848	143		6m	
Steinward	Dorothea	10, June 1857	467		27	
Stemmerman	(Mrs)	7, Oct. 1863	553		38	
Stephan	Jakob	25, Feb. 1860		435	57	
Stewen	Amalia	8, July 1850	283		2-1m	
Stickfawe	(child of Carl)	1, July 1848	153		stillborn	
Stielberg	Maria Elisabeth	19, July 1849		51	30	
Stiening	Friedrich	29, Oct. 1866	8		20	
Stienke	Johan R.W.	22, July 1864		22	11m	
Stiens	Magrete	26, Oct. 1848	174		7m	
Stienter	Herman	17, Jan. 1860		22	1d	
Stille	Konrath	21, Nov. 1852	384		40	
Stock	(child of Adam)	13, Mar. 1859	449		stillborn	(buried with Peter Otting)
Stock	(child of Adam)	9, Sept 1861	520		stillborn	
Stock	Maria Elisabeth	15, July 1849	261		50	
Stockhof	Johan Heinrich	14, Nov. 1849	153		3m	
Stockhof	Karl Friedrich L.	12, Nov. 1854	415		11m	(buried with Johan)
Stockhof		13, Jan. 1869			2-2m	
Stockhoff	(child of Carl)	10, Jan. 1860	576		stillborn	
Stockhoff	Charles	23, Oct. 1877			54	
Stockhoff	Johan	2, Oct. 1853	415		3	
Stockhoff	Johan Fr. Ed.	21, Oct. 1861	623		1	
Stockhowe	(child of F.)	15, Mar. 1881		333	stillborn	
Stockhowe	Anna Maria Louisa	28, Jan. 1849		333	16	
Stockhowe	Dorothea	10, July 1867		333	61	
Stockhowe	Friedrich Gerhard	11, June 1849		333	43	
Stockhowe	Johan Heinrich	23, July 1849		333	13-3m	
Stocks	(child of Adam)	17, Aug. 1862	644		stillborn	
Stoeffe	Herman Heinrich K.	3, Nov. 1853		323	3-8m	
Stoffer	D.	21, Nov. 1872				
Stoft	Rosina	3, Nov. 1858		439	5m	
Stoltwein	Andreas	26, July 1848	160		6w	
Stosthoff	A.	29, Dec. 1868				
Stradtman	Maria	8, Mar. 1864	534		8-5m	(buried with Casper)
Straegner	David	6, Sept 1844			9m	
Straempler	Johanna	7, Mar. 1876		426	49-2m	
Stratmann	Casper	9, Jan. 1862	534		38	
Straub	Christian	1, Apr. 1864	592		28	
Straub	Georg Adam	22, Mar. 1857	499		5m	
Streethoff	M.	11, Dec. 1868				
Streitel	(child of Peter)	5, Mar. 1861		378	stillborn	
Streithorst	(child of Friedrich)	1, Jan. 1855	386		stillborn	
Streithorst	Dorothea	24, May 1858	482		21	
Streithorst	Johan Herman	13, Dec. 1852	386		48	

First German Protestant Evangelical Cemetery

Last Name	First Name	Burial Date	Single Grave	Lot	Age	Remarks
Strettelmeyer	Maria Sopfia	11, Apr. 1871		406	11m-9d	
Strick	(child of Fr.)	4, Apr. 1864		344	stillborn	
Strick	Franz Rudolf	26, Apr. 1847		64	61	
Stricthoff	Sophie Magrete	11, Dec. 1868			62-6m	
Strictker	Herman Heinrich	17, Jan. 1860			1	
Striedelmeier	Louise	25, June 1846		55	8m	
Striedelmeier	Maria Sophia	19, July 1851		55	10m	
Striedelmeyer	Elisebet	18, July 1850		55	1-7m	
Striedelmeyer	Heinrich	26, July 1861		378	1-9m	
Strietelmeier	E.	15, June 1870				
Strietelmeier	Heinrich	12, Jan. 1849		55	2-4m	
Strietelmeier	Johan August	17, June 1854		55	7m	
Strietelmeier	Louisa	12, Jan. 1849		55	4	
Strietelmeier	Maria	1, Sept 1848	124		30	
Strietelmeier	Mary	1, Sept 1855		55	22	
Strietelmeir	Louisa Lisette	22, Aug. 1844		55	1	
Strietelmeyer	Maria Elisabeth	18, Apr. 1870		55	51-5m	
Striethoff	L.	9, Mar. 1870			11m-6d	
Striethorst	F. Heinrich	23, Dec. 1879		2	46	
Striethorst	Katharina Louise	26, May 1869		2	1-1m	
Stringmeier	Wm.	18, Sept 1872			2w	
Stroehr	Harmetin	10, Mar. 1848	129		2	
Strohlmann	(child of Heinrich)	24, July 1848	117		stillborn	
Strub	Jardes	30, Nov. 1847	121		2w	
Strubbe	J.	20, July 1872				
Strubbe	Johan Dietrich	15, July 1848		382	1-9m	
Strubbe	John H.	20, July 1871		73		
Strubbe	L.C.	17, June 1872		73	3m	
Struebbe	Louisa Helena	13, Nov. 1854		382	20m	
Struebbe	M.C. Friedricka	11, Aug. 1879		73	10m	
Struempler	August	9, May 1864		426	3-4m	
Struempler	Johan	7, Mar. 1876		426	49	
Struewe	Wilhelmina	3, Oct. 1865		377	14	
Strumpler	August	9, May 1864		426		
Strumpler	Charley	12, July 1867		426	8m	
Strumpler	Emily	20, Sept 1865		426	2	
Strunk	Anna Elisabeth	31, July 1852		11	1-8m	
Strunk	Anna Maria	7, Apr. 1847		92	4d	
Strunk	F. Julius	23, Jan. 1846		11	9m-15d	
Strunk	Karl August	14, July 1849		11	1-10m	
Strunk		16, July 1867		73	1-6m	
Strunk	Johan Heinrich	23, Aug. 1850		325	7-9m-22d	
Strunks	Maria Lowiese	17, June 1850		325	2-8m	
Strutmann	Wilhelm	18, Aug. 1853	404		5m	
Stucke	Philip	20, June 1862	540		53	
Stuebe	Elisabeth	7, Feb. 1850		377	8m	
Stuehary	Anna Maria	20, July 1850	327		45	
Stuewe	Herman	5, Aug. 1861		377	46	
Stuewe	Sopfia Elisa	12, Jan. 1870		39	13m	
Stumpe	Friedrich	31, May 1854		89	4	
Stumpe	Friedrich	Nov. 1864	684		1	
Stumpe	Herman Friedrich	31, May 1854		89	35	
Suchs	Georg	27, Sept 1846			5m	(buried with Magreta)
Suchs	Magreta	26, Sept 1846			4	
Sudbrink	Franz Heinrich	29, June 1849	222		7w-5d	
Sudfeld	(child of Carl)	6, Dec. 1851	170		stillborn	(buried with Friedrich W.)
Sudfeld	Friedrich Wilhelm	24, Sept 1848	170		1	
Sudfeld		8, Feb. 1857			stillborn	(buried with sister)

First German Protestant Evangelical Cemetery

Last Name	First Name	Burial Date	Single Grave	Lot	Age	Remarks
Sudholz	Heinrich Friedrich	12, June 1857	446		18m	
Sudholz	Heinrich Friedrich	19, Sept 1858	466		4m	(buried with Heinrich F.)
Sufing	Emilie	31, Sept 1871	8		29	
Suhr	Louise	25, Oct. 1856		437	10m	
Suhr	Louwisa	25, Aug. 1851		437	3	
Suhre	Carolina W.	2, Oct. 1864		437	12d	
Suhre	Ernst	12, May 1862		437	2	
Suhrheinrich	Willem	5, July 1849	233		1-8m-10d	
Sulbohle	J.	19, Jan. 1871				
Sunderman	Friedrich	2, Apr. 1861		65	42	
Sundermann	August	25, Aug. 1855		65	7	
Sundermann	Friedrich Wilhelm	24, June 1856		65	3	
Sundermeyer	Catharina Maria	15, Oct. 1860	518		30	
Sutholt	Heinrich	18, Mar. 1858	478		27	
Sutholz	Mina	3, Nov. 1858	488		29	
Swers	(child of Heinrich)	26, Dec. 1852	374		stillborn	
Tacke	Christian Heinrich	22, Jan. 1855		335	56	
Tacke	Magreta	13, Feb. 1864		335	54	
Tacke		13, Jan. 1864		432	54	
Tacke	Sophia Louisa	24, July 1854		335	6m	
Tackenberg	(child of Johan H.)	22, Oct. 1859	574		stillborn	
Tackenberg	Ernst Heinrich	23, Oct. 1858	449		8m	
Tackenberg	Georg Friedrich	20, Nov. 1854	462		4-6m	
Tackenberg	Heinrich W.	25, Oct. 1846	85		6m	
Tackenberg	Lisette	7, July 1846	7			(buried with Margaretha M.)
Tackenberg	Margaretha Maria	25, June 1846	25		41	
Tackenberg	Maria Elisabeth	25, Feb. 1847	81		14	
Tealboyle	Loren D.	22, Apr. 1870		321	1-11m	
Tealbrile	Sopfia	30, Oct. 1870		321	25-7m	
Tebelmann	Johan	12, Apr. 1858	579		32	
Tebelmann	Kasen	14, May 1849	154			
Tecke	Johan Heinrich	25, Apr. 1853		335	9m	
Teckenbrach	Wilhelm	15, Aug. 1859		378		
Teckenbrock	Berndina	7, Oct. 1851	357		32	
Teckenbrock	Christina	20, June 1876		378	1	
Teckenbrock	Friedricka Catharina	19, June 1876		378	1-2m	
Teckenbrock	Heinrich Christian	23, June 1850	210		1-9m	
Teckenbrok	Christine	13, Oct. 1881			9m	
Teckenburg	Rudolf	27, Apr. 1864		378	19	
Teckenburk	Ernst	5, Nov. 1856	457		22	
Tegeler	Johan Heinrich	5, Jan. 1861	608		5	
Tegeler	M.	30, Feb. 1869			4d	
Tegeler	Magrethe Regina	8, Mar. 1861	527		34	
Tegeler	Maria Adelheit	15, Aug. 1860	515		62	
Tegenbeck	Louise	11, Mar. 1877		378	7w	
Tegiker	Paul	29, Nov. 1857	475		16	
Tegler	Catharina Maria	1, July 1870			4	
Tegler	W.H.	2, Jan. 1875		25	8d	
Tegler	Wilhelm R.	31, Dec. 1874			7d	
Tekenbrock	Christine	14, Oct. 1881			9m	
Telghann	(child of B.N.)	13, Sept 1856		72	stillborn	
Temme	Christ Louis	19, June 1851		13	11m	
Temme	Edward	19, June 1851		13	4	
Temme	Heinrich Wilhelm	12, Sept 1852		13	1	
Temme	Karl Wilhelm	12, July 1854		13	14m	
Temme	Marie Elisebet	24, June 1850		13	1-9m	
Tetolker	Jennie	8, Aug. 1874			14-8m	
Thealboyle	Theodor	22, July 1876		321	11m	

First German Protestant Evangelical Cemetery

Last Name	First Name	Burial Date	Single Grave	Lot	Age	Remarks
Thelmann	August	24, May 1859	563		1-6m	
Thicke	Heinrich C. Luis	8, June 1855		24	42	
Thiecke	Ludwig	6, July 1854		24	4d	
Thieke	Anna Dorothea	3, Aug. 1854		24	3-6m	
Thieke	Eberhard	4, May 1860	550		2	(buried with Friedrich F.)
Thieke	Friedrich Fremont	11, June 1858	530		1	
Thieke	Heinrich	6, July 1844		24	6m	
Thiele	Gerhard Heinrich	13, Feb. 1853	392		79	
Thiele	Heinrich	22, May 1846	22		Child	
Thielemann	Carl	13, Mar. 1864	676		2-4m	
Thiemann	Ludwig	8, Apr. 1854	299		3m	(buried with Wilhelm)
Thiemann	Wilhelm	22, Oct. 1850	299		1-11m	
Thiesing	Anna	20, July 1865		18	1-3m	
Thiesing	C. Friedrich	22, July 1844		70	48	
Thiesing	Clara	19, July 1870		70	10m-28d	
Thiesing	Elisebet	23, May 1865		70	74	
Thoele	M.	3, June 1871				
Thoele	Margaretha	25, Feb. 1871		371	76	
Thoenewe	Sofia	4, May 1861	530		62	
Thoenges	Friedrich Wilhelm	18, July 1861		548	2	
Ticke	Johan Heinrich	25, June 1857	189		18d	(buried with Johan)
Tiefe	Lawise	5, Dec. 1851	336		30	
Tieke	(child of Johan)	17, Mar. 1849	189		stillborn	
Tieking	Herman Heinrich	13, Jan. 1850	299		29	
Tiemann	(child of Heinrich)	15, July 1851		15	stillborn	
Tierke	Herman Heinrich Conrat	10, June 1849		46	7	
Tiese	Karolina	15, Nov. 1857	405		22m	(buried with Heinrich)
Timmergarden	Ludwig	25, Dec. 1853		54	6m	
Timmermann	Edward Conrad	26, Mar. 1858	225		20m	(buried with Wilhelm Friedrich)
Timmermann	Willem Friedrich	3, July 1849	225		6m	
Tinnemeier	(child of Heinrich)	3, Mar. 1849		326	stillborn	
Toboben	Claus	27, Jan. 1848	105		32	
Toboben	Maria Klaus	16, Dec. 1845	41		1-6m	
Toemsing	Carl	2, Dec. 1864			9	
Toenges	Friedrich Wm.	18, July 1861	548		2	(buried with H.W.)
Toenges	Heinrich Wilhelm	19, Nov. 1858	548		2	
Toenges	Sophie Elise	25, May 1866			2	
Toensing	Anna L.	19, July 1863	665		3-2m	
Toensing	Elisa M.	28, Mar. 1855	471		2w	
Toepfert	Achade	29, Apr. 1855	431		1m	
Toepfert	Mathilda	22, Mar. 1855	431		34	
Tomas	Engel	4, July 1854	418		50	
Tommacher	Maria Margaretha	13, Aug. 1852	358		1-6m	
Topie	(child of Friedrich)	5, Feb. 1850		398	stillborn	
Topie	(child of Friedrich)	29, Feb. 1852		398	stillborn	
Topie	(child of Friedrich)	15, Jan. 1853		398	stillborn	
Topie	(child of Friedrich)	19, May 1853		398	stillborn	
Topie	(child of J.)	25, Apr. 1851		398	stillborn	
Topie	Caroline Sophia	16, Apr. 1881		398	12-4m	
Topie	Christian Harry	25, Mar. 1879		398	2	
Topie	George	10, Mar. 1864		398	4-6m	
Topie	Gerhard Henry Ed.	21, July 1877		398	2-7m	
Topie	J.F.	5, Dec. 1872		77	73-3m	
Topie	Margarethe	24, July 1878		77	77	
Topie	Maria Elisabeth	22, Apr. 1879		398	6-5m	
Topie	Maria Luisa	14, Aug. 1849		43	56	
Topie	Mary Wilhelmine	18, May 1880		398	9m	
Topie		7, July 1858		43	4	

First German Protestant Evangelical Cemetery

Last Name	First Name	Burial Date	Single Grave	Lot	Age	Remarks
Topien		30, June 1855		398	stillborn	
Tormaehlen	Christian	3, Nov. 1846	66		32	
Tormoehlen	Johan Friedrich	1, Aug. 1854	63		10	
Triedser	Elisabeth	21, July 1845	27			
Tucer	B.	31, Mar. 1869			1-5m	
Tucker	Charles Trimond	23, Dec. 1863			8	
Tucker	J.G.	14, Dec. 1866	9		30	
Tucker	William Ed.	23, June 1865			9m	
Tuechter	Heinrich	13, Oct. 1851			11m	(buried with Schufler))
Tueking	Luis Heinrich	26, Sept 1850		32	1-2m-18d	
Tuennemacker	Friedrich	1, Dec. 1849	258		14d	
Tuennemaker	Heinrich Bernard	27, Jan. 1850	295		42	
Tueting	Alwine Matilde	1, July 1862		32	10m	
Tueting	Carolina	22, Apr. 1866		32	4m	
Tuetting	Friedrich Wilhelm A.	7, Sept 1858		32	4	
Tuetting	Karl	27, Jan. 1858		32	9m	
Tunnemacher	Magreta	10, Jan. 1861	526		53	
Turner	M.E.	4, Dec. 1873			25	
Tuver	Laura	28, June 1870			1-5m	
Twachtman	Johan Heinrich	4, July 1849		85	5-8m	
Uchtmann	Anna	14, Nov. 1865		403	8	
Uchtmann	Heinrich	26, Jan. 1864		403	44	
Uchtmann	Louisa	5, Nov. 1852	368		2m	
Uetrecht	Rosa Emma	2, May 1878		5	2m	
Uhlhorn	Anna Catharina	25, Dec. 1880		75	1	
Uhlhorn	Anna Catrina Maria	14, July 1851		75	40	
Uhlhorn	Anna Katharina	30, June 1846		75	1	
Uhlhorn	Maria	15, Feb. 1864		75	6m	
Uhlhurn	Julius Franz	3, Apr. 1844		75	2	
Uhlhurn	Wilhelm	21, Apr. 1844		75	8d	
Ulland	Herman Wilhelm	19, Dec. 1854		51	6m	
Ulprecht	Albrecht	8, July 1849	241		35	
Uncke	Wilhelm	13, Jan. 1864	557		35	
Unewehr	Maria Wilhelmina	26, Mar. 1849	193		3m	
Unewer	Heinrich	15, Dec. 1849	297		40	
Unewer	Johan Heinrich	9, Nov. 1850	193		15w	(buried with M. Willemine)
Unland	Heinrich	22, Apr. 1876		51	64	
Unmerthaun	Herman	28, Aug. 1854	449		3	
Uphauf	Wilhelmina Karolina	20, Nov. 1852	370		5w	
Uphaus	Friedrich Wilhelm	31, Dec. 1851	234		3d	(buried with Johan H.)
Uphaus	Johan Heinrich	5, July 1849	234		1-3m	
Uphaus	Maria	1, July 1844			6m	
Uphaus	Maria	3, Mar. 1844		28	2	
Uphues	Louisa	24, Aug. 1845		28	1-6m	
Uphus	Anna Maria	9, Nov. 1850	234		7w	(buried with H. Ophus)
Valker	C.D.	27, Aug. 1843				
Vallmer	Margaretha	23, Aug. 1849		439	11m	
VanderBerge	Herman Luis	8, Oct. 1857	511		8m	
Velle	Luisa Sophia	23, June 1849	190		27	
Vereger	Johan Heinrich	2, Aug. 1849		51	1-4m	
Veregge	Johan	23, Apr. 1850			24	
Vette	Heinrich	13, Jan. 1846		45	1-6m	
Vette	Heinrich Ludwig	2, June 1844		45	9m	
Vette	Janni	3, July 1849		45		
Voges	Albreg	4, Aug. 1847	94		36	
Voght	Clara	22, Apr. 1861		45	13m	
Vogt	Johann	6, Jan. 1846	44		30	
Vogt	Wilhelm	17, Mar. 1854		45	18	

First German Protestant Evangelical Cemetery

Last Name	First Name	Burial Date	Single Grave	Lot	Age	Remarks
Vohl	M.	Jan. 1868		34	4	
Voige	Emile	6, Mar. 1858	521		9m	
VonBerens	Karl	25, July 1856	453		30	
VondenBerge	Gerd	22, Apr. 1847	84		77	
VonderWoeste	Johan Heinrich	9, Dec. 1851		79	68	
VonderWoesten	Alwina	7, July 1864		79	11m	
VonderWoesten	Anna	14, July 1859		79	10m	
VonderWoesten	Emma Louise H.	28, July 1855		79	1-4m	
VonderWoesten	Friedrich Eduard	6, Sept 1857		79	1-6m	
VonderWoesten	Louisa	27, July 1846		79	2-4m	
Vonholt	Gesina	15, Aug. 1851	354		49	
VonPein	J.	7, Apr. 1868		427	2	
VonSeggen	Lui	14, Dec. 1848	140		24	
VonSeggern	(child of Fr. H.)	4, Jan. 1864			stillborn	
VonSeggern	Anna	25, Oct. 1852		33	4	
VonSeggern	F.	20, Apr. 1868		33	stillborn	
VonSeggern	Friedrich	1, July 1850		33	49	
VonSeggern	Julia	28, May 1862		33	2-6m	
VonSeggern	Maria Louisa	16, Jan. 1852		33	9d	
VonSeggern	Wilhelmina Dorothea	26, Feb. 1848		33	4w	
Voogt	Ludwig	17, Dec. 1848	139		23	
Vortscher	Adam	8, July 1849	240		60	
Vos	Wilhelmine	2, Aug. 1855	437		16-4m	
Voss	(Mrs)	7, May 1850	309		50	
Voss	Friedrich	5, July 1850	279		8m	
Vulfect	A.	23, Apr. 1870				
Vulvek	M.	3, Aug. 1870				
Wachendorf	Johan Heinrich	29, Apr. 1858		31	31	
Wachendorf	Maria	1, July 1850		29	10m	
Wachestratt	Catharina Elisabeth	10, Feb. 1845			21	
Wachlers	Gesche Adeleit	1, July 1845	19		2m	
Wachter	(child of Johan)	26, Nov. 1848	177		stillborn	
Wagener	Elisabeth	6, Oct. 1845	36		23	
Wagener	Emma Wilhelmina	26, Oct. 1857	516		2-9m	
Wagener		13, Oct. 1857	512		1m	
Waglage	Margaretha	1, Nov. 1849	45		8d	
Wagner	(child of August)	22, July 1863	667		stillborn	
Wahle	Catharina	6, Dec. 1859	502		2m	(buried with Albert)
Wahle	John	25, Sept 1846	79		7w	
Wahle	Margaretha Elisabeth	6, July 1849	230		30	
Walb	J.	31, Jan. 1873			30	
Waldkotter	Johanna Elisabeth	20, July 1854	439		6	
Walter	Friedrich	25, Dec. 1882		338	26	
Walters	Johan	16, June 1848		34	1-6m	
Walters	Johan	26, June 1856	451		45	
Waltrine	Sofia	8, Oct. 1869			37	
Wanstrath	Henerjette Sophie	17, July 1850			28-3m	
Wanstrath	Kattrine Eliese Auguste	22, July 1850			1	(buried with Hinerjette S.)
Wanstrath	Willemine S.M.	17, July 1850			3	
Wanstroth	Maria Elisa	7, Oct. 1863		399	10m	
Warner	Heinrich	10, Nov. 1849			2	
Warnke	Friedrich	15, Mar. 1845			1-6m	
Warnke	John H.	9, June 1864		381	16m	
Weaber	Maria Sophia	28, Oct. 1849	286		38-6m	
Weaber	Marya Eliese	21, July 1850	286		2-4m	(buried with Marya Sophie)
Webb	Thomas	31, Jan. 1873			30	
Weber	Anna Magreta	27, Dec. 1846	71		32	
Weber	Christian Friedrich Wm.	25, Sept 1847	71			(buried with mother)

First German Protestant Evangelical Cemetery

Last Name	First Name	Burial Date	Single Grave	Lot	Age	Remarks
Weber	Friedrich Wilhelm	6, Apr. 1853	387		13m	
Weber	Johan Heinrich	22, July 1847	92		63	
Weber	Margaretha	26, Feb. 1854	92		67	(buried with Johan)
Weber	Maria Sophia	3, May 1859	562		13m	
Weber	Sophia	28, Sept 1847	71		5	(buried with mother)
Weddendorf	Christina	28, Jan. 1849		72	58	
Weddendorf	Friedrich	4, Feb. 1853		72	7	
Weddendorf	L.	7, July 1873			20	
Wedemeier	Heinrich	17, July 1849	263		56	
Wedemeier	Heinrich	10, Oct. 1859	505		29	
Wedemer	Adeleit	15, July 1845	25		50	
Wedendorf	Eliza	7, July 1873		72	20	
Wedendorf	Friedrich	20, Mar. 1859		72	40	
Wedendorf	Ludwig	18, Oct. 1857		72	2-4m	
Wedendorf	Marya	30, July 1850		72	8	
Wedendorf	Willemine	25, July 1850		72	25	
Wehking	Carolina	29, Dec. 1848		437	2	
Wehmer	Anna Maria	24, Aug. 1852	361		6m	
Wehrman	Ida M.	22, Jan. 1865		42	6	
Wehrman	Matilde Magrethe	12, July 1855		42	9m-19d	
Wehrmann	Anna Margaretha	12, July 1849		42	1-7m-9d	
Wehrmann	Friedrich Wilhelm	18, Jan. 1853		42	54	
Wehrmann	Wilhelmina	24, Feb. 1844		42		
Wehrmann	Wilhelmina	26, July 1847		42	63	
Weihe	Heinrich	4, June 1860	510		46	
Weinning	Catrina	16, Jan. 1863	547		67	
Weisman	Friedrich	15, July 1848	159		1	
Weister	Louisa	4, June 1853	390		15m	
Weiter	Johan	13, July 1849	251		40	
Weitzel	(child of Conradt)	20, July 1849	264		stillborn	
Weitzel	(child of Konrad)	29, Nov. 1853	417		stillborn	
Weitzel	Konrat	4, July 1849	231		2-19d	
Weking	Mina	27, Nov. 1849		437	5	
Welebi	Georg	6, Sept 1856	492		6m	
Weller	Christian J.	4, July 1849			41	
Weller	Wendel	23, Dec. 1850	237		63	
Welling	Karl Friedrich	7, Jan. 1859	556		1-6m	
Wellmann	Johan	6, Aug. 1849	249		11m	
Welp	Bendina W.	31, May 1863	80		1	(buried with Hente)
Welp	Henriette	21, Sept 1855	80		2	
Wendel	Cunrad	3, July 1851	59		7	
Wente	Wilhelm	18, Mar. 1846			34	
Weonkes	(child of Friedrich)	31, Mar. 1846			stillborn	(buried with Elisa)
Wephe	Heinrich Ludwig	15, Dec. 1854	460		1	
Werel	Herman Heinrich	15, June 1849	170		21	
Wernke	Friedrich	4, Mar. 1861		381	1-2m	
Wernke	Johan Wilhelm	18, Mar. 1859		381	4	
Wernke	Katharina	18, Mar. 1859		381	20m	
Wernke	Mari	13, Aug. 1872		381	35	
Wertjen	Anna	22, Dec. 1855		11	66	
Wesling	Maria	12, Aug. 1876		21	66	
Wessel	(child of Fritz)	25, June 1860	594		stillborn	
Wessel	(child of Fritz)	2, Sept 1863	581		stillborn	(buried with Cady)
Wessel	Fr.	29, Nov. 1867			stillborn	
Wessel	Karl	8, Aug. 1862	581		14m	
Wessermann	Heinrich	30, Sept 1844			21	
Westerhaus	Heinrich	24, Aug. 1848		440	20	
Westerhaus		7, Oct. 1867		440	69	

First German Protestant Evangelical Cemetery

Last Name	First Name	Burial Date	Single Grave	Lot	Age	Remarks
Westerman	Johan Fr.	28, Apr. 1862	638		5	
Westermeier	Katharina Liewiese	12, July 1847			13m	
Westhoff	Cristof	8, July 1850	316		35	
Westling	D.	13, Nov. 1872		21	53-6m	
Westmeier	Heinrich	15, July 1849	58		3-6m	
Westmeier	Johan	12, July 1849	58		1	(buried with Katrina Maria)
Wetel	Gerhard	2, July 1849		3		
Whiter	Heinrich	29, June 1849				
Wichers	D.	13, Nov. 1871				
Wichmann	Heinrich	25, July 1854		396	43	
Wichmann	Johan	5, May 1860			60	
Wicke	(child of Julius)	23, Apr. 1867		425	stillborn	
Wicke	Doris	17, Oct. 1855	483		2w-5d	
Wicke	Ferdinand	5, June 1858	483		34	
Wickemeier	(Mrs)	17, June 1849	188		32	
Wickemeier	Karliene Charlotte	27, July 1849	188		11m	
Wiechers	Dorothea	20, Oct. 1870		9	58	
Wiecke	Sophia Louisa	18, July 1857	78		1	(buried with Wilhelm)
Wiecke	Willem	18, Aug. 1855	78		1-5m	
Wiehe	Friedrich	13, Oct. 1845			75	
Wiehorn	Gerhard	18, June 1862	641		3w	
Wiekemeier	Anna Friedricka	15, Aug. 1852	373		24	
Wiemer	Andres	23, July 1851	352		41	
Wiemer	Maria Scharlotte	8, Dec. 1849	296		26	
Wiesing	Magaretha	21, Oct. 1863	554		60	
Wiesmann	Friedricka Louisa	24, June 1849	217		17d	
Wiesmann	Johan Heinrich	22, Oct. 1846	83		1	
Wietman	(child of Friedrich)	14, Feb. 1849	185		stillborn	
Wietman	Ferdinand	10, Mar. 1849	149		27	
Wigler		19, Aug. 1854	446		2d	
Wihren	Joseph	10, June 1853	393		6m	
Wilke	(child of M.)	11, Nov. 1856	483		stillborn	(buried with Doris)
Wilke	Adam	25, Dec. 1848	186		4	
Wilke	Anna	26, Nov. 1856	458		27	
Wilke	Carl H.G.	11, Apr. 1862		318	2-6m	
Wilke	Edward W.	28, May 1864			1-4m	
Wilke	Elisabeth Hermina	15, Nov. 1859		318	2-6m	
Wilke	Ernst A.	28, Apr. 1864		318	3-4m	
Wilke	Friedricka	8, Feb. 1859	492		27	
Wilke	Heinrich	14, Sept 1851	356		27	
Wilke	Heinrich	8, May 1863		438	66	
Wilke	Herman Heinrich	20, Jan. 1852	356		6w	(buried with father)
Wilke	Johan Heinrich	21, Jan. 1860	458			(buried with Anna)
Wilke	Ludwig	30, May 1859	492		17m	(buried with Friedricka)
Wilke	Mattias	20, Apr. 1858		336	58	
Wilke	S.W.C. Sophia	13, May 1858			6	
Wilke	W.	23, Aug. 1848		108	28	
Wilke	Catharina	26, June 1876			43-10m	
Wilkemacke	R.	13, May 1871				
Wilkemacke	Rosina	29, Jan. 1871			92	
Wilker	H.H.	13, May 1876		318	48	
Wilker	Johan Friedrich	26, June 1849	186		5m	(buried with brother)
Wilkymacky	Johan Heinrich	13, Sept 1857		36	56	
Willaminna	Sophia Rosina	13, Apr. 1852		439	5d	
Willer	Heinrich	20, July 1850	290		4	
Willer	Heinrich	14, Mar. 1854	423		3	
Wilmick	Anna Dorothea	5, Mar. 1855	486		14m	
Wilming	Wilhelmina	28, Mar. 1864			14	

First German Protestant Evangelical Cemetery

Last Name	First Name	Burial Date	Single Grave	Lot	Age	Remarks
Wilmink	Dorothea	21, July 1859	486		18m	(buried with Anna D.)
Windham	Heinrich	6, Aug. 1855	77		1-6m	(buried with Sophia)
Windham	Sophia	5, Aug. 1855	77		6-6m	
Windhorn	Johan Heinrich	11, Aug. 1857	505		9m	
Winkelman	Dorethe	29, Oct. 1850		95	48-6m	
Winkelmann	(Mrs)	25, Mar. 1874		95	63	
Winkelmann	Anna Louisa	23, Apr. 1869			11-3m	
Winkelmann	Gerhard	18, Sept 1876		95	75	
Winkelmann	Gerhart	4, July 1849	224		24	
Winkelmann	H. Karl	17, July 1875		95	37	
Winkelmann	H.G.	1871		95		
Winkelmann	Heinrich Gerhard	16, Sept 1876		95	75	
Winkelmann	Heinrich Karl	17, July 1875		95	37	
Winkelmann	Jakob	28, Sept 1845		95	15	
Winkelmann	L.	4, Feb. 1870				
Winkelmann	Louise	5, Sept 1869			35-8m	
Winkelmann	Willemiene Luise	19, Feb. 1857		95	15w	
Winterich	Caroline	6, Sept 1855	354		1-2m	(buried with Gesina Oonhalt)
Winters	(child of Friedrich)	28, Mar. 1846	46		Stillborn	
Wipcher	August	13, Sept 1854		334	1	
Wismann	Maria Elisebet	23, Dec. 1850	341		58-5m	
Wisnosky	Frances	3, Sept 1863		67	2	
Wisnovesky		28, July 1860		67	stillborn	
Witendorf	Johan Heinrich	12, Apr. 1852		79	8m	
Witte	Jatz	30, Oct. 1850		79	1-6m	
Witte	Mari M. H.	5, Dec. 1852			1-6m	
Witte	Maria	5, July 1850	250		1d	
Witterkein	Anna	6, Aug. 1855		376	14	
Wittkamp	Heinrich	12, Feb. 1862	92		8m	(buried with J.H. Weber)
Wittman	Johan	25, Nov. 1854	458		1m	
Wode	Wilhelmine	8, June 1851	317		2-4m	
Woebel	Johan Gerhard	23, Dec. 1845			50	
Woefle	Johan Albert	20, Dec. 1848	79		15m	
Wohle	Albert	18, Aug. 1859	502		30	
Wohlinger	Georg	15, May 1855	472		1-6m	
Wolff	Christian	19, Jan. 1847	76		58	
Wolker	Heinrich	16, Apr. 1861	528		23	
Wollmer	Heinrich	24, May 1849		439	36	
Wollweiter	Georg	15, July 1849	260		33	
Wolten	Henry	2, Apr. 1873	14		36	
Wolter	Anna Magrete	16, Nov. 1850	301		6m	
Wolters	Elisa	4, Jan. 1863		338	19-3m	
Wolters	Friedrich	13, June 1850	232		1	
Wolters	Heinrich	23, Sept 1848		34	7-9m	
Wolters	Herman	1, Nov. 1859	451		3-6m	(buried with Johan)
Wolters	Johan	1, Sept 1853	232			(buried with Friedrich)
Wolters	Johan Dietrich	17, June 1851		34	37	
Wolters	Johanne Catharina	3, Aug. 1846		34	9m	
Wordemann	Friedricka	16, Dec. 1847	104			(nee Kahle)
Wordemann	Herman	16, Dec. 1847	103		24	
Worsterloge	Catharina	2, Sept 1848	125		50	
Wortmann	Georg	23, Feb. 1847	80		28	
Worttman	Louisa	10, Oct. 1848	80		1-9m	
Wrede	Carl	20, July 1859	94		9m	(buried with Wilhelm)
Wrede	Friedrich Julius	25, Dec. 1860	605		18w	
Wrede	Julia	8, Oct. 1862	605		10m	(buried with Julius)
Wrede	Wilhelm	18, Sept 1857	94		9m	
Wrok	J.H.	11, June 1849	207		1-6m	

First German Protestant Evangelical Cemetery

Last Name	First Name	Burial Date	Single Grave	Lot	Age	Remarks
Wudemeir	Johan Heinrich	27, June 1845	7		6	
Wuelben	Anna Maria	16, July 1850	322		62	
Wuelzen	Wilhelm	22, May 1845	21		40	
Wulfeck	Anna Charlotte	4, Aug. 1869		14	8m	
Wulfeck	Carl Wilhelm	30, Nov. 1874		20	6m	
Wulfeck	Carolina Henriette	3, Nov. 1854		14	7m	
Wulfeck	Maria	20, Nov. 1869		20	stillborn	
Wulfeck	Marie	20, Nov. 1867			stillborn	
Wulfick	Adam	22, Jan.1849		16	57	
Wulfick	Heinrich Fr.	18, Oct. 1863		14	11d	
Wulfick	Johan	14, Jan. 1858		14	2-4m	
Wulfick	Johan Heinrich	10, Nov. 1844		14	44	
Wulfick	Maria	1, June 1844		16	60	
Wulfick	Samuel Friedrich	22, July 1861		14	1	
Wulfick	Viktor	15, Mar. 1866		20	68	
Wulzen	Magrete	20, June 1863	615		1-2m	
Wulzen	Wilhelmina	5, May 1864	596		24	
Youngbluth	Georg	13, Mar. 1873		317	1-4m	
Youngblutt	Cat.	2, Feb. 1873		317	87	
Zack	Heinrich	20, July 1881			80	
Zahn	(Mrs)	8, June 1849	164		60	
Zahn	Lidia	15, June 1851	164		10m	(buried with Mrs. Zahn)
Zallmann	Johan	21, Apr. 1857	466		73	
Zassle		24, June 1849	216		stillborn	
Zeher	Margaretha	25, July 1852	131		1	(buried with Margaretha)
Zehrer	Magreta	26, Oct. 1850	131		1-9m	
Zeigler	Michael	26, Dec. 1868			10m	
Zeise	Heinrich	20, Aug. 1853	405		4-6m	
Zeussing	Johan Heinrich	30, Nov. 1854	424		54	
Ziegeler	Carl Christian	29, July 1858		435	3m	
Ziegeler	Katharina	29, Apr. 1858		435	33	
Ziegenbein	Georg	25, Mar. 1852	167		4	(buried with brother)
Ziegenbein	Heinrich	28, July 1849	247		8d	
Ziegenbein	Heinrich	13, Jan. 1857	485		7d	
Ziegenbein	Karliene	18, Dec. 1855	485		1-6m	
Ziegenbein	Riesene	11, July 1850	286		1	
Ziegenbein	Sophia	17, May 1850	167		3m	
Ziegler	M.	23, Dec. 1868				
Zier	M.	29, Apr. 1871				
Zier	Maria	16, Oct. 1870		70	26-2m	
Zier	Michael	9, Mar. 1877		70	45-6m	
Zier	Michael	14, May 1883		70	84	
Zimermann	Emiele	14, Nov. 1850	300		4m	
Zimmer	Magdalena	11, Oct. 1857	513		9m	
Zimmermann	Ferdinand	19, Nov. 1859	575		5-6m	
Zinlroth	Elise	1, Aug. 1852	371		22	
Zolleis	Johan Georg	4, July 1850	55		11-9m	
Zolleis	Magdalena	6, July 1850	55		3	(buried with J. Georg)
Zurbeck	August	8, Dec. 1849	49		9m	
Zurbeck	T.	8, Dec. 1849	49		4	
	Magrete	18, Jan. 1850	234		1	(buried with Elis. Beckmann)
	Maria Eva	1, Mar. 1846	92		17d	

First German Protestant Evangelical Cemetery

Last Name	First Name	Burial Date	Single Grave	Lot	Age	Remarks
Helmich	Heinrich	3, Oct. 1848		1	19	
Helmich	(widow)	4, July 1849		1	60	
Helmig	Maria	17, July 1850		1	26	
Helmig	Heinrich Rudolf	22, July 1850		1	11d	
Bahne	Rudolf	26, July 1853		1	4m	
Bahne	Andreas	27, July 1855		1	17	
Helmig	Johan	13, Aug. 1855		1	6m	
Bahne	Emilie Louise	30, Sept 1856		1	4m-12d	
Bahne	Robert	1, Mar. 1860		1	17d	
Bahne	Charles Heinrich	23, July 1861		1	3-6m	
Bahne	Andreas	18, June 1863		1	1	
Striethorst	Katharina Louise	26, May 1869		2	1-1m	
Lohkamp	Adam	21, Jan. 1877		2	74	
Leonhard	Katie	8, Apr. 1883		2	2-3m	
Striethorst	F. Heinrich	23, Dec. 1879		2	46	
Knapp	Ferdinand	1, June 1883		2	6m	
Kaselfinke?	Friedrich Wilhelm	10, May 1844		3	64	
Wetel	Gerhard	2, July 1849		3		
Schulte	H.H.	5, July 1849		3	4	
Schulte	(widow)	10, July 1849		3	60	
Schulte	Sophie	22, June 1850		3	7	
Schulte	Wilhelm	2, Feb. 1858		3	38	
Schulte	Sophia	20, Sept 1858		3	35	
Schulte	Johan	21, Mar. 1860		3	15	
Buschklaus	Maria	21, Apr. 1860		3	5-6m	
Blase	Maria	9, Feb. 1877		3	59	
Alfing	Louisa	2, Sept 1844		4	1-6m	
Musekamp	Anna Maria	16, Feb. 1845		4	46	
Allfing	Wilhelm	22, Feb. 1845		4	3m	
Allfing	Louisa	22, Feb. 1845		4	50	
Butke	Georg	10, Mar. 1859		4	3w	
Meyer	Johan Conrad	28, Feb. 1861		4	68	
Butke	George	4, Mar. 1864		4	3w	
Bohning	Rosina	18, Mar. 1864		4	4	
Geist	C. Wilhelm	17, Aug. 1843		5	6m	
Geist	Sophia	17, Aug. 1843		5	1	
Geist	W.H.	16, Sept 1843		5	18	
Geist	Elisa Sophia	12, July 1846		5	9m	
Geist	Liesette	2, July 1849		5	10m	
Geist	(widow)	10, July 1849		5	75	
Geist	Luisa	20, July 1849		5	2	
Geist	Carl	17, June 1851		5	1	
Geist	Katharina	21, July 1859		5	18m	
Geist	Anna Maria	14, Jan. 1883		5	64	
Geist	Charles	27, Jan. 1874		5	6	
Uetrecht	Rosa Emma	2, May 1878		5	2m	
Geist	Caspar	6, Sept 1880		5	68-5m	
Koenig	Margaretha Christina	30, Aug. 1844		6	1	
Koenig	Catharina Maria	1, Feb. 1845		6	4	
Koenig	Johan Herman	26, Apr. 1845		6	1d	
Helmich	Katharina Elisabeth	9, Aug. 1854		6	9	
Koenig	Catharina Maria	14, Nov. 1858		6	51	
Koenig	Alwina	9, Sept 1870		6	19-3m	
Koenig	Johan Herman	1, Feb. 1871		6	62-1m	
Koenig	John H.	16, Oct. 1872		6	25	
Doepke	Herman Heinrich Wm.	27, July 1847		7	24	
Schroeder	Johan Heinrich	2, July 1849		7	40	
Pape	Friedrich	12, Aug. 1849		7	2	

First German Protestant Evangelical Cemetery

Last Name	First Name	Burial Date	Single Grave	Lot	Age	Remarks
Doepke	Christof	21, Aug. 1849		7	9w	
Pappe	Heinrich	29, Oct. 1850		7		(buried with Friedrich)
Pape	Wilhelm	5, Nov. 1854		7	13m	
Broemann	Heinrich Rudolph	2, Aug. 1876		7	50	
Hollenberg	L. Maria Clara	10, July 1845		8	8m	
Hallenberg	Rachel	7, Aug. 1843		8	3m	
Hallenberg	Dinna	10, Aug. 1843		8	3m	
Finke	H.W.	20, Aug. 1843		8	1	
Finke	H.W.	16, Apr. 1844		8	10d	
Finke	Anna Maria Elisa	2, Nov. 1844		8	3m	
Finke	Sophia Mathilda	3, Apr. 1847		8	8m	
Hollenberg	Catharina Susan	24, May 1849		8	11	
Hollenberg	Maria Engel	27, May 1849		8	33	
Finke	J.H.W.	10, June 1849		8	37	
Hollenberg	Georg Heinrich	13, June 1869		8	4m-20d	
Hollenberg	Georg	22, Sept 1870		8	24	
Schwalmeier	Heinrich Gerhard	10, Feb. 1847		9	2-6m	
Schwalmeier	Johan Heinrich	14, July 1847		9	1-3m	
Schwalmeier	Heinrich Friedrich	22, Oct. 1852		9	1-8m	
Wiechers	Dorothea	20, Oct. 1870		9	58	
Borchalt	W.	31, July 1843		10	1	
Borchelt	Herman	20, Jan. 1845		10	8d	
Ellermann	Christian	2, Sept 1846		10	18	
Lomhalk	Luisa	13, July 1851		10	25	
Buehrmann	Margaretha Elena	24, July 1854		10	2	
Borchelt	Ludwig	1, Aug. 1854		10	1	
Borchelt	Johan	13, Dec. 1854		10	7-6m	
Buehrmann	Karl Wilhelm	24, Jan. 1855		10	4-6m	
Buhrmann	Georg Heinrich	13, Mar. 1857		10		
Buhrmann	Maria	16, May 1861		10	18	
Strunk	F. Julius	23, Jan. 1846		11	9m-15d	
Strunk	Karl August	14, July 1849		11	1-10m	
Strunk	Anna Elisabeth	31, July 1852		11	1-8m	
Wertjen	Anna	22, Dec. 1855		11	66	
Prior	Johan Friedrich	26, July 1846		12	2-6m	
Prior	Wilhelmina Louisa	26, Jan. 1852		12	1-6m	
Prior	Sophia Emma	22, Nov. 1855		12	2-3m	
Schnitker	(child of Gerhard)	16, Sept 1857		12	stillborn	
Messerschmidt	George	12, Feb. 1863		12	27	
Prior	Christofer W.	6, July 1873		12	59	
Kleier	Sophia Maria	22, Sept 1847		13	2m-15d	
Kleier	Johan Bernart	25, Sept 1847		13	2-3m	
Temme	Marie Elisebet	24, June 1850		13	1-9m	
Kleier	Anna Karliene Marya	20, July 1850		13	1-9m	
Temme	Edward	19, June 1851		13	4	
Temme	Christ Louis	19, June 1851		13	11m	
Temme	Heinrich Wilhelm	12, Sept 1852		13	1	
Temme	Karl Wilhelm	12, July 1854		13	14m	
Kleier	Rudolf	21, July 1854		13	30	
Kleier	Johan Cristofer	20, May 1855		13	2	
Kleier	Ernst Heinrich	17, June 1855		13	4m	
Kleier	J.H.	9, June 1875		13	55	
Wulfick	Johan Heinrich	10, Nov. 1844		14	44	
Moerkerl	Herman	16, Apr. 1852		14	19	
Wulfeck	Carolina Henriette	3, Nov. 1854		14	7m	
Wulfick	Johan	14, Jan. 1858		14	2-4m	
Wulfick	Samuel Friedrich	22, July 1861		14	1	
Wulfick	Heinrich Fr.	18, Oct. 1863		14	11d	

First German Protestant Evangelical Cemetery

Last Name	First Name	Burial Date	Single Grave	Lot	Age	Remarks
Wulfeck	Anna Charlotte	4, Aug. 1869		14	8m	
Tiemann	(child of Heinrich)	15, July 1851		15	stillborn	
Dinkelmann	Maria	13, Aug. 1853		15	6	
Dinkelmann	Maria	16, Mar. 1854		15	50	
Dinkelmann	Johan Friedrich Wm.	4, July 1858		15	75	
Wulfick	Maria	1, June 1844		16	60	
Wulfick	Adam	22, Jan. 1849		16	57	
Kahle	Fritz	29, Jan. 1844		17	23	
Bekmann	(widow)	30, June 1849		17	66	
Kleier	August	22, Sept 1861		17	27	
Kleier	Catharina	3, Apr. 1862		17	28	
Kleier	George Wilhelm	21, Aug. 1862		17	1-4m	
Kleier	Carolina	1, July 1863		17	2-8m	
Kleier	Johan Wilhelm M.	20, Sept 1866		17	8	
Kleyer	Wilhelm	11, Oct. 1866		17	43-6m	
Kleier	Lizzie	7, Aug. 1867		17	1	
Kleier	Kattrina	3, Apr. 1862		17	28	
Kleier	Ernst	1, Jan. 1872		17	1-11m	
Kleier	J. Radine	8, Apr. 1872		17	1-6m	
Kleier	Wilhelmine	20, May 1878		17	2d	
Kleier	Aug.	28, May 1881		17	2-7m	
Niemeier	Anna Margaretha	30, July 1849		18	41	
Thiesing	Anna	20, July 1865		18	1-3m	
Beste	H.A.	11, Sept 1866		18		
Pohlstofer	Amaly	11, Sept 1866		18	9-4m	
Reinkes	Dietrich	26, Feb. 1845		19	stillborn	
Schroeder	Johan Carl	13, Apr. 1853		19	15m	
Reinke	Johan Dietrich	22, Dec. 1854		19	68	
Reinken	Dorethe	19, July 1856		19	60	
Mittendorf	Adam (Mrs)	8, Aug. 1843		20		
Mittendorf	C.H.	23, Aug. 1843		20	3m	
Schmidt	Herman Friedrich	20, Dec. 1844		20	27	
Otting	Edward	23, June 1851		20	1-6m	
Otting	Alinde Christina	30, Mar. 1858		20	1w	
Kromert	Heinrich	1, Nov. 1861		20	28-6m	
Kenert	Johan Victor	20, Aug. 1862		20	1-2m	
Wulfick	Viktor	15, Mar. 1866		20	68	
Otting	Ch.	29, Apr. 1868		20	stillborn	
Wulfeck	Maria	20, Nov. 1869		20	stillborn	
Wulfeck	Carl Wilhelm	30, Nov. 1874		20	6m	
Busch	Klaus T.	26, June 1843		21	Child	
Busche	Johan Friedrich	25, May 1844		21	2	
Schoene	Christian	14, June 1849		21	27	
Belmer	Heinrich	19, July 1850		21	22	
Schoene	Wilhelm	5, Jan. 1851		21	12m	
Westling	D.	13, Nov. 1872		21	53-6m	
Reiman	Ida	25, Sept 1874		21	6w	
Wesling	Maria	12, Aug. 1876		21	66	
Reimann	Maria	29, Aug. 1877		21	1-6m	
Meir	H. Ludwig	8, Mar. 1844		22	3m	
Meier	Bernd Heinrich	17, June 1850		22	4w	
Meyern	Lowiese Emiele	6, July 1850		22	4-5m	
Meiners	Lowiese	24, Oct. 1850		22	2	
Stienter	Herman	17, Jan. 1860		22	1d	
Knehaus	Wilhelm	30, Oct. 1862		22	26	
Stienke	Johan R.W.	22, July 1864		22	11m	
Asberry	Sophia Elise	9, May 1878		22	3-1m	
Ihlbrock	Sophia	16, Nov. 1845		23	16	

First German Protestant Evangelical Cemetery

Last Name	First Name	Burial Date	Single Grave	Lot	Age	Remarks
Ihlbrok	Margaretha Elisabeth	20, Oct. 1847		23	48	
Ihlebrock	Anna Magreta	3, Dec. 1863		23	37	
Ihlbrock	(Mrs)	11, Aug. 1864		23	80	
Ihlbrock	Heinrich	23, Sept 1864		23	69	
Ihlbrock	Emilia	13, Aug. 1869		23	8m-8d	
Ilbrock	Elisabeth	15, Apr. 1881		23	81	
Ihlbrock	Anna	3, Dec. 1863		23	3	
Ihlbrock	Katharina	30, July 1874		23	3d	
Ihlbrock	Elisabeth	5, Jan. 1881		23	81	
Ihlbrock	(child of W.)	31, Oct. 1881		23	stillborn	
Thieke	Heinrich	6, July 1844		24	6m	
Thiecke	Ludwig	6, July 1854		24	4d	
Thieke	Anna Dorothea	3, Aug. 1854		24	3-6m	
Thicke	Heinrich C. Luis	8, June 1855		24	42	
Besse	Wilhelmina	28, Oct. 1857		25	1-6m	
Besse	Emilia	25, Aug. 1859		25	6m	
Tegler	W.H.	2, Jan. 1875		25	8d	
Horstmann	Sophia	4, July 1876		25	45	
Horstmann	Heinrich	13, June 1878		25	81	
Horstmann	Adolph	20, Apr. 1882		25	8m	
Horstmann	Louise	3, July 1876		25	45	
Horstmann	Johan Heinrich	11, June 1878		25	81	
Horstmann	Georg Adolph	19, Apr. 1882		25	8m	
Schmied	Johan	28, Apr. 1848		26	3-6m	
Buesching	Cord Heinrich	3, July 1849		26	27-6m	
Bruns	Heinrich	1, Sept 1851		26	34	
Bruns	August	6, July 1852		26	3	
Coors	George	10, Aug. 1864		26	10m	
Cohrs	F.H.	22, May 1873		26	54	
Naumann	Cornelia	1, July 1876		26	1-1m	
Evers	Henriete	11, Nov. 1846		27	7	
Fricke	Heinrich Friedrich	14, May 1851		27	3d	
Fricke	Friedrich Wilhelm	25, Aug. 1857		27	8m	
Flage	John	10, Aug. 1873		27	11m	
Rasch	Carl Adam	13, July 1876		27	7d	
Uphaus	Maria	3, Mar. 1844		28	2	
Uphues	Louisa	24, Aug. 1845		28	1-6m	
Schee	Anna	12, Oct. 1853		28	1	
Schmith	Johan	20, Apr. 1854		28	40	
Wachendorf	Maria	1, July 1850		29	10m	
Busch	Elise Henriette	28, July 1856		29	40	
Lilikamp	Wilhelmina Karolina	9, Apr. 1858		29	18m	
Busch	Katharina	7, July 1858		29	82	
Busch	Anna Almala D.	24, Feb. 1859		29	15m	
Busch	Karolina Katharina L.	2, Mar. 1859		29	2-6m	
Dex	Friedrich Karl D.	7, Mar. 1859		29	2w	
Busch	J.F.	19, Jan. 1872		29	54	
Knippenberg	Wilhelmine	11, Sept 1877		30	3-9m	
Wachendorf	Johan Heinrich	29, Apr. 1858		31	31	
Specht	Ottilge	9, Aug. 1858		31	9m	
Eberle	Robert	17, Dec. 1877		31	24	
Eberle	A.R.	2, Feb. 1878		31	4m	
Droege	C.	22, Dec. 1843		32	6m	
Maybaum	Karolina	23, Feb. 1844		32	6m	
Droege	(child of F.)	3, Apr. 1844		32	stillborn	
Maybaum	C.W.	21, Apr. 1844		32	Child	
Tueking	Luis Heinrich	26, Sept 1850		32	1-2m-18d	
Meier	Friedrich	17, Dec. 1853		32	1-6m	

First German Protestant Evangelical Cemetery

Last Name	First Name	Burial Date	Single Grave	Lot	Age	Remarks
Tuetting	Karl	27, Jan. 1858		32	9m	
Tuetting	Friedrich Wilhelm A.	7, Sept 1858		32	4	
Lampersick	Friedrich	1, July 1862		32	24	
Tueting	Alwine Matilde	1, July 1862		32	10m	
Tueting	Carolina	22, Apr. 1866		32	4m	
VonSeggern	Wilhelmina Dorothea	26, Feb. 1848		33	4w	
VonSeggern	Friedrich	1, July 1850		33	49	
VonSeggern	Maria Louisa	16, Jan. 1852		33	9d	
VonSeggern	Anna	25, Oct. 1852		33	4	
VonSeggern	Julia	28, May 1862		33	2-6m	
VonSeggern	F.	20, Apr. 1868		33	stillborn	
Juedsen	Heinrich Robert	30, May 1869		33	2-6m	
Kleier	Cl.	17, July 1872		33	1-7m	
Wolters	Johanne Catharina	3, Aug. 1846		34	9m	
Bruns	G.H.	14, Aug. 1847		34	51	
Walters	Johan	16, June 1848		34	1-6m	
Wolters	Heinrich	23, Sept 1848		34	7-9m	
Bruns	(child)	18, Apr. 1850		34	stillborn	
Wolters	Johan Dietrich	17, June 1851		34	37	
Bruns	Heinrich Friedrich	4, June 1853		34	22m	
Vohl	M.	Jan. 1868		34	4	
Bruns	Marian	9, Aug. 1872		34	71	
Hanning	Margaretha	5, Aug. 1845		35	1-3m	
Hanning	K. Louisa	19, Sept 1843		35	1	
Koring	Louisa	17, Dec. 1844		35	1	
Koring	Scharlota	10, Mar. 1850		35	4-2m-5d	
Koring	Cristof	1, July 1850		35	1-1m	
Krantz	Louisa	3, Jan. 1854		35	2d	
Koring	Johan Friedrich	8, July 1854		35	69	
Koring	Anna	8, July 1855		35	64	
Koring	Friedrich Cristof	3, Jan. 1857		35	38	
Johnson	Lisabeth Ch.	3, July 1871		35	16m	
McKinzie	Louise Agnes	20, June 1873		35	8m	
Dannettel	Lutzi	22, Oct. 1848		36	35	
Dannettel	(child)	22, Mar. 1850		36	stillborn	
Bollte	Maria	10, June 1850		36	6m	
Bollte	Mina	17, June 1850		36	2-6m	
Rentzelmann	Jatz	2, Mar. 1857		36	2	
Wilkymacky	Johan Heinrich	13, Sept 1857		36	56	
Dutchen	G.F.	23, Feb. 1844		37	3m	
Detchen	Dietrich H.	10, Oct. 1866		37	66	
Delhones	Magdalena	28, Mar. 1878		37	78	
Detchen	H.	22, Nov. 1872		37	42	
Fappe	Johan Heinrich	3, July 1846		38	8w	
Kestner	Anna Catharina	8, Jan. 1847		38		
Kesner	Anna Sophie	10, July 1850		38	6m	
Kestner	Julian	7, Aug. 1855		38	6m	
Kesner	Doris F.	7, July 1856		38	14d	
Kesner	Emma	30, Aug. 1857		38	2w	
Kestner	(child of G.F.)	25, Dec. 1862		38	stillborn	
Kestner	Henriette E.	2, Nov. 1863		38	22	
Kesters	Harry Grant	27, July 1869		38	9m-18d	
Kestner	Charles R.	1871		38	15m	
Krohme	Johan Heinrich	2, Sept 1847		39	2-3m	
Krohme	Catharina Elisabeth	1, May 1848		39	28	
Krohme	Maria Elisa	20, July 1848		39	4m-15d	
Bloehbaum	(child of Karl)	25, Nov. 1854		39	stillborn	
Bleibaum	Maria L.	12, Apr. 1864		39	2-10m	

First German Protestant Evangelical Cemetery

Last Name	First Name	Burial Date	Single Grave	Lot	Age	Remarks
Bloebaum	Matilde S.L.	17, Dec. 1864		39	8-10m	
Stuewe	Sopfia Elisa	12, Jan. 1870		39	13m	
Bleibaum	Maria	12, Apr. 1864		39	2	
Koennen	Johannes	26, June 1850		40	3-6m	
Aufderhaus	Scherlotte	30, Oct. 1850		40	28	
Groneweg	Dorothea	10, June 1852		40	28	
Meier	Heinrich	30, Dec. 1870		40	62	
Schneider	Georg Friedrich	19, July 1849		41	1-1m-5d	
Schneider	Friedrich Jefferson	3, Jan. 1857		41	2	
Schneider	Gerhard Friedrich	27, July 1857		41	74	
Scheider		21, July 1876		41	26	
Schneider	Charles	25, Sept 1859		41	36	
Schneider	Carl Wilhelm	20, July 1876		41	26-1m	
Wehrmann	Wilhelmina	24, Feb. 1844		42		
Wehrmann	Wilhelmina	26, July 1847		42	63	
Drockenpoehler	Henriette	5, Jan. 1849		42	61	
Wehrmann	Anna Margaretha	12, July 1849		42	1-7m-9d	
Fruehte	Wilhelmine	7, June 1851		42	10m	
Wehrmann	Friedrich Wilhelm	18, Jan. 1853		42	54	
Evers	Friedrich	17, Oct. 1854		42	2	
Wehrman	Matilde Magrethe	12, July 1855		42	9m-19d	
Wehrman	Ida M.	22, Jan. 1865		42	6	
Schacht	Wilhelm	27, Dec. 1845		43	1-3m	
Schacht	Anna Maria	21, July 1849		43	7m-19d	
Topie	Maria Luisa	14, Aug. 1849		43	56	
Schacht	Lowisa	24, July 1851		43	18	
Topie		7, July 1858		43	4	
Schacht	Heinrich Wilhelm	9, Feb. 1860		43	46	
Schacht	Anna Maria	5, Jan. 1863		43	12	
Kleier	J.H.	19, June 1875		43	55	
Schacht	Wilhelm	27, Sept 1876		43	33	
Lucke	Laura	27, July 1878		43	1-6m	
Schacht	Catharina	29, May 1876		43	7m-6d	
Meier	Maria Elisabeth	27, June 1845		44	1m	
Meier	Friedrich	2, Feb. 1846		44	60	
Fischer	Johan H.	13, Dec. 1846		44	6m	
Meier	Heinrich Wilhelm	6, June 1849		44	1-10m	
Meier	Margaretha Maria	7, Aug. 1849		44	1-5m	
Meier	Heinrich Mathaeus	31, July 1854		44	4	
Stegen	Herman Rudolph	29, June 1843		45	3m	
Vette	Heinrich Ludwig	2, June 1844		45	9m	
Vette	Heinrich	13, Jan. 1846		45	1-6m	
Helmig	Herman Rudolph	26, Nov. 1847		45	80	
Vette	Janni	3, July 1849		45		
Vogt	Wilhelm	17, Mar. 1854		45	18	
Laesser	Heinrich	13, Nov. 1854		45	1d	
Schneider	Scharles	25, Sept 1859		45	36	
Voght	Clara	22, Apr. 1861		45	13m	
Meyer	Emerlin G.	24, July 1863		45	9m	
Stegen	Margaretha	27, Mar. 1877		45	72	
Stegen	Christ.	9, Feb. 1880		45	75	
Tierke	Herman Heinrich Conrat	10, June 1849		46	7	
Fierken	Elisabeth	15, June 1849		46	34	
Meyer	Lowise	18, Aug. 1862		46	5	
Campel	John L.	12, Jan. 1847		47	1-2m	
Rainolds	Maria	1, Oct. 1848		47	18m	
Lilie	Friedrich Heinrich	3, July 1849		47	2	
Krueger	(child of Ludwig)	26, Dec. 1859		47	stillborn	

First German Protestant Evangelical Cemetery

Last Name	First Name	Burial Date	Single Grave	Lot	Age	Remarks
Kleier	August	28, May 1881		47	2-2m	
Schulte	G.R.	10, Nov. 1874		47	56-4m	
Schulte	Johanna	9, Apr. 1879		47	56-8m	
Droege	Friedrich Wilhelm	19, June 1849		48	36	
Merhorst	Louisa	23, Sept 1849		48	1	
Buescher	Herman Heinrich	17, Dec. 1852		48	53	
Kuemper	Gerhard	29, Dec. 1858		48	6	
Ehlen	Rebecka	8, Sept 1851		49	39	
Knake	Maria	4, Jan. 1846		49	62	
Kueker	Wilhelm	4, Aug. 1847		49	5	
Ehlen	Magrete	15, July 1850		49	10	
Ehlen	Georg	19, June 1855		49	2-6m	
Kolbe	Herman	5, Jan. 1856		49	65	
Droege	J.H.	7, Aug. 1843		50	30	
Plump	J.H.	10, Feb. 1872		50	34	
Grothaus	Maria	9, Nov. 1843		51	18	
Anland	Janna Carolina	27, May 1845		51	1	
Grothaus	Herman Heinrich	16, July 1847		51	13m	
Erfmann	Anna Karolina	16, July 1849		51	24	
Stielberg	Maria Elisabeth	19, July 1849		51	30	
Vereger	Johan Heinrich	2, Aug. 1849		51	1-4m	
Grothus	Rudolf	15, July 1850		51	30	
Grothus	Sophie	22, Sept 1850		51	1	
Grothaus	Johan	2, July 1851		51	2	
Grothaus	Heinrich Georg	25, Aug. 1852		51	1	
Ulland	Herman Wilhelm	19, Dec. 1854		51	6m	
Grothus	Herman	10, May 1856		51	36	
Unland	Heinrich	22, Apr. 1876		51	64	
Lampersick	Johan Friedrich	13, June 1844		52	6m	
Lampersick	Johan Wm.	4, Aug. 1862		52	64	
Lanfersick	Maria Elisabeth	24, Aug. 1881		52	80	
Lanfersick	Friedrich	1, July 1862		52	24	
Seifer	A.H.	5, Aug. 1843		53	1	
Dommeyer	Friedrich	29, May 1845		53	8	
Seifert	Fritz	8, June 1848		53	8m	
Hanning	Lena	11, Aug. 1858		53	17m	
Haning	Louisa Carolina	8, Aug. 1864		53	1	
Hanning	Helena	13, May 1865		53	38	
Hanning	Heinrich	3, Sept 1865		53	42	
Evers	Cord	9, Apr. 1850		54	62	
Aldenschmidt	Johan H.	28, July 1851		54	43	
Timmergarden	Ludwig	25, Dec. 1853		54	6m	
Bensack	Jacob	18, Sept 1862		54	27	
Evers	Elisabeth	26, Jan. 1870		54	72	
Aldenschmidt	Friedrich	2, Jan. 1876		54	11m	
Strietelmeir	Louisa Lisette	22, Aug. 1844		55	1	
Striedelmeier	Louise	25, June 1846		55	8m	
Strietelmeier	Louisa	12, Jan. 1849		55	4	
Strietelmeier	Heinrich	12, Jan. 1849		55	2-4m	
Striedelmeyer	Elisebet	18, July 1850		55	1-7m	
Striedelmeyer	Maria Sophia	19, July 1851		55	10m	
Strietelmeier	Johan August	17, June 1854		55	7m	
Strietelmeier	Mary	1, Sept 1855		55	22	
Strietelmeyer	Maria Elisabeth	18, Apr. 1870		55	51-5m	
Peper	Catharina Louise	14, Jan. 1847		56	3	
Peper	Cord Heinrich	12, Nov. 1847		56	73	
Peper	Maria Heinrich	12, July 1849		56	67	
Peper	Karl Wilhelm	19, Sept 1852		56	1-6m	

First German Protestant Evangelical Cemetery

Last Name	First Name	Burial Date	Single Grave	Lot	Age	Remarks
Peper	Karl Wilhelm	19, Oct. 1854		56	37	
Peper	Emma Sophia	27, Jan. 1855		56	1-6m	
Peper	Jakob Philip	7, Apr. 1867		56	18	
Hahn	Maria	3, Aug. 1843		57	1	
Kreke	Hanna	1, Apr. 1844		57	1-6m	
Hahn	August	28, Mar. 1847		57		
Otten	M. Elisabeth	23, Aug. 1843		58	1	
Buehning	Heinrich	28, Nov. 1843		58	77	
Buening	Anna Maria	7, Aug. 1845		58	19	
Dresing	Heinrich	9, June 1846		59		
Guegel	Maria	22, July 1847		59	9m	
Dresing	Wilhelm	21, May 1854		59	2-6m	
Dresing	Louise	25, Mar. 1857		59	1m	
Dresing	Elisa	31, Aug. 1859		59	6	
Dresing	Klara Elisabeth	27, Jan. 1860		59	64	
Gugel	Jakob	23, Apr. 1860		59	50	
Dresing	J.H.	10, Mar. 1868		59	80	
Hunter	Mari Elisabeth	4, Dec. 1873		59	25	
Rothert	J.H.	21, Apr. 1844		60	Child	
Schuermann	Herman	6, July 1852		60	8m	
Eckelmann	Emma	30, Apr. 1856		60	21	
Rothert	Georg Heinrich	21, Sept 1856		60	7m	
Schneemann	Charles	4, May 1863		60	16m	
Liemann	Doris	21, June 1846		61	3	
Liemann	Johan Herman	8, July 1846		61	10m	
Kramer	Catharina Maria	14, July 1846		61	3-2m	
Liemann	Louis	7, Apr. 1849		61	39	
Liemann	(Mrs)	1, Sept 1855		61	30	
Liemann	Mathilde	22, Mar. 1857		61	5	
Litzenberger	Johan	6, Jan. 1846		63	50	
Ahlers	Heinrich	20, Aug. 1850		63	2-12d	
Birhorst	Heinrich	27, Feb. 1852		63	22	
Birhorst	Frans	27, Feb. 1852		63	65	
Ahlers	Georg	11, Mar. 1858		63	22m	
Boss	Friedrich	20, Oct. 1844		64	stillborn	
Rother	Anna Maria	13, Oct. 1846		64	1-6m	
Strick	Franz Rudolf	26, Apr. 1847		64	61	
Becker	Albert	11, Feb. 1850		64	1-5m	
Schwenker	Heinrich	11, Feb. 1850		64	1-7m-9d	
Schwenker	Johan Heinrich	29, June 1852		64	15m	
Becker	Walter Wilhelm	7, May 1880		64	5m	
Becker	Arthur Harry	18, May 1880		64	5m	
Scheperklaus	Engel	2, July 1849		65	62	
Scheperklaus	Herman Heinrich	9, July 1849		65	59	
Sundermann	August	25, Aug. 1855		65	7	
Scheperklaus	Anna Wilhelmina	17, Apr. 1856		65	1	
Sundermann	Friedrich Wilhelm	24, June 1856		65	3	
Sunderman	Friedrich	2, Apr. 1861		65	42	
Linneweber	N.H.	2, Aug. 1843		66	19	
Linneweber	Friedrich Heinrich	12, Sept 1854		66	40	
Hofmeister	Heinrich	25, July 1878		66	52	
Hoffmeister	Anna Maria	4, July 1881		66	70-5m	
Kesler	Anna Maria	25, May 1845		67	1	
Nepper	(child of Dietrich)	28, July 1853		67	stillborn	
Nepper	Anna	22, Mar. 1854		67	20m	
Nepper	(child of Dietrich)	25, Mar. 1854		67	stillborn	
Nepper	Dorothea	31, Mar. 1854		67	22	
Nepper	Ludwig	15, Aug. 1859		67	8m	

First German Protestant Evangelical Cemetery

Last Name	First Name	Burial Date	Single Grave	Lot	Age	Remarks
Wisnovesky		28, July 1860		67	stillborn	
Nepper	(child of D.)	3, Apr. 1862		67	stillborn	
Nepper	Anna	6, Oct. 1862		67	68	
Wisnosky	Frances	3, Sept 1863		67	2	
Rohfing	Carl Heinr. Ferdinand	1, Jan. 1848		68	14d	
Meiers	Dorothea	13, Mar. 1848		68	1	
Meier	Johan Friedrich	20, Mar. 1848		68	36	
Meiers	Sophia	7, May 1848		68	5	
Buecker	Maria	9, Feb. 1853		68	7m	
Buerker	Anna	21, Feb. 1854		68	2m	
Buecker	Anna Friedricka	6, Mar. 1854		68	31	
Bueckert	Sophia Augusta	23, July 1855		68	1-2m	
Merker	W.	3, Aug. 1855		68	1	
Buerkel	Friedricka Magrette	24, Sept 1855		68	3-6m	
Knostmann	Elisabeth	20, Sept 1846		69	26	
Knost	Heinrich	18, Oct. 1846		69	2	
Keller	Maria Christina	21, May 1847		69	23	
Knost	Margaret Elis. Hedwig	11, July 1848		69	14	
Knost	Louisa	13, Nov. 1848		69	3m	
Knost	Friedrich Heinrich	26, May 1849		69	33	
Knost	Maria	14, July 1849		69	25	
Knost	Heinrich	21, Nov. 1849		69	8d	
Knost	Louisa	12, Sept 1857		69	1	
Thiesing	C. Friedrich	22, July 1844		70	48	
Aue	Fritz	13, Oct. 1860		70	14	
Thiesing	Elisebet	23, May 1865		70	74	
Thiesing	Clara	19, July 1870		70	10m-28d	
Zier	Maria	16, Oct. 1870		70	26-2m	
Zier	Michael	9, Mar. 1877		70	45-6m	
Zier	Michael	14, May 1883		70	84	
Bramsche	Gerhard Heinrich	7, Jan. 1846		71	45	
Bramsche	(child of Johan Gerhard)	21, Apr. 1847		71	stillborn	
Bramsche	Anna Maria	2, June 1847		71	23	
Bramsche	Johan Heinrich	2, Mar. 1848		71	3-6m	
Bramsche	Georg Wilhelm	16, June 1851		71	9m	
Bramsche	Maria Louisa	19, Mar. 1853		71	10m	
Bramsche	Anna Margaretha	29, Mar. 1853		71	49	
Bramsche	Heinrich	29, July 1857		71	2w	
Bramsche	Wilhelm Heinrich	6, Sept 1858		71	15m	
Bramsche	Elisabeth	16, Apr. 1859		71	7m	
Weddendorf	Christina	28, Jan. 1849		72	58	
Wedendorf	Willemine	25, July 1850		72	25	
Kuck	Friederike	29, July 1850		72	23	
Wedendorf	Marya	30, July 1850		72	8	
Schroerlueke	Wilhelm	15, Aug. 1850		72	28	
Kuck	Wilemine Elisebet	3, Sept 1850		72	8m	
Weddendorf	Friedrich	4, Feb. 1853		72	7	
Drachkelmann	Elisabeth	28, June 1856		72	47	
Telghann	(child of B.N.)	13, Sept 1856		72	stillborn	
Wedendorf	Ludwig	18, Oct. 1857		72	2-4m	
Wedendorf	Friedrich	20, Mar. 1859		72	40	
Schroerluecke	Maria	6, Sept 1863		72	14-6m	
Wedendorf	Eliza	7, July 1873		72	20	
Klausheide	Maria	1, Sept 1854		73	7	
Krieger	Wilhelm	12, June 1858		73	16	
Clausheide	Amalia	19, Jan. 1864		73	1-11m	
Strunk		16, July 1867		73	1-6m	
Strubbe	John H.	20, July 1871		73		

First German Protestant Evangelical Cemetery

Last Name	First Name	Burial Date	Single Grave	Lot	Age	Remarks
Clausheide		24, Apr. 1872		73	78	
Strubbe	L.C.	17, June 1872		73	3m	
Struebbe	M.C. Friedricka	11, Aug. 1879		73	10m	
Hanning	Christian	23, Aug. 1854		74	3w	
Uhlhurn	Julius Franz	3, Apr. 1844		75	2	
Uhlhurn	Wilhelm	21, Apr. 1844		75	8d	
Uhlhorn	Anna Katharina	30, June 1846		75	1	
Uhlhorn	Anna Catrina Maria	14, July 1851		75	40	
Uhlhorn	Maria	15, Feb. 1864		75	6m	
Schwarztrauber	(child of Joseph)	13, July 1875		75	stillborn	
Uhlhorn	Anna Catharina	25, Dec. 1880		75	1	
Schuck	Johan Jakob	18, Apr. 1847		76		
Schuck	Charlotte	5, June 1847		76		(buried with father)
Hensterman	Louisa	30, Oct. 1848		76	28	
Hensterman	Catharina	15, Nov. 1848		76	16d	(buried with mother)
Breborman	Albert	28, May 1846		77		
Schwuer	Maria Sophia	24, Aug. 1847		77	1	
Bruns	Louisa Margaretha	26, Apr. 1848		77	2-2m	
Bruns	Johan Cordt	12, July 1849		77	34	
Hanning	Sophia Christina	15, Dec. 1849		77	10m	
Hackmann	Margaretha Sophia	27, Aug. 1858		77	15m	
Kortenkamp		17, Dec. 1860		77	3m	
Kottenkamp	J.H.	Feb. 1868		77		
Kalenkamp	Martha	13, Nov. 1875		77	10m	
Kalenkamp	Edward	23, Mar. 1879		77	7d	
Clusener	H.	25, Nov. 1872		77	stillborn	
Topie	J.F.	5, Dec. 1872		77	73-3m	
Katenkamp	Martha	13, Nov. 1875		77	10m	
Topie	Margarethe	24, July 1878		77	77	
Katenkamp	Edward	24, Feb. 1879		77	7d	
Frohbusch	Heinrich	30, June 1849		78	40	
Frohbusch	Margaretha	6, Dec. 1854		78	53	
Albers	Christine Maria Emery	5, June 1846		79	1-3m	
VonderWoesten	Louisa	27, July 1846		79	2-4m	
Albers	Johan Heinrich Wilhelm	19, July 1848		79	1	(buried with sister)
Witte	Jatz	30, Oct. 1850		79	1-6m	
VonderWoeste	Johan Heinrich	9, Dec. 1851		79	68	
Witendorf	Johan Heinrich	12, Apr. 1852		79	8m	
VonderWoesten	Emma Louise H.	28, July 1855		79	1-4m	
Schurmann	Heinrich Friedrich	5, June 1856		79	1m	
VonderWoesten	Friedrich Eduard	6, Sept 1857		79	1-6m	
VonderWoesten	Anna	14, July 1859		79	10m	
VonderWoesten	Alwina	7, July 1864		79	11m	
Meir	J.H.	28, June 1843		80	1	
Benter	Herman	8, May 1845		80	1-6m	
Benter	Johan Herman	27, Feb. 1848		80		
Hanning	Maria Friedricka	12, Nov. 1854		80	41	
Hanning	George Fritz	5, Nov. 1860		80		
Hawerkotte	Anna Maria	16, Jan. 1845		81		
Haverkotte	Johan G.F.	5, Jan. 1854		81	2	
Hawerkotte	Johan Wilhelm	10, Nov. 1855		81	1-16d	
Havekotte	Blanke	17, Feb. 1862		81	14m	
Havekotte	Jesse	19, Jan. 1863		81	7w	
Havekote	Friedrich	16, Nov. 1863		81	47	
Miening	George	30, May 1864		81	8d	
Habekotte	G.F.	21, Mar. 1868		81	63	
Menning	Otto	14, May 1877		81	13d	
Knostman	Ludwig	15, July 1844		82	1-6m	

First German Protestant Evangelical Cemetery

Last Name	First Name	Burial Date	Single Grave	Lot	Age	Remarks
Knostman	Johan Heinrich	22, Feb. 1848		82	45	
Komming	Maria Elisabeth	2, Sept 1851		83	36	
Duwelus	(child of Herman)	5, July 1853		83	stillborn	
Heine	(child of F.)	13, Dec. 1863		83	stillborn	
Glinsmann	Johan H.	24, June 1864		83	3m	
Heine	Frank L.	15, Mar. 1865		83	5w	
Hucksoll	William	17, Mar. 1879		83	4	
Hucksoll	Wm.	20, Nov. 1878		83	4	
Lutterbein	Maria Sophia	24, Aug. 1848		84	3w	
Lutterbein	Johan Herman H.	18, Oct. 1850		84	11m	
Luterbein	Christina Louisa	1, July 1854		84	14m	
Luterbein	Elisabeth	7, Dec. 1854		84	48	
Hasebrock	Gerhard	14, Jan. 1855		84	42	
Kampel	Heinrich	18, Aug. 1857		84	38	
Farwich	Gerhard Heinrich	24, Feb. 1858		84	10m	
Hasebrock	Heinrich	11, Sept 1858		84	36	
Farwig	Heinrich	1, May 1860		84	15m	
Hanning	Johan Fr.	9, Mar. 1865		84	19	
Farwick	Regina	28, June 1865		84	1-3m	
Kaemper	Gerhard	29, Dec. 1858		84	6	
Koehler	Louise	7, Mar. 1876		84	17	
Riemeier	Carolina Sophia	19, June 1845		85	1	
Riemeier	Magrete Caroline L.	26, Dec. 1846		85	1	
Twachtman	Johan Heinrich	4, July 1849		85	5-8m	
Lahmering	Heinrich	8, June 1850		85	4m-15d	
Poeler	Heinrich Wilhelm	7, June 1851		85	3-3m	
Lammering	Maria Elisa	12, July 1851		85	25	
Lahmering	Friedrich Heinrich	13, June 1852		85	11m	
Riemeyer	Friedrich L.	5, Mar. 1862		85	1	
Riemeier	Alwina	14, July 1865		85	6m	
Riemeier	August	4, Nov. 1870		85	4m	
Riemeier	Carl Friedrich August	26, Mar. 1871		85	22-4m	
Beineger	Friedrich	14, Apr. 1862		85	1	
Riemeier	J.F.	3, Apr. 1872		85	56	
Bonthaus	Kordel Heinrich	2, June 1845		86	10m	
Jungblut	Wilhelmina	3, Jan. 1846		86	20	
Jungblut	Friedrich	6, Feb. 1846		86	24	
Brethorst	Heinrich	13, July 1846		86	4	
Brethorst	Wilhelm	6, Sept 1847		86	1-6m	
Jungeblut	Maria	15, Aug. 1857		86	2-8m	
Jungebluth	Eduward	14, Aug. 1858		86	10m	
Jungebluth	Carl Christian	27, Mar. 1861		86	6	
Jungebluth	George Friedrich	27, Aug. 1861		86	9m	
Rohlfing	George	Aug. 1866		86	14	
Plump	Sophia	12, Dec. 1869		86	30	
Boennig	Gerhard	12, July 1845		87	14d	
Reutepohler	Gerhard Heinrich	3, May 1845		87	28-6m	
Reutepoehler	Heinrich August	14, July 1848		87	1-3m	
Reutepoehler	Anna Maria Elisabeth	29, Jan. 1849		87	36	
Reutepoehler	A.M. Elis. Wilhelmina	19, Apr. 1849		87		
Schroeder	Heinrich	17, May 1849		87	2	
Schroeder	Jets	20, Oct. 1849		87	1	
Boenings	Heinerjette	8, July 1850		87	25	
Boning	Gerhard Friedrich Wm.	17, July 1850		87	3-7m	
Schroeder	(child of F.)	29, July 1850		87	stillborn	
Reutepoehler	Catrina Maria Louisa	30, July 1851		87	1-6m	
Reutepoehler	Johan Heinrich	10, Mar. 1854		87	44	
Buening	Gerhard Ludwig	18, July 1857		87	2-6m	

First German Protestant Evangelical Cemetery

Last Name	First Name	Burial Date	Single Grave	Lot	Age	Remarks
Buening	(child of Gerhard H.)	2, Jan. 1858		87	stillborn	
Buening	Katrine Mary	25, Nov. 1866		87	47	
Buening	Katrine A.	25, Nov. 1866		87	3d	
Noltekemper	Louisa	3, Sept 1844		88	1	
Belter	Wilhelm	23, May 1845		88	1-6m	
Noltekamper	H.W.	21, Oct. 1846		88	30	
Droege	(child of Fr.)	8, Feb. 1847		88	stillborn	
Balter	Maria Charlotte	19, Aug. 1848		88	1	
Balter	Heinrich	21, Oct. 1848		88	1	
Noltekemper	Wilhelm	26, May 1849		88	8	
Noltekemper	Maria	28, May 1849		88	30	
Belter	Johan Friedrich	7, May 1851		88	1d	
Balage	Johan Friedrich	2, July 1854		88	48	
Belter	Johan Friedrich	8, July 1854		88	21m	
Leukering	Rosa Dorothea G.	17, July 1854		88	14m	
Buenings	Maria Elisabeth	15, Jan. 1860		88	80	
Bolter	Maria Emily	7, May 1861		88	2-10m	
Haveniot	Cord Wilhelm Heinrich	29, Aug. 1844		89	1	
Harmeier	Johan Rudolf	5, Aug. 1848		89	1-3m	
Kollmeier	Johan Friedrich	24, Sept 1848		89	1-6m	
Harmeier	Johan	13, July 1849		89	5	
Kolmeier	Friedrich	15, July 1849		89	35	
Kolmeier	(Mrs)	15, July 1849		89	24	
Harmeier	Liesa	17, July 1849		89	33	(buried with child)
Harmeier	Rudolf	27, July 1849		89	30	
Springmeyer	Jorgen	6, July 1850		89	40	
Kohlmeyer	Friedrich Luki	30, July 1850		89	1-3m	
Stumpe	Herman Friedrich	31, May 1854		89	35	
Stumpe	Friedrich	31, May 1854		89	4	
Harmeyer	August	1, Aug. 1871		89	stillborn	
Harmeier	W.S.	6, Aug. 1872		89	stillborn	
Springmeier	Wm.	18, Sept 1872		89	2w	
Schwarz	J.H.	1, Feb. 1844		90	stillborn	
Schwarz	Elisabeth Dorothea	12, Nov. 1845		90	8d	
Schwartz	(child of Johan)	8, Oct. 1846		90	stillborn	
Schwartz	(child of Johan)	28, Nov. 1847		90	stillborn	
Schwarz	(child of Johan)	21, Apr. 1852		90	stillborn	
Otting	Adam (Mrs)	17, Feb. 1844		91		
Otting	Maria Elisabeth	21, Nov. 1844		91	1	
Otting	Maria Elisabeth	30, June 1846		91	27	
Otting	Maria Louisa	7, July 1846		91	child	(child of Maria)
Otting	Heinrich	23, Aug. 1849		91	41	
Otting	(child of Johan Adam)	7, July 1852		91	stillborn	
Otting	(child of Gerhard H.)	11, Dec. 1860		91	stillborn	
Behrens	Johan Fr.	12, July 1862		91	22	
Sprinkmeyer	Friedrich B.	11, July 1864		91	2	
Sprinkmeier	Mina	10, Aug. 1864		91	8d	
Otting	Johan Adam	18, Mar. 1870		91	70-7m	
Otting	Gerhard Heinrich	15, Aug. 1870		91	1	
Steinbrink	Anna Maria	19, Apr. 1844		92	60	
Steinbrink	Friedrich W.	17, Feb. 1847		92	2	
Strunk	Anna Maria	7, Apr. 1847		92	4d	
Steinbrink	Johan Heinrich	21, Oct. 1850		92	1	
Steinbrink	Carolina	17, Oct. 1852		92	1	
Steinbrink	Friedrich	21, July 1856		92	28	
Kestner	Johan Heinrich	29, Jan. 1860		93	67	
Gradjahm	Heinrich	26, Feb. 1867		93	17	
Rose	Heinrich R.	23, Apr. 1878		93	26	

First German Protestant Evangelical Cemetery

Last Name	First Name	Burial Date	Single Grave	Lot	Age	Remarks
Klausheide	Juliana Maria	20, Dec. 1844		94	6m	
Klausheide	Christina Friedricka	17, July 1849		94	36-10m	
Klausheide	Karl Friedrich	22, July 1849		94	7	
Klausheide	Maria	25, July 1849		94	7m	
Klausheide	Karolina	24, July 1852		94	15	
Johannes	Bernhard	1, Sept 1859		94	1-6m	
Lemmer	Heinrich	5, Apr. 1844		95	22	
Winkelmann	Jakob	28, Sept 1845		95	15	
Hartmann	Dorothea	25, May 1849		95	53	
Winkelman	Dorethe	29, Oct. 1850		95	48-6m	
Runge	Franz	13, Aug. 1855		95	60	
Winkelmann	Willemiene Luise	19, Feb. 1857		95	15w	
Winkelmann	H. Karl	17, July 1875		95	37	
Winkelmann	Gerhard	18, Sept 1876		95	75	
Winkelmann	H.G.	1871		95		
Meier	Franz M.	11, Nov. 1871		95	4	
Meier	G.H.	21, Nov. 1871		95	2	
Meier	E.M.	25, Nov. 1871		95	1-11m	
Winkelmann	(Mrs)	25, Mar. 1874		95	63	
Winkelmann	Heinrich Karl	17, July 1875		95	37	
Winkelmann	Heinrich Gerhard	16, Sept 1876		95	75	
Engel	Heinrich	21, June 1844		96	1	
Engel	Maria Engel	26, Mar. 1845		96	68	
Epke	Johan Heinrich	16, May 1845		96	8m	
Engel	Heinrich	8, Aug. 1846		96	2	
Engel	Johan Heinrich	24, Aug. 1850		96	7m	
Engel	Sophia	7, June 1853		96	2	
Geist	Matilde	31, Aug. 1878		96	4	
Geist	Ida	21, Oct. 1873		96	3-10m	
Geist	Alfred	10, Aug. 1878		96	16m	
Geist	Ottilie	31, Aug. 1878		96	4	
Hagen	Maria Elisabeth	6, Aug. 1844		97	3m	
Hagen	(child of Ludwig)	3, May 1846		97	stillborn	
Hagen	Heinrich	2, Aug. 1846		97	9m	
Hagen	Maria	1, July 1849		97	37	
Hagen	Luis	8, July 1849		97	1	
Hegen	Ludwig	29, July 1851		97	1	
Hagen	Anna Maria	24, Aug. 1851		97	1	
Schwaded	Anna Engel	9, Dec. 1851		97	57	
Hagen	Louisa	26, Dec. 1854		97	2m	
Hennge	Herman Heinrich	11, Feb. 1858		97	3	
Hagen	Edward Ludwig	8, Nov. 1858		97	10d	
Henge	(child of Karl)	25, Feb. 1860		97	stillborn	
Hagen	Carl Edward	27, May 1860		97	7m	
Hagen	Anna J.	6, Nov. 1863		97	2-6m	
Hagen	Emma	2, Apr. 1866		97	18m	
Hagen	Johan Friedrich	10, Nov. 1870		97	1-4m	
Hempe	Carl H.	21, Mar. 1871		97	47	
Hagen	D. Ludwig	8, Nov. 1858		97	10d	
Hagen	Anna	6, Nov. 1863		97	2-6m	
Hagen	Anna Cerina	30, June 1874		97	7-3m	
Bauman	Sophia	29, July 1843		98	1	
Bauman	Anna Maria	7, Aug. 1844		98	2m	
Bohmann	Albert Friedrich	14, Sept 1850		98	1-7m	
Bauman	(child of Albert)	23, Sept 1851		98	stillborn	
Leukelnig	Gerhard Cristof M.	4, Aug. 1852		98	9m	
Moerscher	(child of Gerhard)	10, Oct. 1852		98	stillborn	
Bauman	(child of Johan Albert)	31, Oct. 1852		98	stillborn	

First German Protestant Evangelical Cemetery

Last Name	First Name	Burial Date	Single Grave	Lot	Age	Remarks
Marscher	(child of Gerhard)	4, Aug. 1853		98	stillborn	
Jung	(child of Philipp)	3, Nov. 1857		98	stillborn	
Baumann	Dorothea Luisa	3, Oct. 1858		98	2	
Baumann	Edward Cristof	30, Apr. 1860		98	6m	
Baumann	Harry Rudolf	5, May 1860		98	6m	
Bauman	Johan Heinrich	17, Oct. 1860		98	20-7m	
Bauman	(child of Albert)	25, July 1861		98	stillborn	
Leichtering	J.S.	24, Aug. 1871		98	14	
Leichtering	Emma Anger	7, July 1872		98	10-5m	
Leukering	Richard Albert	7, Apr. 1875		98	16	
Baumann	Cord Heinrich	13, Oct. 1880		98	34	
Ringen	Conrad	19, June 1845		99	1-6m	
Ringen	Katharina	30, Dec. 1849		99	30	
Ringen	Edward	25, Apr. 1851		99	4	
Schwartz	Friedrich	12, Oct. 1877		99	59	
Hadler	Heinrich	15, July 1845		100	35	
Hadler	Dietrich H.	27, May 1846		100		
Heuer	Dorothea	29, Sept 1857		100	1d	
Hadler	Dorrete	14, Nov. 1871		100	71	
Heuer	Elisabeth	6, Dec. 1872		100	51	
Franzmeier	Heinrich	14, Nov. 1864		101	2	
Hawekotte	J.H.	28, June 1843		102		
Havekote	Carl Friedrich	25, Nov. 1846		102	2-6m	
Haverkote	Carl Friedrich	25, Apr. 1847		102	2-6m	
Habekotte	Johan Heinrich	14, July 1848		102	1-6m	
Havekotte	(children of Friedrich)	20, Nov. 1851		102		
Hawekotte	Ernst Lui	5, Sept 1854		102	18m	
Hawekote	Johan Heinrich	15, Dec. 1858		102	47	
Havekotte	Friedrich Wilhelm	14, June 1860		102	14m	
Havekotte	Maria Elise	15, Jan. 1877		102	65-9m	
Harms	D.	7, Oct. 1843		103		
Harms	Dietrich Heinrich	16, June 1854		103	2	
Harms	Ludwig	14, Aug. 1858		103	15m	
Harms	(child of D.)	11, Apr. 1862		103	stillborn	
Meier	Gerhard Heinrich	19, Nov. 1845		104	52	
Meier	Maria	3, June 1846		104	5	
Maier	Anna Christina	16, Aug. 1846		104	2-8m	
Hebler	Johane Mathilde	3, Aug. 1850		104	1-3m	
Schmidt	John Henry	24, Nov. 1873		105	2-6m	
Meier	Johan	10, Apr. 1883		105	65-6m	
Runk	Margaretha	9, Aug. 1849		106	6m	
Rund	Heinrich	13, June 1852		106	8m	
Hauser	Susanna Katharina	24, Oct. 1854		106	14	
Hause		10, June 1858		106		
Hauser	Elisabeth	4, July 1861		106	27	
Klocke	Luy Heinrich	14, July 1846		107	1-6m	
Kloke	Heinrich	10, Dec. 1849		107	8m	
Klocke	Johan Herman	7, Jan. 1853		107	66	
Kloken	Louise	17, Mar. 1857		107	3-3m	
Klack	Bernard	10, July 1867		107	6-6m	
Klocke	Elisabeth	30, Aug. 1869		107	6-3m	
Klocke	Peter	10, Nov. 1869		107	11-3m	
Pfannkuchen	Heinrich W.	14, Mar. 1870		107	1d	
Imholz	Heinrich Wilhelm	27, July 1846		108	1-2m	
Mittendorf	Catharina	11, Aug. 1846		108	15	
Riemeyer	Jod.	12, Aug. 1847		108	8m	
Wilke	W.	23, Aug. 1848		108	28	
Ruesse	Johan Heinrich	30, June 1849		108	67	

First German Protestant Evangelical Cemetery

Last Name	First Name	Burial Date	Single Grave	Lot	Age	Remarks
Ruesse	Anna Maria	30, June 1849		108	67	
Schrichmeier	Conrad Heinrich	7, July 1849		108	6m	
Imholz	Maria	7, July 1849		108	16	
Riemeier	Emalie	16, July 1849		108	10m	
Riemeier	Johan Juergen	30, July 1849		108	66	
Kesting	Wilhelm	21, Dec. 1849		108	2	
Sprenkmeier	(child of Wilhelm)	3, Feb. 1850		108	stillborn	
Imholz	Heinrich	17, June 1850		108	39	
Imholz	Lowiese	30, June 1850		108	1-6m	
Riemeier	J.D.	2, Oct. 1854		108	38	
Riemeier	Johan David	14, July 1858		108	2-6m	
Riemeier	Johan Heinrich	2, June 1859		108	8m	
Riemeyer	(child of T.D.)	20, Jan. 1863		108	stillborn	
Riemeyer	Catharina G.	6, May 1875		108	87	
Beckmann	Wilhelmina	11, Feb. 1847		109	29	
Aupke	Gerhard Friedrich	19, June 1849		109	22	
Middendorf	Anna Maria	19, June 1849		109	14	
Klare	Louisa	3, May 1854		109	25	
Schnitker	Wilhelm	27, May 1855		109	5m	
Hoelscher	(Mrs)	17, Aug. 1855		109	66	
Schielker	Herman Heinrich	10, Sept 1856		109	6m	
Middendorf	B.	7, Apr. 1868		109	72	
Holschers	Franz	17, Aug. 1855		109	66	
Schnitker	Mary	24, June 1873		109	21	
Schnitker	Wilhelmina	25, June 1873		109	2m	
Schnitker	Wilhelmine	14, Jan. 1879		109	52	
Helm	Maria Louisa	11, Aug. 1846		110	1	
Schuerman	Maria Louisa	9, Jan. 1847		110	1-3m	
Schuermann	Herman Heinrich	22, Sept 1847		110	6m	
Helm	Maria Elisabeth	28, June 1849		110	11	
Helm	Johan Wilhelm	20, Aug. 1849		110	7m-20d	
Helm	Maria Gederith	31, Jan. 1852		110	27	
Helm	(child of Johan)	12, July 1854		110	stillborn	
Helm	(child of Johan)	23, Jan. 1855		110	stillborn	
Helm	(child of N.)	22, Dec. 1855		110	stillborn	
Rake	C.	31, Jan. 1856		110	2-1m	
Rahe	Johan	3, July 1858		110	22m	
Rahe	Anna Cerina	20, Jan. 1875		110	1-7m	
Lake	Emma	31, Jan. 1856		110	2	
Placke	(child of Heinrich Ludwig)	22, Sept 1846		112	stillborn	
Placke	(child of H.L.)	24, May 1849		112	stillborn	
Hegerhorst	Ernst Wilhelm	21, June 1849		112	30	
Hegerhorst	Maria Lisebet	25, July 1849		112	28	
Hegerhorst	Lisebeth	28, July 1849		112	8m	
Placken	Maria Elisabeth	28, July 1849		112	45	
Placken	Maria Louisa Sophia	1, Aug. 1849		112	32	
Pott	Liese	29, Apr. 1874		112	4	
Pott	Eduard	14, Feb. 1876		112	10m	
Pott	Lizzy	15, Nov. 1876		112	34	
Rempe	Karl	9, Apr. 1867		168	70	
Horstmann	Charlotte Sophia	19, Sept 1874		215	75	
Huneke	Heinrich	16, Aug. 1874		316	4-4m	
Schulte	Mary	20, Feb. 1876		316	8m	
Huneke	Eddy	16, Aug. 1878		316	2-2m	
Schulte	Heinrich	11, July 1881		316	38	
Jungblut	Wilhelm	14, July 1864		317	49	
Elfers	John H.	1, Aug. 1864		317	1-5m	
Jungebluth	Maria Ch.	16, Sept 1865		317	1-4m	

First German Protestant Evangelical Cemetery

Last Name	First Name	Burial Date	Single Grave	Lot	Age	Remarks
Jungbluth	Maria D.L.	26, Feb. 1866		317	70	
Jungblut	Maria	29, Aug. 1869		317	16m	
Jungbluth	Carl	17, Nov. 1875		317	6	
Schafstall	G.H.	16, Jan. 1872		317	62	
Youngblutt	Cat.	2, Feb. 1873		317	87	
Youngbluth	Georg	13, Mar. 1873		317	1-4m	
Jungebluth	Carl	15, Nov. 1875		317	6	
Wilke	Elisabeth Hermina	15, Nov. 1859		318	2-6m	
Wilke	Carl H.G.	11, Apr. 1862		318	2-6m	
Schrage	Anna Catharina	17, Apr. 1863		318	10m	
Wilke	Ernst A.	28, Apr. 1864		318	3-4m	
Schrage	Wm.	7, Jan. 1873		318	3-6m	
Wilker	H.H.	13, May 1876		318	48	
Spren	Louise	12, Apr. 1856		319	9d	
Spreen	Sophia	2, Mar. 1859		319	2-6m	
Nagel	Johan	15, Aug. 1859		319	1	
Beckmann	Wilhelm	15, July 1849		320	10	
Spreen	(child of Friedrich W.)	7, Mar. 1853		320	stillborn	
Spreen	Jenriette Wilhelmina	2, Apr. 1864		320	1-6m	
Kracht	Theodor	1, July 1870		320	56	
Spreen	Matilde	22, Apr. 1874		320	1d	
Spreen	Wilhelm	27, June 1874		320	2-9m	
Tealboyle	Loren D.	22, Apr. 1870		321	1-11m	
Tealbrile	Sopfia	30, Oct. 1870		321	25-7m	
Kracht	Christina	17, Apr. 1875		321	63	
Thealboyle	Theodor	22, July 1876		321	11m	
Brinkmeier	Anna Maria	30, Dec. 1849		322	24	
Brockmann	Herman Georg	2, Oct. 1854		322	6w	
Meier	Luisa	22, Apr. 1860		322	4	
Meier	Wilhelmina	10, May 1860		322	11m	
Brockmeyer	Heinrich	14, Jan. 1863		322	24	
Middendorf	Adam Heinrich	6, July 1849		323	9m	
Middendorf	Maria Louisa	12, July 1849		323	2-6m	
Middendorf	(widow)	6, Nov. 1849		323	69	
Nolten	Margaretha	27, Feb. 1850		323	8m	
Middendorf	Adam Heinrich	21, Jan. 1853		323	40	
Stoeffe	Herman Heinrich K.	3, Nov. 1853		323	3-8m	
Middendorf	Maria Sophia Louisa	26, July 1854		323	3	
Ritterhoff	Emma	26, Oct. 1875		323	8-6m	
Rittenhoff	Jeto	14, Apr. 1872		323	2-8m	
Ritterhoff	Henry	20, Apr. 1877		323	56	
Lohmann	Friedrich	8, May 1849		324	1-2m	
Loehmann	Elisabeth	15, Aug. 1854		324	34	
Lohmann	Heinrich	6, July 1856		324	6	
Loehmann	Magreta	26, Dec. 1862		324	83	
Loehmann	Wilhelm	12, Aug. 1869		324	17-11m	
Strunks	Maria Lowiese	17, June 1850		325	2-8m	
Strunk	Johan Heinrich	23, Aug. 1850		325	7-9m-22d	
Flagge	Wilhelmina Charlotte	10, Jan. 1849		326	1-4m	
Tinnemeier	(child of Heinrich)	3, Mar. 1849		326	stillborn	
Krening	Franz	2, July 1849		326	1-10m	
Krening	Maria Leide	4, July 1849		326	40	
Ludwig	Wilhelm	14, Nov. 1851		326	14d	
Spren	Anna M.W.	8, Aug. 1855		326	27	
Beckmann	Otto	20, Oct. 1857		326	63	
Flage	Maria Luisa	4, June 1858		326	2-9m	
Flage	Franzis	17, June 1858		326	5	
Flagge	Johan August	8, Feb. 1862		326	3	

First German Protestant Evangelical Cemetery

Last Name	First Name	Burial Date	Single Grave	Lot	Age	Remarks
Flagge	(child of Franz)	18, Mar. 1865		326	stillborn	
Beckmann	Cl.	12, Feb. 1872		326	4-2m	
Kaemmerer	Wilhelm Otto	18, Aug. 1875		326	3-2m	
Kaemmerer	Clara	21, Feb. 1876		326	8m	
Klekamp	Johan	22, Mar. 1850		328	10m	
Berg	Franz	20, May 1858		330	1	
Stockhowe	Anna Maria Louisa	28, Jan. 1849		333	16	
Stockhowe	Friedrich Gerhard	11, June 1849		333	43	
Stockhowe	Johan Heinrich	23, July 1849		333	13-3m	
Schlotmann	Wilhelm Herman	21, May 1859		333	6-6m	
Stockhowe	Dorothea	10, July 1867		333	61	
Bertling	Wilhelm H.	11, Aug. 1878		333	9m	
Bertling	Heinrich	3, Apr. 1880		333	36	
Stockhowe	(child of F.)	15, Mar. 1881		333	stillborn	
Droege	(child of Friedrich)	30, Dec. 1848		334	stillborn	
Reinke	Louisa	7, Jan. 1849		334	21	
Reinke	(child of Louisa)	7, Jan. 1849		334	stillborn	
Reinke	C.F.	20, Feb. 1849		334	2	
Stegemeier	(child of C.H.)	20, Sept 1849		334	stillborn	
Reinke	Johan Friedrich Janni	5, July 1850		334	14w	
Luekens	Johan Friedrich	27, July 1850		334	70	
Rebock	Herman H.	26, July 1851		334	8m	
Rehbock	Heinrich	8, Apr. 1854		334	10m	
Reinke	(child of Friedrich W.)	26, Aug. 1854		334	stillborn	
Wipcher	August	13, Sept 1854		334	1	
Rebock	Wilhelmina	27, Feb. 1858		334	10-6m	
Reinke	Sopfia	19, Aug. 1861		334	12d	
Reineke	C.D.L.	14, Apr. 1868		334	46	
Rehbold	Emilia Henriette	17, Oct. 1870		334	1-3m	
Reinke	Friedrich Wilhelm	21, Apr. 1876		334	1	
Reinke	Wilhelmina	3, May 1876		334	4	
Beintt	Sopfia	19, Aug. 1861		334	12d	
Knost	Louisa Dorothea	24, Nov. 1848		335	14	
Schleibaum	Katharina	5, Dec. 1848		335	1d	
Nordman	Friedrich	20, June 1850		335	50	
Holmeyer	Dietrich	8, Jan. 1851		335	30	
Schleibaum	(child of Heinrich)	10, Nov. 1852		335	stillborn	
Schleibaum	Gerhard F.H.	24, Feb. 1853		335	3-4m	
Tecke	Johan Heinrich	25, Apr. 1853		335	9m	
Schleibaum	Wilhelmina Regina	10, June 1854		335	2-6m	
Tacke	Sophia Louisa	24, July 1854		335	6m	
Schmidt	(child of Heinrich)	1, Oct. 1854		335	stillborn	
Tacke	Christian Heinrich	22, Jan. 1855		335	56	
Schleibaum	Mina	5, Jan. 1858		335	11m	
Schleibaum	Heinrich	14, Apr. 1859		335	34	
Schleibaum	Ernst	2, July 1859		335	13m	
Tacke	Magreta	13, Feb. 1864		335	54	
Schwers	Heinrich	21, Dec. 1865		335	10m	
Schwers	Elisa	5, Jan. 1866		335	2-9m	
Wilke	Mattias	20, Apr. 1858		336	58	
Giesler	Sophia Louisa	8, Aug. 1855		337	1-7m	
Geisler	August	30, Oct. 1857		337	11d	
Geisler	Emilie	8, Apr. 1873		337		
Klaassen	Henriette	17, May 1849		338	24	
Klaassen	Maria Niele	17, June 1849		338	6w	
Moellenkamp	William	2, July 1849		338	2-6m	
Moellenkamp	Henriette	8, July 1849		338	25	
Klassen	(child of C.)	8, Jan. 1851		338	stillborn	

First German Protestant Evangelical Cemetery

Last Name	First Name	Burial Date	Single Grave	Lot	Age	Remarks
Moellenkamp	Friedrich Wilhelm	17, June 1851		338	3d	
Klassen	(child of C.)	12, Nov. 1851		338	stillborn	
Klassen	Friedrich	16, July 1852		338	2m	
Dallmann	Johan Heinrich	18, Apr. 1854		338	5w	
Klassen	Adelheit	7, Aug. 1854		338	34	
Klaussen	Louise	8, Oct. 1856		338	3-6m	
Klaussen	Sophia	30, Oct. 1856		338	37	
Pein	Sophia	7, Apr. 1860		338	2	
Wolters	Elisa	4, Jan. 1863		338	19-3m	
Klaser	Otto	19, Mar. 1875		338	19	
Classen	C.	5, Mar. 1877		338	59	
Claasen	C.	22, Jan. 1877		338	57	
Walter	Friedrich	25, Dec. 1882		338	26	
Meir	Anna Louisa	12, Mar. 1853		339	1-8m	
Geist	Friedrich Ernst	31, Mar. 1853		339	3-8m	
Portheborn	Louise	25, Mar. 1857		339	11m	
Poterbaum	Nanne	30, Dec. 1871		339	20-6m	
Geist	H.	14, Mar. 1876		339	29-11m	
Leopold	Friedricka	25, July 1849		340	25-11m	
Leopold	(child of Johan)	25, July 1851		340	stillborn	
Leopold	(child of Johan G.)	2, Aug. 1852		340	stillborn	
Leopold	(child of Johan)	3, July 1854		340	stillborn	
Brockmann	Emilie	29, June 1878		340	2	
Rohlfing	Mina	13, Mar. 1858		341	15m	
Rohlfing	Elisa	13, Mar. 1858		341	7	
Rolfing	Johanna W.	15, Mar. 1863		341	2	
Rohlfing	Herman H.W.	15, Aug. 1864		341	2-9m	
Rolfing	Johan H.	7, Jan. 1866		341	1-6m	
Rolfing		30, Oct. 1877		341	stillborn	
Rolfing		15, Mar. 1879		341	stillborn	
Rolfing	Louis	2, Apr. 1880		341	3m	
Rohlfing	Carrie	17, Aug. 1882		341	13	
Rolfink	D.M. Lilli	12, Aug. 1871		341	1-4m	
Rohlfing	Wm.	11, Nov. 1872		341	44	
Rohlfing	Johan Wilhelm Ed.	6, Mar. 1875		341	1-9m	
Rohlfing	(child of H.A.)	15, Mar. 1879		341	stillborn	
Rohlfing	Raymond Louis	7, Jan. 1880		341	3m-15d	
Roewekamp	F.P.	28, July 1854		342	8m	
Rowekamp	Georg Washington	9, Apr. 1856		342	4-2m	
Roewekamp	Wilhelm	9, Feb. 1860		342	5m	
Scharfscher	Heinrich Ludwig	10, Feb. 1859		343	10m	
Scharfscher	Christian	1, Feb. 1860		343	3-6m	
Scharfscharr	Heinrich Christoph	18, June 1877		343	55	
Fortmeier	Georg Edward	10, June 1851		344	20	
Lohrmann	Ludwig	16, Jan. 1860		344	32	
Lahrman	Friedrich H.A.	17, Mar. 1861		344	8m	
Rosenbring	Emily Elise	2, June 1862		344	1-3m	
Spreen	Louwise	13, July 1862		344	10	
Strick	(child of Fr.)	4, Apr. 1864		344	stillborn	
Fricke	Elisa W.	28, July 1864		344	2-6m	
Fricke	Ludwig	4, Apr. 1864		344		
Spreen	Lowise W.S.	7, Aug. 1862		345	2m	
Spreen	(child of Charles)	14, Dec. 1862		345	stillborn	
Sprenn	Jette	11, Aug. 1866		345	29-6m	
Spreen	August	27, Nov. 1871		345	10d	
Henke	Wm.	2, Jan. 1880		345	38	
Brockmann	Christina Sopfia	1, Oct. 1863		346	1	
Brockmann	F.	Jan. 1868		346	2-6m	

First German Protestant Evangelical Cemetery

Last Name	First Name	Burial Date	Single Grave	Lot	Age	Remarks
Brockmann	F.	29, Feb. 1868		346	6	
Brockmann	H.	10, Mar. 1868		346	3-3m	
Brockmann	Sopfia	1, Nov. 1863		346	1-10m	
Brockmann	F. Carl	14, Oct. 1871		346	1	
Brockmann	Charlotte Emilia	29, June 1878		346	2	
Brockmann	Elisabeth	4, Aug. 1880		346	46-10m	
Hoffer	D.	21, Nov. 1871		368	39	
Heidecker	F.	11, Sept 1875		368	45-9m	
Humbolt	Sopfia Carolina	25, Jan. 1864		369	56	
Hambold	Fritz	14, Nov. 1870		369	30-2m	
Hamball	Sopfia	25, Jan. 1864		369	56	
Hanibal	Wm.	5, Sept 1871		369	71	
Boelling	Maria	30, Nov. 1862		370	3-6m	
Boelling	Friedrich	17, July 1874		370	5m	
Lotz	Frank	3, Feb. 1873		370	25	
Buecker	Juli Luisa	21, Apr. 1860		371	2	
Buerke	(child of Wilhelm)	21, Nov. 1860		371	stillborn	
Burker	Sofia Augusta	18, June 1862		371	2m	
Thoele	Margaretha	25, Feb. 1871		371	76	
Runge	Wilhelm	5, May 1859		372	23m	
Knochenhauer	Anna Maria	17, Mar. 1880		372	30	
Knochenhauer	Ludwig Friedrich	31, May 1880		372	3m	
Schnitker	Friedrich Heinrich	19, Oct. 1857		373	14w	
Schnitker	Gerhardt	9, June 1866		373	6m	
Schnitger	Gerhard Franz	25, June 1870		373	1-6m	
Meier	Maria Elisa	19, Apr. 1853		374	3-3m	
Schwenker	Heinrich	31, July 1856		374	2-6m	
Schwenker	Wilhelm	14, Feb. 1858		374	5	
Meier	August	3, July 1858		374	2-6m	
Schwenker	Carolina	17, Mar. 1863		374	1	
Schwenker	Charles	9, May 1864		374	4-6m	
Schwenker	C.F.W.	2, Sept 1867		374	3w	
Meyer	H.W.	24, Dec. 1874		374	59	
Rosengarten	Mary	21, Aug. 1875		374	49	
Schwenke	C.F.	12, Apr. 1872		374	50	
Eberhard	Katharina Louisa	17, July 1849		375	1-3m	
Eberhart	Katharina Sophia	2, Nov. 1849		375	5m	
Eberhart	Katharina	15, July 1855		375	1-2m	
Eberhard	Anna Maria	16, June 1857		375	16m	
Eberhard	Friedrich Wilhelm	26, June 1857		375	5	
Seckfurt	Georg	30, Sept 1857		375	15m	
Eberhard	Casper Heinrich	18, May 1861		375	81	
Eberhard	Catharina	12, Aug. 1869		375	45	
Luedke	Anna	1, July 1849		376	2	
Koring	Anna	25, July 1849		376	26	
Witterkein	Anna	6, Aug. 1855		376	14	
Luedike	Herman	12, Mar. 1860		376	7m	
Buente	Johan	19, Mar. 1849		377	10m	
Stuebe	Elisabeth	7, Feb. 1850		377	8m	
Sander	Wilhelm	23, May 1851		377	2	
Stuewe	Herman	5, Aug. 1861		377	46	
Koop	Hennerike Lewise	27, Jan. 1862		377	8d	
Struewe	Wilhelmina	3, Oct. 1865		377	14	
Kopp	H.	24, Mar. 1881		377	44	
Kopp	U.S.	21, Nov. 1872		377	2-2m	
Buente	Henriette Wilhelmine	17, Jan. 1874		377	66-10m	
Sander	Heinrich	28, Apr. 1880		377	65	
Koop	J.H.	24, Mar. 1881		377	44-3m	

First German Protestant Evangelical Cemetery

Last Name	First Name	Burial Date	Single Grave	Lot	Age	Remarks
Klekamp	Emmelein	29, Apr. 1848		378	10w	
Klekamp	J.H.	22, May 1849		378	30	
Hilge	Wilhelm Jacob	25, July 1856		378	1-4m	
Franzmeier	Maria Sophia	7, Jan. 1859		378	9m	
Streitel	(child of Peter)	5, Mar. 1861		378	stillborn	
Jasper	Catharina Sophia	25, July 1861		378	44	
Striedelmeyer	Heinrich	26, July 1861		378	1-9m	
Teckenburg	Rudolf	27, Apr. 1864		378	19	
Portebaum	Friedrich	21, June 1864		378	8w	
Teckenbrock	Christina	20, June 1876		378	1	
Teckenbrach	Wilhelm	15, Aug. 1859		378		
Teckenbrock	Friedricka Catharina	19, June 1876		378	1-2m	
Tegenbeck	Louise	11, Mar. 1877		378	7w	
Rohne	Anna Maria Elisabeth	29, Apr. 1848		379	2-6m	
Rahe	Elenore	5, Aug. 1850		379	10	
Sillmann	Catharina	17, Mar. 1866		379	9m	
Overbeck	Catharina Christina	6, Apr. 1870		379	1-10m	
Overbeck	Rosa	21, Dec. 1876		379	12d	
Rahen	Johan	23, May 1880		379	87	
Rohn	Mary Elisabeth	18, Oct. 1873		379	76	
Rohan	Johan	22, May 1880		379	87	
Overbeck	Emma Mina	5, Apr. 1881		379	6-7m	
Matha	Eduard	6, Feb. 1848		380	6w	
Boettifer	Friedrich W.	29, June 1849		380	49	(Minister)
Beckner	Katharina	7, July 1849		380	34	
Becker	Jakob Biene	13, Aug. 1849		380	4m	
Mathe	Carl	22, July 1851		380	33	
Matte	Karl	30, Aug. 1852		380	1	
Koerwitz	Emil	3, Apr. 1854		380	8m	
Koerbitz	Louisa	13, June 1854		380	5	
Faye	Heinrich	14, Feb. 1848		381	11m	
Faye	Heinrich	4, Sept 1854		381	3-7m	
Faye	Maria Anna	31, Jan. 1856		381	26d	
Faye	Mary Elisabeth	21, Mar. 1857		381	5d	
Wernke	Johan Wilhelm	18, Mar. 1859		381	4	
Wernke	Katharina	18, Mar. 1859		381	20m	
Wernke	Friedrich	4, Mar. 1861		381	1-2m	
Warnke	John H.	9, June 1864		381	16m	
Wernke	Mari	13, Aug. 1872		381	35	
Strubbe	Johan Dietrich	15, July 1848		382	1-9m	
Hausheld	Friedrich	2, Jan. 1852		382	2	
Struebbe	Louisa Helena	13, Nov. 1854		382	20m	
Doeppe	Elisabeth	12, Dec. 1847		391	9m	
Doeppen	Doris	1, Sept 1850		391	26	
Doeppe	Albert	5, Mar. 1864		391	8	
Ditemback	Joseph	18, Apr. 1870		391	36	
Deppe	Johan	4, Apr. 1880		391	59	
Deppe	Johan	3, Dec. 1879		391	59	
Kueckherm	Maria	28, Oct. 1848		392	1-6m	
Knippenberg	Friedrich	17, July 1849		392	30	
Mennbroeker	(child)	26, Nov. 1849		392	stillborn	
Knipenberg	Karliene	15, July 1850		392	1	
Schaperklaus	Friedrich	22, July 1853		392	16m	
Piepenbring	Lisette	30, June 1854		392	16m	
Knipenberg	Kattrine	15, Sept 1855		392	43	
Knipenberg	Johan Heinrich	28, July 1856		392	3m	
Knipenberg	Heinrich	29, July 1856		392	1-7m	
Knippenberg	Emile Karolina	12, May 1858		392	1	

First German Protestant Evangelical Cemetery

Last Name	First Name	Burial Date	Single Grave	Lot	Age	Remarks
Knippenberg	Maria	20, June 1860		392	1-6m	
Knippenberg	Eberhard	16, Sept 1862		392	70	
Pott	Wilhelm	29, Aug. 1863		392	64	
Knippenberg	Elisabeth	25, Jan. 1864		392	72	
Knippenberg	Elisabeth	2, Mar. 1864		392	75	
Knippenberg	Matha	30, Aug. 1871		392	9m	
Hilenering	Eika	21, June 1848		393	25	
Hilenring	L. Sophia	24, June 1849		393	1	
Helenring	Elisabeth	17, July 1849		393	50	
Ellerhorst	Heinrich	19, July 1849		393	27	
Helmering	Luyieke Willemiene	3, Aug. 1850		393	10m	
Ellerhorst	Sophia	7, Apr. 1852		393	1-3m	
Helmering		12, Oct. 1855		393	1-8m	
Ellerhorst	Sophia	5, Dec. 1859		393	13m	
Ellerhorst	Herman Heinrich	14, July 1863		393	7	
Rieke	Francisca L. Charlotte	12, Dec. 1847		394	18	
Rieke	Catharina Charlotte	14, Mar. 1848		394	21w	
Rieke	Heinrich Wilhelm	17, Aug. 1850		394	60	
Rieke	Scharlotte	19, May 1853		394	2	
Rieke	Carl	29, Aug. 1856		394	1d	
Rieke	Heinrich	29, Aug. 1856		394	1d	
Riecke	(child of H.)	27, Mar. 1865		394	stillborn	
Dannettel	Christoph Louis	23, July 1848		395	1-8m	
Langhorst	Luhi	3, July 1849		395	8m	
Lankhorst	Luhy Heinrich	22, Oct. 1850		395	3w	
Langhorst	Heinrich Wilhelm	30, Sept 1851		395	33	
Ahlbrand	Maria Engel	24, Mar. 1849		396	33	
Ahlbrand	Herman W.L.	21, Dec. 1852		396	2	
Kaefe	Johan Heinrich	18, July 1854		396	58	
Wichmann	Heinrich	25, July 1854		396	43	
Albrand	Friedrich Wilhelm	26, Aug. 1857		396	1-6m	
Albrand	Emile Josefina	7, Apr. 1859		396	13m	
Ahlbrand	Friedrich L.	14, Mar. 1861		396	9m	
Kese	Dorothea J.W.	16, Jan. 1863		396	63	
Albrant	Anna Auguste	23, Oct. 1866		396	3-1m	
Ahlbrand	August Eduard	6, Jan. 1871		396	5w	
Overbeck	Herman	26, June 1849		397	36	
Klamer	Heinrich	25, July 1849		397	20	
Overbeck	Luisa	11, Aug. 1849		397	1	
Egert	Herman	3, Nov. 1849		397	34	
Overbeck	Louisa	10, June 1854		397	37	
Grautmann	Maria Elisabeth	16, July 1849		398	63	
Topie	(child of Friedrich)	5, Feb. 1850		398	stillborn	
Topie	(child of J.)	25, Apr. 1851		398	stillborn	
Topie	(child of Friedrich)	29, Feb. 1852		398	stillborn	
Topie	(child of Friedrich)	15, Jan. 1853		398	stillborn	
Topie	(child of Friedrich)	19, May 1853		398	stillborn	
Grotmans	Maria Elisabeth	25, Sept 1853		398	25	
Topien		30, June 1855		398	stillborn	
Topie	George	10, Mar. 1864		398	4-6m	
Topie	Gerhard Henry Ed.	21, July 1877		398	2-7m	
Topie	Christian Harry	25, Mar. 1879		398	2	
Topie	Maria Elisabeth	22, Apr. 1879		398	6-5m	
Topie	Mary Wilhelmine	18, May 1880		398	9m	
Topie	Caroline Sophia	16, Apr. 1881		398	12-4m	
Wanstroth	Maria Elisa	7, Oct. 1863		399	10m	
Hilgemann	Friedrich	26, Dec. 1857		400	44	
Duvelius	(child of H.)	29, Dec. 1860		400	stillborn	

First German Protestant Evangelical Cemetery

Last Name	First Name	Burial Date	Single Grave	Lot	Age	Remarks
Duwelius	(child of H.)	27, Aug. 1862		400	stillborn	
Duwelius	Magreta Elisa	1, Sept 1862		400	40	
Hilgemann	Dorothea	16, July 1864		400	14m	
Hilgemann	Maria	14, Aug. 1867		400	56-3m	
Dumhoff	Justina	18, Oct. 1860		402	25	
Dumhoff	Maria Elise	20, Apr. 1863		402	2-6m	
Domhoff	Carolina L. Ch.	11, Apr. 1864		402	1-8m	
Dumhoff	Louise	4, Nov. 1866		402	2-6m	
Domhoff	Heinrich L.	23, Dec. 1866		402	3m	
Uchtmann	Heinrich	26, Jan. 1864		403	44	
Uchtmann	Anna	14, Nov. 1865		403	8	
Aihlman	Heinrich	4, Jan. 1864		403	44	
Spreen	W.Cl.	3, Oct. 1872		403	1-5m	
Spreen	August	18, Mar. 1873		403	62	
Meyer	Anna Maria	8, Oct. 1878		403	60-7m	
Spreen	Georg	2, Feb. 1880		403	7	
Holmann	Wilmine	9, Feb. 1872		404	64-9m	
Lueckens	August	18, May 1864		405	2-6m	
Heideker	Ludwig	19, Aug. 1864		405	4-9m	
Strettelmeyer	Maria Sopfia	11, Apr. 1871		406	11m-9d	
Erfmeier	Cathrine	19, Oct. 1871		406	18	
Dallmann	Herman	20, July 1878		406	50	
Delfendahl	Kate	9, July 1880		409		
Delfendahl	Magretha	26, Oct. 1873		409	4-6m	
Delfendahl	Caroline	13, Nov. 1873		409	3	
Delfendahl	(child of Henry)	30, Mar. 1874		409	stillborn	
Delfendahl	Peter	10, Mar. 1880		409	8m	
Delfendahl	Lizzie	23, June 1882		409	7	
Wicke	(child of Julius)	23, Apr. 1867		425	stillborn	
Lehmkuhler	Louise	6, May 1864		426	1-9m	
Struempler	August	9, May 1864		426	3-4m	
Heideker	Carl	7, Nov. 1864		426	80	
Strumpler	Emily	20, Sept 1865		426	2	
Lemkoeler	Emma	31, Mar. 1866		426	11m	
Lehmkoler	Wilhelm	13, Aug. 1866		426	8	
Strumpler	Charley	12, July 1867		426	8m	
Struempler	Johan	7, Mar. 1876		426	49	
Strumpler	August	9, May 1864		426		
Straempler	Johanna	7, Mar. 1876		426	49-2m	
Bonte	Amalia	4, July 1866		427	3m	
VonPein	J.	7, Apr. 1868		427	2	
Pein	Carl Heinrich	16, July 1869		427	8m	
Pein	Henriette	20, Feb. 1883		427	50	
Claassen	M. Sophia	10, June 1873		427	84	
Harms	Johane Dorothea	27, Apr. 1863		428	36	
Harms	Johanna D.S.	26, July 1863		428	3m	
Harms	(child of H.)	20, May 1866		428	stillborn	
Remme	Elisa Catharina	9, Feb. 1861		429	5-9m	
Remmer	Katharina	1, Nov. 1866		429	56	
Remme	Heinrich Wilhelm	15, Jan. 1870		429	19-7m	
Remme	H.W.	Apr. 1872		429		
Pape	Johan Wilhelm	17, June 1859		430	1	
Pape	Carolina	15, Sept 1863		430	17m	
Delfendahl	Anna	3, Apr. 1858		431	10	
Horstman	Matilde	26, Jan. 1864		431	9m	
Lachtrob	Elisa	3, Feb. 1866		431	5-4m	
Leinert	Carolina	6, Jan. 1868		431	20-3m	
Lachtrop	H.	12, Mar. 1868		431	2	

First German Protestant Evangelical Cemetery

Last Name	First Name	Burial Date	Single Grave	Lot	Age	Remarks
Delfendahl	J.	7, Apr. 1868		431	1d	
Brueggemann	Margaretha	13, Jan. 1850		432	52	
Brueggemann	Maria Sophia	26, June 1851		432	3d	
Brueggemann	Catrina	5, July 1851		432	37	
Ellermann	Eduard	31, July 1854		432	2d	
Meier	Katharina Elisabeth	3, Sept 1854		432	5d	
Kroeger	Anna	28, Mar. 1864		432	1	
Tacke		13, Jan. 1864		432	54	
Kroeger	Henry	7, June 1871		432	4m	
Fahien	Johan Heinrich	9, July 1849		433	34	
Stegen	Anna Maria	20, May 1849		434	10d	
Klingen	Margaretha	20, May 1849		434	37	
Elfers	Johan	5, July 1849		434	30	
Elfers	(Mrs)	5, July 1849		434	25	
Luebkemann	Ahleit	9, July 1849		434	32	
Luebkemann	Johan	12, July 1849		434	40	
Luebkemann	Janni	12, July 1849		434	1-6m	
Klinge	Johan	12, Aug. 1849		434	13-5d	
Delfendahl	Johann	11, July 1850		434	28	
Elfers	Herman	30, Aug. 1853		434	32	
Delfendahl	Carl	5, July 1855		434	1	
Delfendahl	John	7, July 1855		434	3	
Delfendahl	Heinrich	9, July 1855		434	40	
Lachtrab	Anna	24, July 1855		434	1d	
Klinge	Carl	6, Dec. 1855		434	43	
Delfendahl	Johan Heinrich	28, Dec. 1856		434	3w	
Lachtrop	Heinrich	27, Feb. 1858		434	4m	
Elfers	Maria	7, June 1860		434	3	
Elfers	Carolina	26, May 1864		434	3	
Elfers	Johan	24, June 1875		434	56	
Piepenbring	Karl	5, July 1850		435	1-2m	
Piepenbring	Karl Ludwig	1, July 1853		435	13d	
Klaser	Georg	1, Apr. 1855		435	15m	
Ziegeler	Katharina	29, Apr. 1858		435	33	
Ziegeler	Carl Christian	29, July 1858		435	3m	
Stephan	Jakob	25, Feb. 1860		435	57	
Huette	Margaretha Sophia	3, June 1847		436	11m	
Huette	Johan Heinrich	27, Mar. 1849		436	1-6m	
Klute	Johan	19, May 1850		436	1	
Huette	Herman Heinrich	31, July 1850		436	1-4m	
Klutte	Carl	27, Jan. 1857		436	4m-12d	
Klute	Maria Luisa	24, Aug. 1859		436	19m	
Klute	Sophia Dorothea	17, Feb. 1861		436	19d	
Klute	Sophia Dorothea	25, Mar. 1861		436	31-10m	
Huette	Johan H.	10, Mar. 1864		436	74	
Grewe	Johan H.	30, Apr. 1847		437	21	
Grewe	Maria August	29, June 1847		437	8d	
Wehking	Carolina	29, Dec. 1848		437	2	
Grewe	Anna Maria Catharina	5, May 1849		437	6m	
Ruskamp	(widow)	5, July 1849		437	25	
Kreckler	Heinrich	15, July 1849		437	11m	
Grewe	Herman Heinrich	20, July 1849		437	29	
Bultmann	Lois	6, Oct. 1849		437	1-8m	
Weking	Mina	27, Nov. 1849		437	5	
Suhr	Louwisa	25, Aug. 1851		437	3	
Suhr	Louise	25, Oct. 1856		437	10m	
Grewe	Johan Heinrich	12, July 1858		437	13	
Baertel	Karolina Luisa	4, Dec. 1858		437	15m	

First German Protestant Evangelical Cemetery

Last Name	First Name	Burial Date	Single Grave	Lot	Age	Remarks
Suhre	Ernst	12, May 1862		437	2	
Suhre	Carolina W.	2, Oct. 1864		437	12d	
Kueckelhan	Johan H.	19, Apr. 1847		438	56	
Kueckelhan	Jette	23, Nov. 1847		438	7	
Fuerst	Elisa	13, Apr. 1854		438	8m	
Kueckelhan	Emmy	28, July 1855		438	1-10m	
Kron	Elisa	18, Feb. 1860		438	3-6m	
Wilke	Heinrich	8, May 1863		438	66	
Kuckelhan	Frd.	28, July 1864		438	8m	
Hugo	Johan Friedrich H.	14, Dec. 1846		439	1	
Huge	Louisa	24, Apr. 1848		439	6m	
Wollmer	Heinrich	24, May 1849		439	36	
Vallmer	Margaretha	23, Aug. 1849		439	11m	
Knost	Wilhelm Heinrich	1, July 1850		439	4	
Willaminna	Sophia Rosina	13, Apr. 1852		439	5d	
Knost	Friedrich	26, Aug. 1857		439	1	
Stoft	Rosina	3, Nov. 1858		439	5m	
Hugo	Louise	12, Sept 1865		439	6-4m	
Lammat	Margaretha	19, Feb. 1871		439	7w	
Hugo	Emma Minna	15, June 1878		439	11w	
Knost	Rosina	3, Nov. 1858		439	5m	
Hugo	Johan Friedrich	9, Apr. 1873		439	45-6m	
Lammers	Annie	19, Mar. 1881		439	9	
Hugo	Anna Maria	26, July 1882		439	2	
Schapers	Maria Elisabeth	28, Nov. 1846		440	3	
Schafer	F.N.	23, Aug. 1848		440	1-8m	
Westerhaus	Heinrich	24, Aug. 1848		440	20	
Bekant	(child of Nuest)	18, Sept 1854		440	stillborn	
Rieke	Herman Heinrich	14, July 1858		440	2w	
Riecke	Simon	18, Oct. 1860		440	27	
Riecke	Charles	13, Mar. 1862		440	2-3m	
Hoffmann	Gerhard Wm.	9, June 1862		440	30-6m	
Westerhaus		7, Oct. 1867		440	69	
Spren	(child of F.)	4, June 1866		463	stillborn	
Thoenges	Friedrich Wilhelm	18, July 1861		548	2	
Hette	Maria	1, June 1846	1		1	
Loth	Elisabeth	23, Dec. 1849	1		2	
Carpell	(Mrs)	7, Sept 1865	1		36	
Hilge	Maria	2, June 1846	2		1-9m	
Lang	Martlen	2, July 1846	2		54	
Eickbusch	Heinrich	31, Oct. 1865	2		42	
Ruhner	John	2, Dec. 1865	3		6m	
Hartel	Engel	16, Mar. 1866	3		29	
Lange	Luise	4, June 1846	4		5	
Luepkemann	Johan	4, June 1846	4		3	
Hagedorn	John	30, Dec. 1865	4		4	
Remmer	Anna Amelia	10, Oct. 1846	5			(buried with Maria)
Remme	Maria Sophia	8, Jan. 1848	5		1-6m	
Beckkens	Cornedoha	4, Nov. 1848	5		7w	
Hugo	Julius	9, Dec. 1865	5		1-4m	
Hausschild	Katharina	6, June 1845	6		4	
Mittendorf	Heinrich	6, June 1846	6		1-3m	
Fischer	(Mrs)	27, Aug. 1866	6			
Wudemeir	Johan Heinrich	27, June 1845	7		6	(buried with Margaretha M.)
Tackenberg	Lisette	7, July 1846	7			
Frese	Fritz	21, Sept 1866	7		26	
Meiners	Herman August	29, June 1845	8		16m	
Stiening	Friedrich	29, Oct. 1866	8		20	

First German Protestant Evangelical Cemetery

Last Name	First Name	Burial Date	Single Grave	Lot	Age	Remarks
Sufing	Emilie	31, Sept 1871	8		29	
Huge	Tolina	26, Jan. 1872	9		45	
Schwuers	Margaretha	14, Aug. 1845	9		12	
Klauden	Adam	9, June 1846	9		4-6m	(buried with Elisabeth)
Hardinan	Johan Friedrich	28, Dec. 1845	9		7m	
Tucker	J.G.	14, Dec. 1866	9		30	
Krame	Heinrich	10, June 1846	10		1	
Huge	Edward	5, Apr. 1872	10		2-6m	
Siefering	(child of Henry)	23, Dec. 1873	10		2d	
Meier	Anna Sophia Elisabeth	25, Oct. 1845	11		11	
Reberger	John Pit	11, June 1846	11		2	
Brockmann	Sophie	23, Aug. 1872	11		45-6m	
Hesken	Catharina	23, Dec. 1845	12		6	
Meyer	Wilhelm	22, July 1866	12		5m	
Loekamp	Catharina	23, Mar. 1846	13		4-6m	
Muehlhausen	Friedrich	13, May 1846	13		child	
Kramer	Maria Friedricka	13, June 1846	13		3	
Blaekanech	(child of Adam)	2, Apr. 1848	13		stillborn	
Klieber	Casper	14, July 1846	14		40	
Kaps	Louis	25, July 1871	14		9m	
Wolten	Henry	2, Apr. 1873	14		36	
Ortmann	Heinrich	22, Mar. 1874	14		64-2m	
Peinke	Elisabeth	15, June 1846	15		2-6m	
Knippenberg	E. Ludwig	29, Jan. 1872	15		2-2m	
Meier	Rosina Wilhelmina	16, June 1846	16		6	
Busch	Catharina	16, June 1846	16		8m	
Oberklein	(child of Heinrich)	29, Sept 1848	16		stillborn	(buried with brother)
Lenterle	Luise	20, Dec. 1866	16		50	(buried with F. Dodt)
Schamhorst	Henry	17, Feb. 1872	16		5m	
Melser	Emilie	29, Apr. 1872	17		1	
Diemeier	Lisette	18, July 1846	18		1-6m	
Melser	Emilie	6, May 1872	18		3	
Wachlers	Gesche Adeleit	1, July 1845	19		2m	
Hanebal	Justine	19, June 1846	19		11	
Sack	Henry	9, June 1872	19		3d	
Mielhausen	Ulrich	21, July 1845	20		Child	
Reberger	Rosine	20, June 1846	20		10m	(buried with John P.)
Niederhespe	Maria Elisabeth	6, Aug. 1846	20		3-6m	
Kaps	Georg	7, July 1872	20		stillborn	
Kemphaus	John	10, July 1873	21		1-8m	
Wuelzen	Wilhelm	22, May 1845	21		40	
Pape	Anna	28, Dec. 1872	21		4-2m	
Siemer	Wilhelm	28, June 1845	22		28	
Bramkamp	Heinrich Wilhelm	29, July 1845	22		9m	
Thiele	Heinrich	22, May 1846	22		Child	
Dzerzanowsky	(child of Gotlieb)	15, Nov. 1846	22		stillborn	
Dzeranowsky	Carl	27, Nov. 1846	22		3	
Rasch	Ludwig Theodor	2, Aug. 1873	22		4m	
Gosepohl	Friedrich	4, July 1845	23		70	
Grothohn	Catharina	6, Aug. 1845	23		1-9m	
Kun	John	23, May 1846	23		8-6m	
Luepkemann	Herman Heinrich	8, Dec. 1846	23		5	
Dameier	Louise	19, Jan. 1847	23		6	
Domeier	Wilhelm	15, July 1849	23		1-4m	
Carlis	Harta	27, Aug. 1873	23		3m	
Carlis	Otto	1874	24		6	
Fischer	Wilhelm H.	20, July 1845	24		40	
Meier	Louisa	5, Aug. 1845	24		2	

First German Protestant Evangelical Cemetery

Last Name	First Name	Burial Date	Single Grave	Lot	Age	Remarks
Klinge	Margaretha	24, July 1846	24		6m	
Meiers	Elisabeth	21, Oct. 1846	24		8m	(buried with Louisa Meiers)
Meiers	Wilhelmina	16, Nov. 1849	24		1-9m	
Wedemer	Adeleit	15, July 1845	25		50	
Hilken	Friedricka Louisa	9, Aug. 1845	25		8w	
Tackenberg	Margaretha Maria	25, June 1846	25		41	
Kramer	Johan Friedrich	25, June 1846	25		1-2m	(buried with M. Friedricka)
Maier	Herman	15, Mar. 1847	25		3-6m	
Meier	(child of Heinrich)	25, Apr. 1848	25		stillborn	(buried with brother)
Gunther	Maria	12, July 1845	26		25	
Luekens	Sophia	17, July 1845	26		28	
Medeke	Lisette	11, Aug. 1845	26		1	
Medeke	Karoline	11, Aug. 1847	26		13m	
Dziemoskin	Maria Elisa	15, Sept 1847	26		5	
Marks	Heinrich	26, June 1849	26		23	
Triedser	Elisabeth	21, July 1845	27			
Helms	(child of Adam)	17, Aug. 1845	27		stillborn	
Knostmann	Catharina Maria Elise	27, July 1846	27		2	
Knostman	Louisa	12, Dec. 1847	27		4	
Ochs	Georg Willem	26, June 1849	27		38	
Meiers	Luke	15, Jan. 1848	28		5	
Jonston	Maria Elisabeth Sophia	29, June 1846	29		1	
Buehring	Sophia	9, Mar. 1848	29		7	
Bergman	Margaretha M. Maria	30, Sept 1845	30		1-6m	
Klauden	Elisabeth	30, May 1846	30		3-6m	
Enghues	Gerhard Heinrich	28, Aug. 1845	31		33	
Niemeier	Johan Friedrich	6, Sept 1845	31		1-9m	
Niemeyer	Dorothea Maria	1, Feb. 1848	31		1-3m	(buried with brother)
Roehm	Simon	24, July 1848	31		7	
Roehm	Johan Michel	31, July 1848	31		9m	
Aldenschmidt	K.H.	14, Apr. 1879	32		5-10m	
Luekens	Katharina Wilhelmina	6, Sept 1845	32		20	
Hahn	Thomas	17, Sept 1845	32		2m	
Huelmann	Franz Heinrich	27, Jan. 1848	32		7m	
Roehm	Catharina Friedricka	22, Aug. 1848	32		6	
Busch	Bernhard H.	2, Mar. 1862	32		21d	
Busch	Johan Fr.	2, Mar. 1862	32		21d	
Plate	Maria	21, Sept 1845	33		80	
Helmsing	Johan Heinrich	2, Oct. 1845	33		1d	
Schulte	Johan	10, Jan. 1849	33		4	
Schulte	Gerhard	7, Apr. 1860	33		46	
Aldenschmidt	Katharine	14, Apr. 1879	33		2	
Eggert	Louisa	14, Oct. 1845	34		4d	(buried with C. Dorothea)
Eggert	Catharina Dorothea	16, Oct. 1845	34		6d	(buried with Louisa)
Schulte	Helena	17, Jan. 1849	34		12	
Petersen	Wilhelm Peter	2, Oct. 1845	35		36	
Elbring	Johan Friedrich	21, Oct. 1845	35		1	
Rupprecht	Sophia	17, June 1849	35		12	
Jesen	Rebeka	7, Aug. 1849	35		3m	(buried with mother)
Wagener	Elisabeth	6, Oct. 1845	36		23	
Meier	Friedrich	26, June 1849	36		10	
Gerdes	Johan Friedrich	4, Oct. 1845	37		2	
Hausfeld	Johan Friedrich	3, Nov. 1845	37		1-3m	
Schorn	Elisabeth	9, Nov. 1845	37		72-6m	
Kasting	Catharina Louisa	30, June 1849	37		6-2m	
Schmerditz	Magdalena	24, May 1850	37		1-6m	
Brotling	Lisette	22, Oct. 1845	38		5m	
Blankemeier	Maria Elisabeth	22, Nov. 1845	38		19-6m	

First German Protestant Evangelical Cemetery

Last Name	First Name	Burial Date	Single Grave	Lot	Age	Remarks
Bertling	Louisa	27, July 1848	38		1-9m	
Resink	Johan	3, July 1849	38		6	
Backmeier	Friedrich H.W.	3, July 1849	39		11	
Leckamp	Clara Maria	9, Jan. 1846	40		36	
Schmanzel	Margaret	30, Jan. 1846	40		3m	
Rehdeker	Augusta	4, July 1849	40		5	
Loerkamp		6, July 1849	40		stillborn	(buried with Clara Maria)
Toboben	Maria Klaus	16, Dec. 1845	41		1-6m	
Israel	J.	20, Dec. 1845	41		22	
Bergmann	Heinrich D.F.	7, July 1849	41		1	
Rupprecht	Margaretha	9, July 1849	41		6	(buried with mother)
Haesker	Christian	15, Dec. 1845	42		1m	
Diekberder	Herman H.	20, Dec. 1845	42		25	
Israel	Katharina Engel	3, Jan. 1846	42		52	
Israel	Christian	16, Mar. 1846	42		52	(buried with wife)
Fischer	Johannes	9, July 1849	42		8	
Hosker	(child of M.)	9, Oct. 1849	42		stillborn	
Fischer	Johanna	23, Nov. 1857	42		3	(buried with Johannes)
Niehausen	Margaretha Elisabeth	27, Dec. 1845	43		30	
Feldkamp	Johan Friedrich	13, Mar. 1846	43		4	
Hann		18, July 1849	43		10	
Hann	Wilhelm	27, June 1853	43		17m	
Vogt	Johann	6, Jan. 1846	44		30	
Meier	Johan Heinrich	19, July 1849	44		4	
Meier	Friedrich Wilhelm	3, Jan. 1850	44		2d	(buried with Johan H.)
Sander	Johanna	3, Jan. 1859	44		3w	(buried with Christian)
Meyer	H.	17, Jan. 1846	45		23	
Klinger	Casper	24, Mar. 1846	45		1-3m	
Becklage	Katharina	20, July 1849	45		2-7m	
Waglage	Margaretha	1, Nov. 1849	45		8d	
Groepper	Friedrich Heinrich	8, Jan. 1846	46		28	
Winters	(child of Friedrich)	28, Mar. 1846	46		Stillborn	
Hinsch	Seda	24, July 1849	46		6	
Niemann	Conrad	16, Jan. 1846	47		32	
Ortmann	Adeleit	5, Feb. 1846	47		1-6m	
Hemann	Heinrich	27, July 1849	47		3-3m	
Pepper	Justus	31, Mar. 1846	48		2-6m	
Kloene	Johan Heinrich	11, Dec. 1845	48		17	
Kuhlmann	Friedrika	31, Aug. 1849	48		8	
Pepper	Heinrich Wilhelm	15, July 1850	48		1-9m	(buried with Justaf)
Schmidt	Margaretha	22, Apr. 1846	49		1	
Klaun	Catharina Margaretha	27, Dec. 1845	49		19	
Zurbeck	T.	8, Dec. 1849	49		4	
Zurbeck	August	8, Dec. 1849	49		9m	
Danmeier	Heinrich	28, Mar. 1850	49		2-9m	
Kraetzmeier	Friedrich	2, Apr. 1846	50		1-6m	
Freien	Clara Maria	27, Mar. 1846	50		61	
Hiechel	Wilhelm	4, Jan. 1850	50		2	
Koester	Friedrich	17, Feb. 1855	50		2-6m	(buried with Wilhelm Himpel)
Luering	Louisa Karolina	12, Dec. 1849	51			
Katenkamp	Dietrich	13, Mar. 1846	52		53	
Brackemeier	Heinrich F.	14, Mar. 1850	52		9m	
Brackemeier	(child of Friedrich)	19, Apr. 1853	52		stillborn	
Brackemeier	(child of Friedrich)	3, Nov. 1853	52		stillborn	(buried with brother)
Meier	Heinrich Jacob	22, Apr. 1846	53		31	
Kracht	Andreas	27, Jan. 1848	53			
Kistener	Friedrich Rudolf	18, Mar. 1850	53		5	
Brochmann	Maria Karolina	12, Apr. 1850	54		7m	

First German Protestant Evangelical Cemetery

Last Name	First Name	Burial Date	Single Grave	Lot	Age	Remarks
Zolleis	Johan Georg	4, July 1850	55		11-9m	
Zolleis	Magdalena	6, July 1850	55		3	(buried with J. Georg)
Bobrich	Mardlen	11, July 1846	56		49	
Ruprecht	Eva	10, July 1849	56		13	
Grahhaus	Friedrich	13, July 1849	56		2-3m	
Ortmann	Carl	2, Jan. 1851	56		5	
Sommer	Hermann	1, Mar. 1851	57		3-9m	
Bardelsmann	Catharina Maria	31, July 1846	58		81	
Westmeier	Johan	12, July 1849	58		1	(buried with Katrina Maria)
Westmeier	Heinrich	15, July 1849	58		3-6m	
Karl	Dietrich	8, Dec. 1849	58		19d	
Schrotenbaer	Sophia	30, May 1851	58		7	
Kruse	Wilhelm	28, Aug. 1846	59		21	
Wendel	Cunrad	3, July 1851	59		7	
Duetzinger	Anna	8, Sept 1846	60		17	
Busch	Magrete Mathilda	3, Apr. 1850	60		1-1m	(buried with Katharina)
Holthausen	Gustaf	7, July 1851	60		10	
Holthausen	Paul	14, July 1851	60		6m	(buried with brother)
Elbinger	Peter	21, Sept 1846	61		63	
Kramm	Wilhelm	6, Jan. 1849	61		1	(buried with brother)
Ott	Jacob	10, Dec. 1851	61		5	
Jungebluth	Heinrich	26, Sept 1846	62		22	
Clauer	Georg	1, Feb. 1854	62		7	
Jungebluth	Louisa	5, Nov. 1854	62		1-6m	(buried with Heinrich)
Jungebluth	Emily	25, Jan. 1863	62		2-6m	(buried with Heinrich)
Tormoehlen	Johan Friedrich	1, Aug. 1854	63		10	
Jenson	(child of Wohrt)	2, Sept 1846	63		4d	(buried with Maria)
Lechner	Friedricka	14, Oct. 1846	63		21	
Reich	Madam	21, Oct. 1846	64		25	
Ortmann	(child of Karl)	14, Sept 1849	64		stillborn	
Soldfeld	Anna	7, Dec. 1854	64		5	
Elpring	Rliliph?	26, Oct. 1846	65		50	
Schoner	Margaretha	12, Feb. 1855	65		4-6m	
Grashaus	Caroline	18, July 1846	66		1-5m	
Grashaus	Friedrich	24, July 1846	66		1-6m	
Tormaehlen	Christian	3, Nov. 1846	66		32	
Sierp	Wilhelm Friedrich	29, Mar. 1855	66		15m	
Sachs	Magreta	5, Nov. 1846	67		30	
Kuckherm	Friedrich	7, May 1855	67		5-6m	
Kuckherm	Wilhelmina	7, May 1858	67		11m	(buried with Friedrich)
Schmith	Mina	17, Oct. 1846	68		16	
Medicke	Carliene	17, June 1855	68		1-7m	
Hemminghaus	Johan Heinrich	16, Oct. 1846	69		31	
Schulz	Anna	23, June 1855	69		2	
Reifschneider	Johannes	2, Aug. 1846	70		1	
Braun	Etrien	10, Aug. 1846	70		1	
Kemmer	Louise	10, Nov. 1846	70		22	
Remmert	Heinrich	6, Mar. 1848	70		1-3m	
Runge	Friedrich	30, June 1855	70		3m	
Koehnke	Herman Heinrich	4, Aug. 1846	71		6m	
Weber	Anna Magreta	27, Dec. 1846	71		32	
Weber	Christian Friedrich Wm.	25, Sept 1847	71			(buried with mother)
Weber	Sophia	28, Sept 1847	71		5	(buried with mother)
Barlen	Elise	1, July 1855	71		1-5m	
Barlen	Herman	16, July 1856	71		7m	(buried with C. Barlen)
Hilgemeier	Johan Edewart	6, Aug. 1846	72		1-9m	
Becken	Carolina	10, Dec. 1846	72		66	
Kroeger	(child of Heinrich)	6, Oct. 1848	72		stillborn	

First German Protestant Evangelical Cemetery

Last Name	First Name	Burial Date	Single Grave	Lot	Age	Remarks
Milberg	Dafiet Heinrich	12, July 1855	72		11m	
Ahlbrand	Johan Friedrich	11, Dec. 1846	73		20	
Hergel	Daniel	17, July 1855	73		1	
Henzel	August	30, Nov. 1856	73		2	
Dortmeier	Anna Maria Engel	29, Aug. 1846	74		2	
Lehrkamp	Catharina	19, Dec. 1846	74		16	
Dorfmeier	L.	5, Oct. 1847	74		5	(buried with sister)
Arnbrecht	Maria	18, July 1855	74		2-2m	
Arnbrecht	(child of Friedrich)	24, Aug. 1859	74		stillborn	
Franke	Heinrich	6, Jan. 1847	75		62	
Senkepeb	Bertha	23, July 1855	75		5-6m	
Wolff	Christian	19, Jan. 1847	76		58	
Billiam	Georg	29, July 1855	76		17m	
Windham	Sophia	5, Aug. 1855	77		6-6m	
Windham	Heinrich	6, Aug. 1855	77		1-6m	(buried with Sophia)
Wiecke	Willem	18, Aug. 1855	78		1-5m	
Wiecke	Sophia Louisa	18, July 1857	78		1	(buried with Wilhelm)
Schneider	Ludwig H.	14, Aug. 1866	78		1	(buried with brother)
Wahle	John	25, Sept 1846	79		7w	
Kolkmeier	Anna Maria	1, Feb. 1847	79		21	
Woefle	Johan Albert	20, Dec. 1848	79		15m	
Wortmann	Georg	23, Feb. 1847	80		28	
Eggert	Maria Dorothea	17, Jan. 1848	80		20d	(buried with brother)
Worttman	Louisa	10, Oct. 1848	80		1-9m	
Welp	Henriette	21, Sept 1855	80		2	
Welp	Bendina W.	31, May 1863	80		1	(buried with Hente)
Loheide	Herman T.	13, Oct. 1846	81		1-6m	
Tackenberg	Maria Elisabeth	25, Feb. 1847	81		14	
Holmann	Scharlotte Emma	8, Jan. 1856	81			
Hormann	Christian Friedrich W.	21, Oct. 1858	81		9m	(buried with S.E. Holmann)
Bauer	Elisabeth	29, Apr. 1864	81		11m	
Moenter	Maria Louisa	17, Oct. 1846	82		8m	
Evers	Heinrich W.	19, Apr. 1847	82		81	
Huenefeld	Johan	24, Dec. 1855	82		4-2m	
Huenefeld	Louise	12, Apr. 1857	82		1-2m	(buried with Johan)
Wiesmann	Johan Heinrich	22, Oct. 1846	83		1	
Geist	Friedrich Wilhelm	5, Jan. 1847	83		24	
Heinzelmann	Wilhelm H.	10, Aug. 1856	83		1-6m	
Hilgemann	Sophia	18, Nov. 1846	84		8d	
Knabels	Maria Adelheit	24, Feb. 1847	84		74	
VondenBerge	Gerd	22, Apr. 1847	84		77	
Luecken	Wilhelm	16, Aug. 1856	84		1-8m	
Lueckens	Wilhelm	2, Mar. 1859	84		2-6m	(buried with Wilhelm)
Tackenberg	Heinrich W.	25, Oct. 1846	85		6m	
Alfing	Elisabeth	20, Mar. 1847	85		22-6m	
Allfing	Wilhelm	1, Sept 1847	85		9m	(buried with mother)
Greismann	Klara	27, Aug. 1856	85		1-6m	
Quante	(child of Friedrich)	26, Nov. 1846	86		stillborn	
Kuhlmann	Albert	10, Sept 1856	86		9m	
Grewe	Christian Heinrich	28, Dec. 1846	87		stillborn	
Doppe	Anna Magdalena	25, Apr. 1847	87		56	
Buening	Johan Friedrich	30, Apr. 1847	87		3m	
Hartman	Heinrich	12, June 1848	87		4m	
Reiling	(child of Johan)	24, Nov. 1848	87		stillborn	
Hofmann	Louise	6, Nov. 1856	87		3-4m	
Runde	(child of Louis)	31, Dec. 1846	88		9w	
Huester	Maria	24, Jan. 1847	88		13	
Niemeyer	Elisa	24, May 1847	88		56	

First German Protestant Evangelical Cemetery

Last Name	First Name	Burial Date	Single Grave	Lot	Age	Remarks
Hack	Johan	20, Jan. 1857	88		5d	
Luehring	Carolina	22, Jan. 1847	89		1	
Steinbek	Catharina	14, June 1847	89		40	
Hanselmann		23, Jan. 1857	89		6w	
Otte	Johan Heinrich	13, Jan. 1847	90		1d	
Otte	(child of J.H.)	14, Jan. 1847	90		1d	
Klebeck	Heinrich	22, June 1847	90		50	
Klebecker	Heinrich	4, May 1848	90		14	(buried with father)
Pieper	August Wilhelm	14, Mar. 1857	90		6m	
Oberklein	Heinrich Fr.	29, Jan. 1847	91		2m	
Schliering	Johan	14, July 1847	91		38	
Leck	(child of Scharles)	17, Aug. 1857	91		11w	
	Maria Eva	1, Mar. 1846	92		17d	
Weber	Johan Heinrich	22, July 1847	92		63	
Pepper	(child of H.)	7, Feb. 1851	92		stillborn	(buried with H. Weber)
Weber	Margaretha	26, Feb. 1854	92		67	(buried with Johan)
Nagel	Johan	17, Aug. 1857	92		8m	
Wittkamp	Heinrich	12, Feb. 1862	92		8m	(buried with J.H. Weber)
Brafford	Friedrich Wilhelm	12, Feb. 1847	93		8d	
Knostman	Friedrich	22, July 1847	93		adult	
Fanbergen	Friedrich	26, Aug. 1857	93		3m	
Kreme	Conrad	18, Mar. 1846	94		12w	
Voges	Albreg	4, Aug. 1847	94		36	
Wrede	Wilhelm	18, Sept 1857	94		9m	
Wrede	Carl	20, July 1859	94		9m	(buried with Wilhelm)
Lichtendahl	Johan	23, Mar. 1846	95			
Fischer	Adam	22, Aug. 1847	95		48	
Lichtendahl	Johan Heinrich	18, Feb. 1848	95		4	(buried with brother)
Fischer	Johan Friedrich	30, Nov. 1851	95		4m	(buried with Adam)
Desing	Maria	18, Sept 1847	96		19	
Kattenbrink	Johan Heinrich	29, Sept 1847	96		2-6m	
Schmidt	Maria	24, May 1847	97		8d	
Mehlgauge	Heinrich	24, Sept 1847	97		34	
Heidenreich	Christopher	3, June 1847	98		2-8m	
Heidenreich	Christof Heinrich	5, Oct. 1847	98		8m	(buried with brother)
John	Heinrich	7, Oct. 1847	98		50	
Quanten	Dina	8, June 1847	99		3	
Boelling	Maria Louisa	25, Oct. 1847	99		41	
Dallwig	Martha	9, June 1847	100		1-3m	
Harting	Catharina Maria	27, Nov. 1847	100		28	
Meiem	(Mrs)	28, June 1849	100		38	
Hegener	Mari	11, June 1847	101		9m	
Rodefeld	(child of Heinrich)	10, Oct. 1847	101		stillborn	(buried with mother)
Rodefelt	Maria	13, Oct. 1847	101		22	
Hagemann	Gottfried	18, Jan. 1848	101			
Blaubaum	Heinrich Wilhelm	14, June 1847	102		7w	
Niemeyer	Gerhard Heinrich	17, Nov. 1847	102		18-6m	
Jonschen	Carl	22, June 1847	103		14d	
Wordemann	Herman	16, Dec. 1847	103		24	
Nihren	Friedrich	25, June 1847	104		8m	
Wordemann	Friedricka	16, Dec. 1847	104			(nee Kahle)
Sammers	Sophia Wilhelmina	30, June 1847	105		8m	
Toboben	Claus	27, Jan. 1848	105		32	
Arnhold	Luis	4, Aug. 1847	106		2	
Arnhold	(child)	20, Feb. 1850	106		stillborn	
Niehaus	Johan Heinrich	11, Aug. 1847	107		9m	
Blase	Catharina Clara	28, Dec. 1847	107		30	
Blase	Johan Friedrich	16, Mar. 1848	107		6m	(buried with mother)

First German Protestant Evangelical Cemetery

Last Name	First Name	Burial Date	Single Grave	Lot	Age	Remarks
Corde	Wilhelmina	28, Aug. 1847	108		3-6m	
Bartelsmann	Christof	26, Feb. 1848	108		34	
Dolch	Fertina	7, Sept 1847	109		2	
Huenefeld	Anna Maria	23, Dec. 1847	109		24	
Beck	Jakob	12, Sept 1847	110			
Mueller	Christian	6, Mar. 1848	110		22	
Meinen	Franz	12, Sept 1847	111		8d	
Reis	Wolfgang	19, Feb. 1848	111		46	
Doepker	Anna Friedricka	15, June 1849	111		1-1m	
Doepker	(child of J.F.)	23, June 1850	111		stillborn	(buried with Friedrieka)
Jedikofer	Wilhelm	15, Sept 1847	112		1m	
Hundikofer?	(child of W.J.)	18, Aug. 1853	112		stillborn	
Mueller	Cordel	19, Sept 1847	113		6d	
Knostman	Johan Gerhard	20, June 1848	113		30	
Lohmeier	Sophia	23, Sept 1847	114		1-6m	
Fischer	August	29, June 1848	114		37	
Pieker	Karl Wilhelm	27, Sept 1847	115		2m	
Moedeker	Wilhelm	30, June 1848	115		25	
Hagedorn	Louisa Wilhelmina C.	11, Oct. 1847	116		2	
Fuchs	Friedrich	14, July 1848	116			(Ohio Volunteers)
Hagedorn	Dorothea Henriette	16, June 1849	116		14w	(buried with Louisa)
Hagemann	S.	20, June 1849	116		14w	
Reinhardt	Wilhelm	12, Oct. 1847	117		2-6m	
Strohlmann	(child of Heinrich)	24, July 1848	117		stillborn	
Pot	Margaretha	8, Nov. 1847	118		2-6m	
Schmidt	Georg	27, June 1848	118		10m	
Campel	Trustius	27, July 1848	118		34	
Meyhof	Catharina Maria	17, Nov. 1847	119		1-3m	
Baucks	Fallentine	27, July 1848	119		67	
Knostman	Johan Heinrich	19, Nov. 1847	120		1	
Hesef	Gottfried	30, July 1848	120		40	
Strub	Jardes	30, Nov. 1847	121		2w	
Heman	Wilhelm	12, Aug. 1848	121		28	
Beckman	(child of Heinrich)	11, Dec. 1847	122		stillborn	
Benneke	Herman	15, Aug. 1848	122		1-5m	(buried with sister)
Benneke	Aleide	16, Aug. 1848	122		26	
Benneke	Johan Herman	3, Sept 1848	122		3m	(buried with mother)
Schoner	Johan	18, Dec. 1847	123		2	
Mohr	Wilhelm	25, Aug. 1848	123		25	
Schoner	Barbara	28, Jan. 1855	123		2	(buried with Johan)
Scharfscher	Johan	27, Dec. 1847	124		14m	
Strietelmeier	Maria	1, Sept 1848	124		30	
Scharfscher	Wilhelmina Karolina	26, Feb. 1853	124		3m	(buried with Johan)
Neddermann	Rebecca Adeleit	3, Jan. 1848	125		3	
Worsterloge	Catharina	2, Sept 1848	125		50	
Meiers	Friedrich	18, Feb. 1848	126		8m	
Galle	Herman Heinrich	3, Sept 1848	126		19	
Galle	Heinrich	31, Mar. 1849	126		1-6m	
Bettinghaus	Anna Maria	20, Feb. 1848	127		3d	
Doefferct	Philip	26, Sept 1848	127		44	
Krebs	(child of Friedrich)	28, Feb. 1848	128		stillborn	
Huenefeld	Herman Heinrich	26, Sept 1848	128		41	
Stroehr	Harmetin	10, Mar. 1848	129		2	
Ehrwod	Christian	9, Oct. 1848	129		35	
Alrutz	Wilhelm	6, Feb. 1850	129		2	
Mack	Heinrich	19, Apr. 1848	130		7w	
Karzdorfer	Katharina	20, Oct. 1848	130		47	
Sebers	Anna Maria		131		6m	

First German Protestant Evangelical Cemetery

Last Name	First Name	Burial Date	Single Grave	Lot	Age	Remarks
Moshwerdt	Rudolf	23, Oct. 1848	131		34	
Zehrer	Magreta	26, Oct. 1850	131		1-9m	
Zeher	Margaretha	25, July 1852	131		1	(buried with Margaretha)
Halmkamp	Wilhelm	31, Oct. 1848	132		52	
Jonson	Anna Margaretha W.	25, Mar. 1848	133		8m	
Buchner	Anna Maria	15, Nov. 1848	133		widow	
Grendermann	(child of Friedrich)	22, Feb. 1848	134		stillborn	
Grandeman	(child of Friedrich)	1, Mar. 1849	134		stillborn	
Orth	Catharina	18, Apr. 1849	134		82	
Harmeier	Laura	28, Aug. 1879	134		3	
Schmidt	Maria	27, Mar. 1848	135		6d	
Baekens	Corhilea	23, Nov. 1848	135		40	
Bakens	Jacob	28, Nov. 1848	135		32	
Cidakert	Adolf	23, Dec. 1850	135		15m	
Schmith	Eldon	29, Aug. 1879	135		2-4m	
Blankenmeier	Heinrich	20, Feb. 1848	136		11m	
Flohr	Friedrich	29, Oct. 1848	136		24	
Blankemeier	(child of J. Friedrich)	16, Apr. 1854	136		stillborn	(buried with Heinrich)
Schneider	(child of Johan)	14, Apr. 1848	137		stillborn	
Auer	Friedricka Elisabeth	5, Nov. 1848	137		71	
Kastens	Friedricka Elisabeth	3, July 1849	137		48	
Kastens	Sophia	11, July 1849	137		7m	
Huellmann	Heinrich	11, Apr. 1848	138		2	
Juncker	Friedrich	2, Nov. 1848	138		63	
Helmann	Casper Heinrich	25, Aug. 1849	138		9m	
Benneke	Anna Gesina	18, Mar. 1848	139		4	
Voogt	Ludwig	17, Dec. 1848	139		23	
Backer	Carl	11, May 1848	140		1-3m	
Backer	Carolina	24, May 1848	140		3-3m	(buried with brother)
VonSeggen	Lui	14, Dec. 1848	140		24	
Lohleweiler	Jacob	18, May 1848	141		30d	
Mulle	Johan Heinrich	24, Nov. 1848	141		22	
Bauer	Johannes	19, May 1848	142		17w	
Jonsen	Sophia Henriette	28, Nov. 1848	142		24	
Steinmetz	Michel	20, May 1848	143		6m	
Meier	Friedrich	7, Feb. 1849	143		16	
Schroeder	John Friedrich	21, May 1848	144		3d	
Heidenreich	Maria Elisabeth	15, Jan. 1849	144		31	
Schroeder	(child of J.H.)	3, Oct. 1849	144		stillborn	
Dauvit	Christina	23, May 1848	145		1	
Grine	Richard	22, Mar. 1849	145			(drowned in canal)
Allfing	Friedrich Wilhelm	24, May 1848	146		1w	
Sierp	Carolina	24, Jan. 1849	146		58	
Alfing	Friedrich Wilhelm	17, Aug. 1850	146		1-2m	(buried with F.W. Alfing)
Doepke	Dorothea	26, May 1848	147		3	
Hempel	Antonette	26, Feb. 1849	147		24	
Hempel		4, July 1849	147			(buried with mother)
Schweitzer	Louisa Friedricka	29, May 1848	148		7m	
Schweitzer	(child of Gottlieb)	1, Nov. 1848	148		stillborn	
Bohne	(Mrs)	12, Mar. 1849	148		55	
Kallmeier	Heinrich	3, June 1848	149		3w-5d	
Wietman	Ferdinand	10, Mar. 1849	149		27	
Bergman	Wilhelm	19, June 1848	150		20w	
Kettler	Wilhelm	10, Apr. 1849	150		53	
Aumueller	Friedrich	25, June 1848	151		8d	
Sommerkamp	A. Dieken	30, Mar. 1849	151		21	
Fuchs	Christina	26, June 1848	152		16m	
Otte	Wilhelm	6, Apr. 1849	152		30	

First German Protestant Evangelical Cemetery

Last Name	First Name	Burial Date	Single Grave	Lot	Age	Remarks
Stickfawe	(child of Carl)	1, July 1848	153		stillborn	
Nienhusen	Maria Elisabeth	14, May 1849	153		30	
Nienhusen	M.E.	15, May 1849	153			(buried with mother)
Stockhof	Johan Heinrich	14, Nov. 1849	153		3m	
Nienhusen	(child)	1, July 1850	153			(buried with Maria)
Koops	Friedrich	3, July 1848	154		1-6m	
Tebelmann	Kasen	14, May 1849	154			
Daewis	Friedrich	14, July 1852	154		8m	(buried with Christina)
Schappenhass	Wilhelm	1, July 1848	155		3m	
Mueller	Kristine	15, May 1849	155		74	
Brockschmidt	Maria Cath. Dorteke	1, Sept 1849	155		1-8m	
Mueller	Magrethe	27, Mar. 1851	155		7-8m	(buried with Cristine)
Hofknecht	Conrad	1, July 1848	156		1	
Keinen	(Mrs)	16, May 1849	156		23	
Hofknecht	Magdalena	29, June 1849	156		2d	(buried with Conrad)
Niehaus	Heinrich H.	9, Nov. 1849	156		3m	
Erting	Luise	1, Aug. 1850	156		1-3m	(buried with mother)
Rathge	Nonzi	5, July 1848	157		1	
Feldermann	Johan Friedrich	18, May 1849	157		16	
Deutemeier	Maria Elisabeth	6, July 1848	158		3m	
Schwenlein	Ludwig Karl	23, May 1849	158		28	
Schwemlein	Karolina	30, July 1849	158		7m	(buried with Ludwig)
Schwenlein	Erhard	30, July 1850	158		3	(buried with Karl Ludwig)
Weisman	Friedrich	15, July 1848	159		1	
Bening		17, May 1849	159		40	
Stoltwein	Andreas	26, July 1848	160		6w	
Elfring	Leise	26, May 1849	160		17	
Asling	Herman Heinrich	2, Aug. 1848	161		11m	
Niemeier	William	28, May 1849	161		30	
Asling	Friedrich Heinrich	5, July 1850	161		1-7m	
Boeckwoege	Heinrich	11, Aug. 1848	162		8d	
Siefers	Karolina	3, June 1849	162		40	
Eigner	Carolina	13, Aug. 1848	163		11m	
Juell	Luisa	6, June 1849	163		30	
Evers	Edwart	20, Aug. 1848	164		1-6m	
Zahn	(Mrs)	8, June 1849	164		60	
Zahn	Lidia	15, June 1851	164		10m	(buried with Mrs. Zahn)
Broneland	August	24, Aug. 1848	165		1-7m	
Hommer	Dorothea Maria	9, June 1849	165		39	
Juell	Johan	1, Aug. 1849	165		1-3m	
Brunland	August	1, June 1851	165		2-5m	(buried with brother)
Loscher	Maria	4, Sept 1848	166		1-7m	
Heuer	L. Sophia	12, June 1849	166		25	
Nolte	Johan Herman Wilhelm	6, Sept 1848	167		8m	
Buecker	Johan Herman	13, June 1849	167		20	
Buecker	(Mrs)	24, June 1849	167		50	
Ziegenbein	Sophia	17, May 1850	167		3m	
Ziegenbein	Georg	25, Mar. 1852	167		4	(buried with brother)
Kostenber	Gotlieb	12, Sept 1848	168		8w	
Oberklein	Rudolf	14, June 1849	168		16	
Lichtendahl	Maria	17, Sept 1848	169		14m	
Hoowe	Friedrich Wilhelm	14, June 1849	169		25	
Lichtendahl	Wilhelm	4, Feb. 1851	169		3d	(buried with Mag.)
Sudfeld	Friedrich Wilhelm	24, Sept 1848	170		1	
Werel	Herman Heinrich	15, June 1849	170		21	
Sudfeld	(child of Carl)	6, Dec. 1851	170		stillborn	(buried with Friedrich W.)
Griedmeier	Margaretha	6, Oct. 1848	171		6w	
Schaefer	Dietrich	17, June 1849	171		30	

First German Protestant Evangelical Cemetery

Last Name	First Name	Burial Date	Single Grave	Lot	Age	Remarks
Schusler	Wilhelm	5, Sept 1850	171		1-3m	(buried with Dietrich)
Bergjohan	Barbara	15, June 1849	172		25	
Knauft	Oskatvika Amalia	12, Oct. 1848	173		1-3m	
Schwacke	Wilhelm	15, June 1849	173		22	
Stiens	Magrete	26, Oct. 1848	174		7m	
Doepker	Carolina	17, June 1849	174		28	
Doepker	Johan Heinrich	10, July 1851	174		1m	(buried with Catrina)
Roehm	Maria Mathilda	1, Nov. 1848	175		1-10m	
Roehm	Johan Georg	6, Dec. 1848	175		6m	
Rothaken	Jann	16, June 1849	175		54	
Heck	Peter	5, Nov. 1848	176		2	
Belmer	Heinrich	15, June 1849	176		48	
Wachter	(child of Johan)	26, Nov. 1848	177		stillborn	
Holzhausen	Wilhelmina	22, June 1849	177		39	
Burbrink	Johan Wilhelm	21, Oct. 1848	178		1-1m	
Fastens	Anna Margaretha	19, June 1849	178		28	
Rowekamp	Carolina	3, Nov. 1848	179		4	
Stefe	Heinrich	21, June 1849	179		25	
Dieckmann	Heinrich	4, Dec. 1848	180		24w	
Droege	Friedrich Wilhelm	19, June 1849	180		30	
Droege	Maria Louisa	19, Dec. 1849	180		10m	
Kaisker	Wilhelm	6, Dec. 1848	181			
Hoffmann	Kunigunda	20, June 1849	181		28	
Hoffmann	Jan	25, June 1849	181		2	(buried with mother)
Hofmann	Machtelene	16, July 1849	181		4m	
Keisker	Johan Christian	4, Feb. 1852	181		1-6m	(buried with Wilhelm)
Kohlmann	Catharina	15, Nov. 1848	182		8m	
Lehenis	Conrad	21, June 1849	182		21	
Schroeder	Heinrich	1, Jan. 1849	183		1-6m	
Gausman	(child of Gerhard)	10, Feb. 1849	184		stillborn	
Mohlers	Aleit Rebeka	19, June 1849	184		30	
Wietman	(child of Friedrich)	14, Feb. 1849	185		stillborn	
Lahmeier	Johan Michael	21, June 1849	185		29	
Wilke	Adam	25, Dec. 1848	186		4	
Kroeger	Heinrich	20, June 1849	186		46	
Wilker	Johan Friedrich	26, June 1849	186		5m	(buried with brother)
Grautman	Christian Friedrich	23, Dec. 1848	187		1d	
Kattelmann	Conrad	22, June 1849	187		23	
Kattelman	Christian	12, Sept 1851	187		40	(buried with Conrad)
Hetzye	Martin	21, Feb. 1849	188		4m	
Wickemeier	(Mrs)	17, June 1849	188		32	
Fraas	Heinrich	19, June 1849	188		20	
Wickemeier	Karliene Charlotte	27, July 1849	188		11m	
Tieke	(child of Johan)	17, Mar. 1849	189		stillborn	
Kastens	Friedrich	23, June 1849	189		29	
Ticke	Johan Heinrich	25, June 1857	189		18d	(buried with Johan)
Pries	(child of Friedrich H.)	27, Jan. 1849	190		stillborn	
Velle	Luisa Sophia	23, June 1849	190		27	
Heman	Sophia	22, Mar. 1849	191		2m	
Mueller	Heinrich	24, June 1849	191		14	
Mueller	Herman Heinrich	7, June 1850	191		1-6m	(buried with Heinrich)
Meier	(child of Heinrich)	28, Jan. 1849	192		stillborn	
Riegen	Anna Maria	21, June 1849	192		26	
Unewehr	Maria Wilhelmina	26, Mar. 1849	193		3m	
Morr	Elisabeth	5, July 1849	193			
Unewer	Johan Heinrich	9, Nov. 1850	193		15w	(buried with M. Willemine)
Mefeke	H. Elisabeth	31, Mar. 1849	194		3w	
Schmidt	August	24, June 1849	194		26	

First German Protestant Evangelical Cemetery

Last Name	First Name	Burial Date	Single Grave	Lot	Age	Remarks
Schnitger	Johan	1, Apr. 1849	195		1	
Fischer	Friedrich	26, June 1849	195		25	
Helmeking	(child of Herman)	19, Apr. 1849	196		stillborn	
Diers	Johan Heinrich	27, June 1849	196		30	
Knauft	Johan Michael	2, May 1849	197		9m	
Melhah	Engel	27, June 1849	197		50	
Blankemeier	Herman Heinrich	2, May 1849	198		11w	
Hes	Ludwig	27, June 1849	198		35	
Blankemeyer	Johan Heinrich	31, July 1850	198		25w	(buried with Herman H.)
Ihelen	Julius	15, May 1849	199		1-8m	
Kahlen	Sophia	28, June 1849	199		24	
Poppe	Wilhelm Heinrich	30, Aug. 1849	199		10m	
Schneider	(child of Heinrich)	15, May 1849	200		stillborn	
Nese	(child of Johan)	12, May 1849	201		stillborn	
Oberklein	Georg Heinrich	28, June 1849	201		31	
Oberklein	(child of Heinrch Wm.)	1, Oct. 1849	201		stillborn	
Oberklein	Heinrich	29, July 1850	201		9m	(buried with Gorg Wm.)
Nensen	Emilie Johanna	7, May 1858	201		15m	
Jost	Katharina	12, May 1849	202		2-2m	
Beckrege	Claus Heinrich	28, June 1849	202		27	
Huehn	(child of Herman)	22, May 1849	203		stillborn	
Kessing	Jost	29, June 1849	203		30	
Kessing	Maria	1, July 1849	203		26	(buried with Jost)
Siefert	Sophia Karolina	24, May 1849	204		3	
Heidlage	Catharina Maria	29, June 1849	204		22	
Schmidt	Heinrich	25, May 1849	205		8m	
Auell	Katharina	30, June 1849	205		17	
Auel	Edward	3, Oct. 1854	205		3w	(buried with Catharina)
Hasenkamp	Anta	30, June 1849	206		24	
Bollte	Johan	30, June 1849	206		28-3m-25d	
Wrok	J.H.	11, June 1849	207		1-6m	
Ruesse	Friedrich Willem	30, June 1849	207		32-5m	
Rothaken	Carolina Johanna	13, June 1849	208		1-4m	
Kruse	Cordt Heinrich	2, July 1849	208		51	
Fennemann	Diena	18, Apr. 1853	208			(buried with Joanna Rothaken)
Flora	Carolina L.	26, June 1864	208		5m	(buried with Heinrich Kruse)
Holzhausen	Reinhart	13, June 1849	209		3-6m	
Nienaber	Maria Engel	2, July 1849	209		32	
Nienaber	Friedrich	7, July 1849	209			
Dandu	Dietrich	15, June 1849	210		9d	
Nau	Heinrich	2, July 1849	210		59	
Teckenbrock	Heinrich Christian	23, June 1850	210		1-9m	
Kurmann	Heinrich	3, July 1849	211		23	
Crasser	Friedrich C.	18, June 1849	212		7-6m	(buried with Margaretha)
Klinge	Heinrich	3, July 1849	212		30	
Kraster	Johan	29, June 1851	212		1-2m-18d	(buried with brother)
Alfken	Lina	17, June 1849	213		27-6m	
Hillebricht	Amalia	3, July 1849	213		23	
Alfken	Anna	25, Oct. 1851	213		12m	(buried with Lina)
Niemeier	Heinrich	18, June 1849	214		1	
Lampersik	Engel	2, July 1849	214		30	
Kork	Sophia Wilhelmina	15, July 1849	214		2	
Hackstel	Heinrich	21, June 1849	215		2	
Lampersik	Cordt	2, July 1849	215		35	
Zassle		24, June 1849	216		stillborn	
Graeser	Christian	3, July 1849	216		31	
Wiesmann	Friedricka Louisa	24, June 1849	217		17d	
Sage	Anters	3, July 1849	217		4	

First German Protestant Evangelical Cemetery

Last Name	First Name	Burial Date	Single Grave	Lot	Age	Remarks
Heinsath	Maria Carolina	25, June 1849	218		2	
Funke	Wilhelm	3, July 1849	218		35	
Heithacker	Maria Louisa	26, June 1849	219		6m	
Heimsath	Katharina	4, July 1849	219		26	
Brockhaus	Johan Bernd	29, June 1849	220		2-7m	
Ley	Heinrich	3, July 1849	220		24	
Ley	(child of Heinrich)	3, July 1849	220		child	
Eming	Georg	4, July 1849	220		38	
Ley	Luhi	4, July 1849	220			(buried with father)
Rehberger	Johan Georg	28, June 1849	221		11m	
Sudbrink	Franz Heinrich	29, June 1849	222		7w-5d	
Lay	Margaretha	6, July 1849	222		22	
Lay	(child of Margaretha)	6, July 1849	222		3	(buried with mother)
Muehlberg	Liesette	26, Jan. 1851	222		17	(buried with Magrete Ley)
Hausmann	Wilhelmina	30, June 1849	223		1-1m	
Husmann	Heinrich Wilhelm	9, Feb. 1850	223		4w	
Roewekamp	Johan Heinrich	1, July 1849	224		6m	
Winkelmann	Gerhart	4, July 1849	224		24	
Timmermann	Willem Friedrich	3, July 1849	225		6m	
Meier	Heinrich	4, July 1849	225		26	
Timmermann	Edward Conrad	26, Mar. 1858	225		20m	(buried with Wilhelm Friedrich)
Jahns	August	3, July 1849	226		2	
Nonnenberg	Bertmar	4, July 1849	226		52	
Jahns	(child of August)	24, Aug. 1850	226		stillborn	
Marr	Johan	1, July 1849	227		5m	
Ruesse	Heinrich	5, July 1849	227		30	
Ruesse	Maria	5, July 1849	227		22-6m	
Schroeder	Anna	3, July 1849	228		6m-13d	
Haberkamp	Margaretha	5, July 1849	228		31	
Ambrecht	(child of Friedrich)	21, May 1850	228		stillborn	
Schroeder	Anna	4, July 1849	229		1-6m	
Brinkmann	Margaretha	5, July 1849	229		30	
Busen	Anna	22, July 1850	229		55	
Steinbach	Georg	5, July 1849	230		2m	
Wahle	Margaretha Elisabeth	6, July 1849	230		30	
Weitzel	Konrat	4, July 1849	231		2-19d	
Moering	Johan Heinrich	6, July 1849	231		45	
Moering	(child of J. Heinrich)	6, July 1849	231		5	(buried with father)
Frank	Louisa	23, June 1850	231		3m-15d	
Braemer	Heinrich	4, July 1849	232		2	
Husmann	Herman	6, July 1849	232		22	
Wolters	Friedrich	13, June 1850	232		1	
Wolters	Johan	1, Sept 1853	232			(buried with Friedrich)
Suhrheinrich	Willem	5, July 1849	233		1-8m-10d	
Lohmeier	Wilhelm	6, July 1849	233		33	
Rolwing	Wilhelmina	6, July 1849	233		75	
Uphaus	Johan Heinrich	5, July 1849	234		1-3m	
Brokmann	Sophia	6, July 1849	234		23	
	Magrete	18, Jan. 1850	234		1	(buried with Elis. Beckmann)
Uphus	Anna Maria	9, Nov. 1850	234		7w	(buried with H. Ophus)
Uphaus	Friedrich Wilhelm	31, Dec. 1851	234		3d	(buried with Johan H.)
Kasting	Johan Heinrich	5, July 1849	235		2-3m	
Jesenz	Franz	6, July 1849	235		33	
Huefe	Johan Cordt	7, July 1849	236		22	
Severs	Dietrich	7, July 1849	237		30	
Moenthers	Maria Karolina	10, July 1849	237		1-10m	
Weller	Wendel	23, Dec. 1850	237		63	
Muelberger	Simon	7, July 1849	238		46	

First German Protestant Evangelical Cemetery

Last Name	First Name	Burial Date	Single Grave	Lot	Age	Remarks
Meier	Elisabeth	11, July 1849	238		1-3m	
Meier	Bernhard	31, Dec. 1852	238		10w	(buried with Elisa)
Rolwing	Sophia	8, July 1849	239		24	
Cruestof	Johan	11, July 1849	239		3m	
Rolwing	Sofia	19, Sept 1852	239		20	(buried with Sofia)
Rolwing	Christian	12, Sept 1854	239		36	(buried with Sophia)
Vortscher	Adam	8, July 1849	240		60	
Bricker	Louisa Elisabeth	16, July 1849	240		9m	
Ulprecht	Albrecht	8, July 1849	241		35	
Elfring	Johan Edward	17, July 1849	241		4m	
Brokmann	Elisabeth	9, July 1849	242		51	
Koenker	Johan	18, July 1849	242		2	
Joergens	Friedrich Heinrich	29, Oct. 1850	242		7d	(buried with Elis. Beckman)
Meier	Christian	29, June 1849	243		4	
Kruse	Elisabeth	9, July 1849	243		47	
Helmig	C.F. Johan	27, June 1850	243		10m	
Kanzler	Jakob	9, July 1849	244		54	
Bonn	Gustaf	25, July 1849	244		10m	
Schulte	Elisa	16, Oct. 1853	244		3-3m	(buried with brother)
Huge	Wilhelm	26, July 1849	245		5d	
Schele	Ernst	1, July 1849	246		21	
Schulte	Johan Heinrich	27, July 1849	246			
Ziegenbein	Heinrich	28, July 1849	247		8d	
Brockschmidt	Louisa	12, July 1849	248		53	
Meier	Johan	1, Aug. 1849	248		2-15d	
Osterstat	Alleda	11, July 1849	249		32	
Wellmann	Johan	6, Aug. 1849	249		11m	
Osterstaff	August W.	16, Apr. 1860	249		1	
Ackerstorf	Franz Heinrich	7, July 1869	249		10m	
Klemeier	Sophia	13, July 1849	250		30	
Schwemlein	(Mrs)	17, Aug. 1849	250		30	
Witte	Maria	5, July 1850	250		1d	
Klemeyer	Doris	19, July 1850	250		3d	(buried with Sophie)
Weiter	Johan	13, July 1849	251		40	
Rohm	(child of Johan Georg)	15, Sept 1849	251		stillborn	
Muehlenbach	Sophia	10, July 1849	252		25	
Beringer	Georg Bernhard	20, July 1849	252		3-6m	
Habenstreit	Philip	11, July 1849	253		40	
Hey	Jorg	3, Nov. 1849	253		14d	
Niehaus	Sophia	11, July 1849	254		36	
Niehaus	Herman	12, July 1849	254		6	
Niehaus	Maria	15, July 1849	254			
Beckmann	Wilhelmina	7, Jan. 1850	254		9m	(buried with mother)
Ress	Margaretha	20, Nov. 1854	254		1d	(buried with Catharina)
Mattes	Martha	12, July 1849	255			
Mueller	Tobias	23, Nov. 1849	255		8d	
Ritte	Anna Karolina	9, July 1849	256		6m	
Helmann	Gortehe	13, July 1849	256		32	
Mueller	Valentin	23, Nov. 1849	256		8d	
Schneider	Wilhelm	13, July 1849	257		37	
Schneider	Johan	22, July 1849	257		4	
Muhle	Johan Friedrich	26, Oct. 1849	257		6m	
Blase	Christian	13, July 1849	258		40	
Tuennemacker	Friedrich	1, Dec. 1849	258		14d	
Blase	Katriene Elisebet	10, Sept 1850	258		1	(buried with Kristine)
Gerdes	Heinrich	1, July 1849	259		42	
Boester	Karolina	3, Dec. 1849	259		1-2m	
Wollweiter	Georg	15, July 1849	260		33	

First German Protestant Evangelical Cemetery

Last Name	First Name	Burial Date	Single Grave	Lot	Age	Remarks
Lankhost		4, Dec. 1849	260		child	
Stock	Maria Elisabeth	15, July 1849	261		50	
Bruns	Maria	19, Dec. 1849	261		6w	
Moenter	Elisabeth	17, July 1849	262		28	
Benckmann	Johan Wilhelm	28, Nov. 1849	262		18d	
Wedemeier	Heinrich	17, July 1849	263		56	
Luis	(child of Johan)	26, Jan. 1850	263		stillborn	
Luske	Johan Heinrich	28, Jan. 1857	263		11m	
Koch	Christian	18, July 1849	264		23	
Weitzel	(child of Conradt)	20, July 1849	264		stillborn	
Barth	Adam	26, Dec. 1849	264		1-6m	
Hagemann	Anton	19, July 1849	265		28	
Haselbusch	(child)	10, Mar. 1850	265		stillborn	
Jill	(child of Jatz)	17, June 1850	265		stillborn	
Hanselbusch	(child of Jakob)	17, May 1857	265		stillborn	
Dammeier	(Mrs)	20, July 1849	266		38	
Meier	Elisabeth	10, Mar. 1850	266		6m	
Dameyer	Magrethe	7, Aug. 1850	266		1-2m	(buried with Frank)
Kettler	Luisa	20, July 1849	267		47	
Eichbusch	(child of Friedrich H.)	3, Jan. 1855	267		stillborn	
Eckbusch	(child of F.H.)	18, Jan. 1856	267		stillborn	
Ruse	Samuel	21, July 1849	268		25	
Speckmann	(child of Friedrich)	13, Apr. 1850	268		stillborn	
Spieren	(widow)	22, July 1849	269		58	
Sander	Fritz	20, Apr. 1850	269		6m	
Sander	Anna	9, Oct. 1854	269		1	(buried with Fritz)
Grussenmeier	Heinrich	22, July 1849	270		28	
Huefe	Margaretha	27, July 1849	271		28	
Billian	Heinrich	24, June 1850	271		5m	
Koester	Karl Heinrich	28, July 1849	272		43	
Koesters	Maria	31, July 1849	272		50	
Medeker	Heinrich	26, June 1850	272		1-6m	
Kalendorf	Friedrich Wilhelm	28, July 1849	273		20	
Bleiler	Susanna	26, Apr. 1862	273		4	(buried with Wilhelmina)
Oelker	Wilhelm	29, July 1849	274		30	
Oberhilmer	Heinrich	23, June 1850	274		5m	
Bertelmann	Maria Elisabeth	31, July 1849	275		36	
Rahmer	Pauline	1, July 1850	275		9m	
Fennemann	Wilhelm	3, Aug. 1849	276		14	
Fennemann	August	3, Aug. 1849	276		4	
Meyer	August	1, July 1850	276		9w	
Meier	Bertha	24, Sept 1852	276		15m	(buried with Augustina)
Schoppenhorst	Maria	4, Aug. 1849	277		30	
Meyem	Louise	4, July 1850	277		8d	
Schoppenhorst	Wilhelm	6, Aug. 1849	278			
Niehaus	Johan Konrad	5, July 1850	278		2-1m	
Schopenhorst	August	22, Aug. 1850	278		1-5m	
Niehaus	Anna Sophie	3, Aug. 1851	278		8m	(buried with J. Konrad)
Grotzahn	Emilie	20, Jan. 1860	278		3	(buried with Fritz)
Hugo	Anna Katharina	6, Aug. 1849	279		23	
Voss	Friedrich	5, July 1850	279		8m	
Hugo	Scharlotte Friedrika	27, Aug. 1853	279		1	(buried with Anna Hugo)
Meier	(widow)	7, Aug. 1849	280		50	
Distler	Barbara	6, July 1850	280		3m	
Schott	Johan	6, Aug. 1849	281		39	
Cerlein	Johannes	8, July 1850	281		1-1m	
Kampel	T.	21, Aug. 1849	282		48	
Hardwig	Todor	8, July 1850	282		11w	

First German Protestant Evangelical Cemetery

Last Name	First Name	Burial Date	Single Grave	Lot	Age	Remarks
Brunstrup	Heinrich	31, Aug. 1849	283		32	
Brunstrup	Clen	4, July 1850	283		32	(buried with Heinrich)
Stewen	Amalia	8, July 1850	283		2-1m	
Schroeder	Anna Henriette	9, July 1850	284		1d	
Schroeder	Herman Wilhelm	19, Aug. 1853	284		1-6m	(buried with Anna)
Schnickers	Maria Elisabeth	3, Oct. 1849	285		26	
Doenzelmans	Anna Dorteke	14, Oct. 1849	285		44	
Muhle	Johan	9, July 1850	285		3	
Doentzelman	Johan	4, Nov. 1851	285		6m	(buried with Anna D.)
Schwetker		14, Apr. 1853	285		stillborn	(buried with Maria E.)
Muhle	Johan Georg	8, Aug. 1855	285		2-3m	(buried with Johan)
Weaber	Maria Sophia	28, Oct. 1849	286		38-6m	
Ziegenbein	Riesene	11, July 1850	286		1	
Weaber	Marya Eliese	21, July 1850	286		2-4m	(buried with Marya Sophie)
Goller	Margaretha	6, Nov. 1849	287		18	
Goller	Johan H.	11, Nov. 1849	287		9d	(buried with mother)
Grotjahn	Fritz	11, July 1850	287		3-8m	
Rede	Ludwig	12, Mar. 1854	288		2	(buried with L.A. Rede)
Schlacken	Friedricka	9, Nov. 1849	288		20	
Rade	Herman Christian A.	13, July 1850	288		1-9m	
Assmus	Heinrich	18, Nov. 1849	289		15	
Rohlfing	Maria Sophia	14, July 1850	289		1-6m	
Detters	Anna	24, Nov. 1849	290		26	
Willer	Heinrich	20, July 1850	290		4	
Nueschker	Katharina	27, Nov. 1849	291		26	
Nueschker	Louisa	6, Dec. 1849	291		1-1m	(buried with mother)
Deutemeyer	Kattrine Luise	24, July 1850	291		11m	
Heithacker		25, Sept 1850	291		stillborn	(buried with M.B.)
Deutemeier	Johan Friedrich	6, Sept 1851	291		3m	(buried with sister)
Deppe	Christian	2, Dec. 1849	292		40	
Mormann	Villemine	28, July 1850	292		2m	
Ochhus	Louisa	12, Dec. 1849	293		26	
Medeker	Heinrich	7, Aug. 1850	293		4m	
Koenig	Herman Heinrich	26, Dec. 1849	294		20	
Mielberg	Heinrich	14, Aug. 1850	294		1d	
Millberg	Matt	9, July 1855	294			(buried with Heinrich)
Tuennemaker	Heinrich Bernard	27, Jan. 1850	295		42	
Hagedorn	Heinrich	16, Aug. 1850	295		1d	
Wiemer	Maria Scharlotte	8, Dec. 1849	296		26	
Hesper	Maria Luwiese	30, Aug. 1850	296		1-6m	
Unewer	Heinrich	15, Dec. 1849	297		40	
Ahlers	Karliene	31, Aug. 1850	297		2-6m	
Jungeblut	Heinrich Wilhelm	26, Mar. 1851	297		3d	(buried with Heinrich Unewer)
Jungblut	Lowisa	21, Mar. 1852	297		1	
Brueggemann	Johan Friedrich	26, Jan. 1850	298		50	
Brueggemann	Johan Wilhelm	28, July 1850	298		1-4m	(buried with Johan F.)
Meister	Rudolf	26, Sept 1850	298		1-6m	
Thiemann	Wilhelm	22, Oct. 1850	299		1-11m	
Tieking	Herman Heinrich	13, Jan. 1850	299		29	
Thiemann	Ludwig	8, Apr. 1854	299		3m	(buried with Wilhelm)
Ravers	Luedeke	11, Feb. 1850	300		60	
Zimermann	Emiele	14, Nov. 1850	300		4m	
Mohlers	Friedrich	11, Jan. 1850	301		34	
Wolter	Anna Magrete	16, Nov. 1850	301		6m	
Koch	Mina	1, Feb. 1850	302		23	
Koch	(child of Johan)	14, Feb. 1850	302		stillborn	(buried with mother)
Brakemeyer	Friedrich	1, Dec. 1850	302		2m	
Bultmann	Louisa	30, Jan. 1850	303		66	

First German Protestant Evangelical Cemetery

Last Name	First Name	Burial Date	Single Grave	Lot	Age	Remarks
Heidhacker	Gerhard Friedrich Wm.	27, Nov. 1850	303		10w	
Dieckmann	Karl August	16, Mar. 1850	304		27-6m	
Beck	Johann	3, Jan. 1851	304		10w	
Dieckmann	J. Friedrich August	9, Jan. 1854	304		4	(buried with father)
Hagedorn	D.	24, Mar. 1868	304		3-9m	
Grube	Johan	23, Feb. 1850	305		21	
Baettel	Sophie	9, Jan. 1851	305		2-6m	
Kleinschmidt	Anna Maria Elisabeth	29, Mar. 1850	306		56	
Feid		25, Jan. 1851	306		stillborn	
Michraus	Johan	30, Mar. 1850	307		63	
Haberhorst	Anna Maria	11, Feb. 1851	307		11d	
Goetz	Johan	14, Apr. 1850	308		32	
Voss	(Mrs)	7, May 1850	309		50	
Klot	August	4, June 1850	310		28	
Loeckamt	Maria Engel Catrina	13, May 1851	310		7w	
Rubrecht	Sophia	10, June 1850	311		28	
Ruprecht	Sophia	11, July 1850	311		10m	(buried with Sophia)
Meyer	Christine	3, July 1850	312		25	
Breman	Johan	29, May 1851	312		6m	
Ohrnhold	Friedrich	5, July 1850	313		40	
Niemeier	Andres	6, June 1851	313		1-1m	
Hannes	Johan	7, July 1850	314		21	
Martens	(child of Carl)	6, June 1851	314		stillborn	
Hempel	Klare	6, July 1850	315		24	
Nely	Georg	7, June 1851	315		9m	
Westhoff	Cristof	8, July 1850	316		35	
Garle	(child of Albert)	7, June 1851	316		stillborn	
Grau	Verdina	4, Sept 1853	316		1m	
Knauft	Crist	11, July 1850	317		36	
Wode	Wilhelmine	8, June 1851	317		2-4m	
Knauft	Anna	2, Nov. 1856	317		6-6m	
Siemonn	Heinrich	11, July 1850	318		28	
Landmeier	Herman Wilhelm	10, June 1851	318		1-3m	
Landmeier	August Wilhelm	2, Feb. 1852	318		2m	(buried with Herman W.)
Scherf	Anna Kristina	12, July 1850	319		35	
Niederschulte	Arnold	11, June 1851	319		2-6m	
Kasten	Luis	12, July 1850	320		35	
Kegel	Barbara	12, June 1851	320		2	
Kegel	Fransiska	22, Sept 1851	320		3m	(buried with Barbara)
Rede	Johan Heinrich	15, July 1850	321		70	
Rede	Lotte	15, July 1850	321		5	(buried with J. Heinrich)
Rede	Herman Heinrich	15, July 1850	321		8	(buried with J. Heinrich)
Nehren	Maria	17, June 1851	321		1-10m	
Wuelben	Anna Maria	16, July 1850	322		62	
Kruse	Herman Heinrich	10, May 1851	322			(buried with A. Maria Wuelber)
Hucke	Carlina Friedricka	22, June 1851	322		2m	
Kork	Johan Friedrich	16, July 1850	323		33	
Schulte	Johana Gertrude	16, July 1851	323		3m	
Becker	Sophia Maria	14, July 1851	324		28	
Becker	Maria Jenna	16, July 1851	324		2m	(buried with mother)
Becker	Metta Margreta	16, July 1851	324		14d	(buried with mother)
Gaewikaw	(child of Friedrich)	18, July 1851	324		stillborn	
Finke	Johan	18, July 1850	325		38	
Finke	Johan	18, July 1850	325		8	(buried with Johan)
Finke	Anna	22, July 1850	325		30	(buried with Johan Finke)
Fuchs	Anna Catrina	18, July 1851	325		6m	
Steindiener	Johan	21, July 1851	326		3m	
Stuehary	Anna Maria	20, July 1850	327		45	

First German Protestant Evangelical Cemetery

Last Name	First Name	Burial Date	Single Grave	Lot	Age	Remarks
Busche	Georg	21, July 1851	327		2	
Hehe	Johan Friedrich	21, July 1850	328		57	
Acker	Wilhelm Friedrich	23, July 1851	328		12d	
Racker	Emile Katharina	6, Aug. 1853	328		2w	(buried with Wilhelm)
Schenk	(child of Emlein)	27, July 1851	329		stillborn	
Eberhart	Anton	22, July 1850	330		50	
Maihof	Johan Daniel Victor W.	2, Aug. 1851	330		1-7m	
Huesemann	Kattrine	22, July 1850	331		30	
Rosner	Kerlliene	26, July 1850	331		1-4m	(buried with Kattrine Huseman)
Kohlmann	Leise	27, July 1850	332		24	
Haberkamp	Carl Friedrich	30, Aug. 1851	332		11m	
Sewers	Dorthe	1, Aug. 1850	333		22-6m	
Backer	Maria Sophia	3, Sept 1851	333		2-6m	
Dopken	Magrethe	3, Aug. 1850	334		64	
Fauy	Maria	8, Sept 1851	334		1-6m	
Conradi	Friedrich	15, Jan. 1859	334		5w	(buried with Sofia Beckmann)
Luehrings	Carliene	14, Aug. 1850	335		34	
Koch	(child of Johan H.)	9, Oct. 1851	335		stillborn	
Koch	Anna	2, May 1859	335		22m	
Koch	Carl	21, July 1869	335		1d	
Hehe	Ernst Friedrich	19, July 1850	336		20	
Kuhlman	Janna	18, Aug. 1850	336		50	
Gruener	Maria Magtalena	31, Oct. 1851	336		1-7m	
Tiefe	Lawise	5, Dec. 1851	336		30	
Guener	(child of Johan Conrad)	6, Dec. 1853	336		stillborn	(buried with sister)
Nan	Martha	26, Aug. 1850	337		60	
Schecht	Anna	26, Nov. 1851	337		1-3m	
Kindelmeyer	Hinrich	30, Aug. 1850	338		23	
Hasselbusch	Herman Heinrich	20, Dec. 1851	338		6m	
Hasselbusch	Justine Elisabeth	24, Aug. 1855	338		2-6m	(buried with Herman)
Rathelf	Wilhelm	28, Sept 1850	339		27	
Frech	Maria	30, Jan. 1852	339		3w	
Otting	Jorgen	16, Oct. 1850	340		28	
Ewers	Friedrich Heinrich	4, Jan. 1852	340		1m	
Wismann	Maria Elisebet	23, Dec. 1850	341		58-5m	
Hagedorn	Friedrich Herman	8, Mar. 1852	341		7m	
Buldmann	Hilhene	27, Feb. 1851	342		73	
Backes	Elisa	10, Mar. 1852	342		6m	
Barkes	Johan	22, June 1852	342		10m	(buried with Elisa Barkes)
Nollte	Friedrich Heinrich	18, Feb. 1851	343		45	
Meister	Heinrich	16, Apr. 1852	343		1-8m	
Schmidt	Friedrich	29, Mar. 1851	344		28	
Muhle	Johan Heinrich	28, Apr. 1852	344		1-9m	
Kramer	Dietrich	20, May 1851	345		40	
Albers	Henriette	5, May 1852	345		4	
Baffbauer	Johan	10, May 1852	345		4m	
Albers	Dorathe	15, May 1852	345		2-6m	(buried with Henriette)
Brocksint	Stiena	6, June 1851	346		28	
Bosshauer	Christian	20, Aug. 1854	346		17m	(buried with Johan)
Haztfa?	Johan Adam	9, June 1851	347		33	
Kramer	Emile Philomena	8, June 1852	347		14m	
Lokamy	Catrina Elisabeth	12, June 1851	348		15	
Prante	Heinrich	21, June 1852	348		6m	
Meier	Catrina	5, July 1851	349		20	
Kinkel	Christian	23, June 1852	349		1-6m	
Backman	Jelle	6, July 1851	350		30-9m	
Rabens	Ohesche	6, Aug. 1851	350		54	
Hitzing	Friedricka Louisa	23, June 1852	350		10m	

First German Protestant Evangelical Cemetery

Last Name	First Name	Burial Date	Single Grave	Lot	Age	Remarks
Heilbaum	Maria Elisabeth	16, July 1851	351		50	
Etzbach	Catharina	27, June 1852	351		2-6m	
Wiemer	Andres	23, July 1851	352		41	
Pepper	Margaretha	1, July 1852	352		1-6m	
Meizer	Elisabeth	9, July 1852	353		1	
Remmet	Friedrich	13, Aug. 1851	354		1	
Vonholt	Gesina	15, Aug. 1851	354		49	
Daewes	Heinrich	16, July 1852	354		4	
Daewes	Margaretha	19, July 1852	354		1-6m	(buried with Heinrich)
Winterich	Caroline	6, Sept 1855	354		1-2m	(buried with Gesina Oonhalt)
Remmet	Sophia Wilhelmina	4, May 1860	354		3	(buried with Friedrich)
Rosenmeier	Friedricka	15, Aug. 1851	355			
Armbrust	Louisa	18, July 1852	355		4m	
Wilke	Heinrich	14, Sept 1851	356		27	
Wilke	Herman Heinrich	20, Jan. 1852	356		6w	(buried with father)
Meir	Johan Friedrich Wm.	18, July 1852	356		1-6m	
Meier		3, Jan. 1854	356		stillborn	(buried with brother)
Teckenbrock	Berndina	7, Oct. 1851	357		32	
Martin	Gotfried	1, Aug. 1852	357		1d	
Krueger	Heinrich F. Wilhelm	10, Oct. 1851	358		26	
Tommacher	Maria Margaretha	13, Aug. 1852	358		1-6m	
Lynig	Margaretha	19, Dec. 1851	359		41	
Galle	Margaretha	20, Aug. 1852	359		2-9m	
Frei	Catrina	27, Nov. 1851	360		54	
Balke	Hanna Friedricka L.	24, Aug. 1852	360		1-6m	
Balke	Johan Heinrich	19, July 1853	360		3-6m	(buried with Johanna F.)
Ellerman	Heinrich	2, Dec. 1851	361		32	
Wehmer	Anna Maria	24, Aug. 1852	361		6m	
Leyn	Friedrich	30, Dec. 1851	362		31	
Pauckner	Justina	5, Sept 1852	362		1d	
Busch	Alwine Justina M.	14, Sept 1852	363		2	
Busch	Karl Trenke	18, Sept 1855	363		4-6m	
Schaefer	Anna	30, Dec. 1857	363		3-6m	(buried with Alwina Busch)
Schaefer	Anna M. Luisa	5, Aug. 1858	363		10m	(buried with Anna)
Dex	Sofia Luisa	4, Mar. 1859	363		1-6m	
Foff	(child of Heinrich)	28, Sept 1852	364		stillborn	
Koly	Christian	4, May 1852	365		51	
Koly	Johan Adam	13, July 1852	365		52	(buried with Christian)
Landmeier	Wilhelmina Sofia	6, Oct. 1852	365		1w	
Landmeier	Bendiene W.	10, Apr. 1856	365			
Brand	Carl	16, June 1852	366		25	(buried with Dorothea Pafken)
Dufendorf	Maria Engel	7, Oct. 1852	366		1-6m	
Hoffmann	Johan	9, July 1852	367		40	
Blase	Katharina Elise	24, Oct. 1852	367		1-6m	
Blase	Catharina Louisa	20, Nov. 1854	367		18m	(buried with Catharina E.)
Hegner	Johann	6, Jan. 1851	368		2	
Gruell	Theresa	13, July 1852	368		50	
Uchtmann	Louisa	5, Nov. 1852	368		2m	
Jost	Bertha	13, Dec. 1863	368		4-9m	
Kinhorst	Liesette	1, Feb. 1851	369		2-3m	
Kinker	Heinrich	14, July 1852	369		24	
Buenebrink	(child of Heinrich)	18, Nov. 1852	369		stillborn	
Binebrink	(child of Heinrich)	7, Sept 1853	369		stillborn	
Ferfker	Jan	26, July 1852	370		20	
Uphauf	Wilhelmina Karolina	20, Nov. 1852	370		5w	
Zinlroth	Elise	1, Aug. 1852	371		22	
Speikmann	Friedrich	30, Nov. 1852	371		1-6m	
Speikmann	Friedrich Herman	2, Dec. 1852	371		1w	(buried with Friedrich)

First German Protestant Evangelical Cemetery

Last Name	First Name	Burial Date	Single Grave	Lot	Age	Remarks
Hofknecht	Margaretha	8, Aug. 1852	372		28	
Domeier	Maeri	29, Nov. 1852	372		2	
Wiekemeier	Anna Friedricka	15, Aug. 1852	373		24	
Kaifker	(child of Friedrich)	16, Dec. 1852	373		stillborn	
Krohme	Adam Heinrich	1, Sept 1852	374		49	
Rost	Barbara	6, Oct. 1852	374		60	
Swers	(child of Heinrich)	26, Dec. 1852	374		stillborn	
Krohme	Johan Friedrich	8, Jan. 1855	374		21m	(buried with Adam H.)
Bueke	Christofer	2, Sept 1852	375		26	
Bueke	(child of Christofer)	6, Sept 1852	375		3d	(buried with Christofer)
Ipper	Karl Benjamin	28, Dec. 1852	375		5m	
Roewekamp	(Mrs)	7, Sept 1852	376		35	
Kattenbring	(child of Herman H.)	20, Dec. 1852	376		5d	
Bruenning	Herman	10, Sept 1852	377		27	
Mueller	Karolina	1, Feb. 1853	377		2-8m	
Amlingmeier	Wilhelm	19, Sept 1852	378		78	
Kockebrand	Wilhelm	12, Jan. 1853	378		1-9m	
Lichtendahl	Carolina	15, Mar. 1853	379		7m	
Dufendorf	Maria Engel	10, Oct. 1852	380		44	
Koch	Johan Friedrich	10, Mar. 1853	380		6m	
Koch	Johan Heinrich	29, Aug. 1853	380		4	(buried with Johan F.)
Busch	Sofia	18, Oct. 1852	381		24	
Nolte	Johan Heinrich	12, Mar. 1853	381		1-6m	
Busch	Maria Elisa	17, Sept 1853	381		11m	(buried with mother)
Busch	(child of Heinrich W.)	26, Mar. 1854	381		stillborn	
Mueller	Johan Davis	15, Nov. 1852	382		38	
Deetz	(child of H.)	10, Apr. 1853	382		stillborn	
Stagemeier	Johan Heinrich	4, Nov. 1852	383		37	
Helmsing	Anna Maria	23, Feb. 1853	383		7m	
Stille	Konrath	21, Nov. 1852	384		40	
Scheibe	Wilhelm	16, Apr. 1853	384		1d	
Scheibe	Philipp	1, July 1854	384		2w	(buried with Wilhelm)
Aschemor	Louisa	22, Nov. 1852	385		16	
Prueser	(child of Heinrich)	25, Apr. 1853	385		1d	
Streithorst	Johan Herman	13, Dec. 1852	386		48	
Hagemeier	Katarina Karolina	17, Apr. 1853	386		4	
Hagemeier	Katarina Scharlotte	25, June 1853	386		1	(buried with Katharina)
Streithorst	(child of Friedrich)	1, Jan. 1855	386		stillborn	
Hagenberg	Anna Maria	17, Dec. 1852	387		73	
Weber	Friedrich Wilhelm	6, Apr. 1853	387		13m	
Landmeier	(child of Heinrich)	25, Feb. 1854	387		stillborn	(buried with A.M. Hagenberg)
Landmeier	(child of Heinrich)	28, Dec. 1859	387		stillborn	
Lahmann	Heinrich	27, Nov. 1852	388		27	
Boehm	Nonn	4, May 1853	388		2-3m	
Boehm	Carolina	3, Aug. 1859	388		4	(buried with Nonn)
Makes	Tidor	2, Jan. 1853	389		50	
Prus	(child of Heinrich)	25, May 1853	389		stillborn	
Abert	Johan Friedrich W.	8, Jan. 1853	390		24	
Weister	Louisa	4, June 1853	390		15m	
Bartels	Friedrich Wilhelm	22, May 1851	391		8m	
Brand	Heinrich Johan	26, Jan. 1853	391		62	
Bartels	Herman Eduard	9, Feb. 1853	391		7m	(buried with F.W. Bartels)
Schootmueller	Louisa	6, June 1853	391		3	
Thiele	Gerhard Heinrich	13, Feb. 1853	392		79	
Speickmann	Johan Wilhelm	8, June 1853	392		2	
Nufki	Wilhelmina	13, Feb. 1853	393		38	
Wihren	Joseph	10, June 1853	393		6m	
Precht	Cristof	22, Mar. 1853	394		20	

First German Protestant Evangelical Cemetery

Last Name	First Name	Burial Date	Single Grave	Lot	Age	Remarks
Dieckmann	(child of Heinrich)	10, June 1853	394		stillborn	
Koch	Anna Maria	18, Mar. 1853	395		66	
Ewehard	Johan Heinrich	21, June 1853	395		16m	
Beckmans	Anna L.C.	4, July 1855	395			(buried with Johan Everhard)
Prante	Johan	7, June 1853	396		27	
Hesterberg	Karolina	30, June 1853	396		1	
Dreimeier	Wilhelm	10, June 1853	397		30	
Hardmann	Heinrich	2, July 1853	397		7m	
Dreimeier	Karolina	20, Dec. 1853	397		22	(buried with Wilhelm)
Hardmann	Anna Margaretha	5, Aug. 1857	397		3m	(buried with Heinrich)
Jaeger	Jakob	17, June 1853	398		35	
Kulmann	August	3, July 1853	398		2w	
Heinzemann	Heinrich	24, July 1853	399		1w	
Neter	Louisa	18, Sept 1853	399		56	
Speckmann	Johanna Henriette	9, Aug. 1853	400		3	
Kenbel	Maria Elisabeth	28, Sept 1853	400		78	
Speckmann	Heinrich	24, Jan. 1854	400		2m	(buried with J. Henriette)
Meir	Wilhelm	12, Aug. 1853	401		5m	
Rupprecht	Rosina	23, Oct. 1853	401		30	
Meir	Johan Heinrich Wm.	9, July 1854	401		2w	(buried with Wilhelm)
Rotmann	Emile Wilhelmina	13, Aug. 1853	402		2w	
Hugo	Dina	25, Oct. 1853	402		28	
Deutemeier	Johan Heinrich	18, Aug. 1853	403		8m	
Reineurth	Johan Adam	4, Dec. 1853	403		16	
Strutmann	Wilhelm	18, Aug. 1853	404		5m	
Hebuch	Engel	4, Dec. 1853	404		44	
Zeise	Heinrich	20, Aug. 1853	405		4-6m	
Goltkueller	Maria	10, Feb. 1854	405		36	
Goltkueller	Maria	29, May 1854	405		6m	(buried with Maria)
Tiese	Karolina	15, Nov. 1857	405		22m	(buried with Heinrich)
Bolte	Johan Christian A.	22, Aug. 1853	406		1-6m	
Luehing	Heinrich	17, Jan. 1854	406		53	
Meier	Herman Heinrich	23, Feb. 1860	406		4w	(buried with Heinrich Luehring)
Hilbrand	Maria	24, Aug. 1853	407		1m	
Sewers	(widow)	28, Jan. 1854	407		71	
Lerf	Johan Dietrich	31, Aug. 1853	408		7m	
Dickmann	Karolina	7, Mar. 1854	408		55	
Barsaun	Elisabeth	18, May 1858	408		28	
Scharfscher	(child of Heinrich)	31, Aug. 1853	409		stillborn	
Hagedorn	Maria	3, Mar. 1854	409		28	
Hagedorn	Sophia	15, Apr. 1854	409		15m	(buried with Maria)
Eiche	Pauline	2, Sept 1853	410		9m	
Doenselmann	Johan Dietrich	12, Mar. 1854	410		62	
Meier	Bernhard Friedrich	8, Sept 1853	411		3	
Meier	Johan Heinrich F.	9, Sept 1853	411		5	(buried with brother)
Fennemann	Philipp	7, June 1854	411		26	
Kegel	Gustaf	17, Sept 1853	412		14m	
Kemper	Fenne	7, June 1854	412		60	
Kemper	Heinrich	26, Aug. 1856	412		1-6m	
Deutmeier	Anna Elisabeth	26, Sept 1853	413		3m	
Brincherl	Anna	18, June 1854	413		26	
Loon	(child of Johan)	2, Oct. 1853	414		stillborn	
Sander	Cristian	24, June 1854	414		57	
Stockhoff	Johan	2, Oct. 1853	415		3	
Buncke	Herman	30, June 1854	415		30	
Stockhof	Karl Friedrich L.	12, Nov. 1854	415		11m	(buried with Johan)
Gramke	(child of Wilhelm)	28, Nov. 1853	416		stillborn	
Huenefeld	Katrina	2, July 1854	416		20	

First German Protestant Evangelical Cemetery

Last Name	First Name	Burial Date	Single Grave	Lot	Age	Remarks
Weitzel	(child of Konrad)	29, Nov. 1853	417		stillborn	
Bleinler	Wilmina	3, July 1854	417		19	
Kleinschmidt	Johan Bernhard	19, Jan. 1854	418		15m	
Tomas	Engel	4, July 1854	418		50	
Clauer	Katharina	24, Jan. 1854	419		2	
Klauer	(child of Balthaser)	25, July 1854	419		stillborn	(buried with Catharina)
Hoeft	Sophia	26, July 1854	419		26	
Hoeft	Hanna Sophia	21, Feb. 1855	419		18m	(buried with Sophia)
Rubrecht	Maria	2, Jan. 1854	420		2	
Sidmeier	Ludwig	11, Aug. 1854	420		50	
Hufman	Maria Elisabeth	12, Aug. 1854	421		23	
Beckmann	Wilhelm Fritz	15, Aug. 1854	421		1-6m	(buried with Maria Hufmann)
Leonhard	Philip	2, Feb. 1854	422		2	
Heinselmann	Dorothea	14, Aug. 1854	422		26	
Willer	Heinrich	14, Mar. 1854	423		3	
Gebhardt	Bernhardt	20, Aug. 1854	423		20	
Bauer	Friedrich	29, Jan. 1859	423		21m	(buried with Bernhard)
Menebroecker	Franz Heinrich	15, Feb. 1854	424		10m	
Zeussing	Johan Heinrich	30, Nov. 1854	424		54	
Menebroeker	Heinrich	3, Aug. 1856	424		4m	
Kunge	Wilhelm	17, Feb. 1854	425		16m	
Bartels	Louisa	10, Dec. 1854	425		27	
Raff	Friedrich	28, Mar. 1854	426		2w	
Geist	Heinrich	7, Jan. 1855	426		50	
Raff	Karl August	8, Aug. 1857	426		5m	(buried with Friedrich)
Broechman	(child of Heinrich)	30, Jan. 1854	427		stillborn	
Schwenring	(child of Johan)	29, Mar. 1854	427		stillborn	
Doetter	Friedrich	6, Jan. 1855	427		40	
Bruchmann	(child of Heinrich)	15, May 1858	427		stillborn	
Balke	Anna Maria	12, Mar. 1854	428		3m	
Glaescher	Karl Friedrich	6, Jan. 1855	428		31	
Balke	(child of Casper)	2, May 1860	428		stillborn	(buried with Anna Maria)
Hagedorn	Karolina	25, Apr. 1854	429		8m	
Redmann	Michael	9, Feb. 1855	429		23	
Hagedorn	Anna Dorothea	18, Oct. 1858	429		1-6m	(buried with Karolina)
Hafer	Scharlotte Wilhelmina	19, Apr. 1854	430		7w	
Mueller	Michel	6, Mar. 1855	430		45	
Hafer	(child of Golieb)	7, May 1857	430		stillborn	(buried with Scharlotte)
Brockschmidt	Anna Doros	9, May 1854	431		16m	
Toepfert	Mathilda	22, Mar. 1855	431		34	
Toepfert	Achade	29, Apr. 1855	431		1m	
Hoffmann	Louisa Julia	7, June 1854	432		1	
Schrage	Mary	7, June 1855	432		26	
Horstmann	Luisa Julia	7, June 1854	432		1	
Hummel	Louisa	12, June 1854	433		6m	
Geisker	(Mrs)	7, July 1855	433		40	
Geisker	F.W.	8, Apr. 1857	433		36-5m	(buried with wife)
Klein	Alwina	3, July 1854	434		10m	
Bruns	Johane	7, July 1855	434		15	
Roehm	Maria Matilda	7, July 1854	435		22m	
Kreienhagen	Wilhelm	9, July 1855	435		36	
Klufman	Sophia Louisa	13, July 1854	436		2-6m	
Baschier	Friedricka	17, July 1855	436		26-6m	
Soldfeld	Sophia	16, July 1854	437		1	
Vos	Wilhelmine	2, Aug. 1855	437		16-4m	
Sadfeld	Willemine	17, Aug. 1856	437		1	
Mehlhoy	Maria	17, July 1854	438		9m	
Schnerenberger	Rosine	1, Aug. 1855	438		1-6m	

First German Protestant Evangelical Cemetery

Last Name	First Name	Burial Date	Single Grave	Lot	Age	Remarks
Schnerenberger	(mother & 2 children)	2, Aug. 1855	438		35	
Schnerenberger	Louise Kat.	2, Aug. 1855	438			
Waldkotter	Johanna Elisabeth	20, July 1854	439		6	
Huge	Heinrich	11, Aug. 1855	439		70	
Schulmeier	Maria	23, May 1863	439		80	
Hoffmeier	Johan Heinrich	21, July 1854	440		13m	
Sandkuhl	Johan	17, Sept 1855	440		40	
Sandkuhl	Anna	17, Sept 1855	440		4	
Seckfort	Ernst Heinrich	25, July 1854	441		8m	
Kleemeier	Heinrich	1, Oct. 1855	441		40	
Holdgrieve	(child of W.)	31, July 1856	441		stillborn	
Rehlberger	Margaretha	28, July 1854	442		2	
Oring	Heinrich	30, Oct. 1855	442		36	
Schecht	Bertha	14, Aug. 1854	443		7m	
Bramkamp	Wilhelm	26, Oct. 1855	443		37	
Bramkamp	Wilhelm	1, June 1857	443		4d	(buried with Wilhelm)
Pappe	Louisa	9, Aug. 1854	444		18m	
Basjahn	Johan	8, Mar. 1856	444		27	
Loth	Maria	14, Aug. 1854	445		4-6m	
Loth	Louisa	20, Oct. 1854	445		3	(buried with Maria)
Buening	Johan F.	15, Feb. 1856	445		79	
Wigler		19, Aug. 1854	446		2d	
Schnierkahl	Magrete	21, Feb. 1856	446		33	
Schulte	Jatz Rudelp	29, Jan. 1857	446		22w	(buried with brother)
Sudholz	Heinrich Friedrich	12, June 1857	446		18m	
Meier	Heinrich Mathias	19, Aug. 1854	447		4	
Schulte	Heinrich	1, Apr. 1856	447		20	
Eschmann	Pauline	21, Aug. 1854	448		6m	
Gronefeld	Eberhard H.	2, Apr. 1856	448		53	
Unmerthaun	Herman	28, Aug. 1854	449		3	
Ohling	Peter	16, Apr. 1856	449		73	
Mayer	Maria	20, June 1856	449		7w	
Tackenberg	Ernst Heinrich	23, Oct. 1858	449		8m	
Stock	(child of Adam)	13, Mar. 1859	449		stillborn	(buried with Peter Otting)
Mechterschemim	Johan	29, Aug. 1854	450		10m	
Heithaerkers	Anna Maria Louisa	30, Aug. 1854	451		2	
Walters	Johan	26, June 1856	451		45	
Heitharkers	Heinrich Adolf	5, Nov. 1858	451		11m	(buried with Anna)
Wolters	Herman	1, Nov. 1859	451		3-6m	(buried with Johan)
Brummer	Bernhard Heinrich	5, Sept 1854	452		8m	
Kaneke	Maria	14, July 1856	452		35	
Sander	Georg Heinrich	21, Sept 1854	453		2	
VonBerens	Karl	25, July 1856	453		30	
Sand	Johan Fr.	6, Aug. 1863	453		13m	(buried with Georg)
Mueller	Heinrich	25, Sept 1854	454		14m	
Pape	Engel	1, Aug. 1856	454		26	
Pape	Louise	21, Nov. 1856	454		1-10m	(buried with mother)
Miltzen	Dorothea	3, Oct. 1854	455		18m	
Menebroeker	M. Elisabeth	27, Aug. 1856	455		30	
Claus	(child of Samuel)	11, Oct. 1854	456		stillborn	
Kuchham	Friedrich	11, Oct. 1856	456		42	
Brakemeier	(child of Friedrich)	16, Nov. 1854	457		stillborn	
Teckenburk	Ernst	5, Nov. 1856	457		22	
Wittman	Johan	25, Nov. 1854	458		1m	
Wilke	Anna	26, Nov. 1856	458		27	
Wilke	Johan Heinrich	21, Jan. 1860	458			(buried with Anna)
Niehaus	Anna Sophia	6, Dec. 1854	459		2	
Brockmann	Katharina C.	22, May 1856	459		40	

First German Protestant Evangelical Cemetery

Last Name	First Name	Burial Date	Single Grave	Lot	Age	Remarks
Klein	Johan	12, Dec. 1856	459		22	
Niehaus	Heinrich Georg	9, May 1858	459			(buried with Anna Sophia)
Wephe	Heinrich Ludwig	15, Dec. 1854	460		1	
Breitenbach	Anton	28, Dec. 1856	460		38	
Huthmacher	Carolina	11, Dec. 1854	461		6m	
Huthmacher	Georg	12, Dec. 1854	461			(buried with Carolina)
Maiers	Barbara	22, Jan. 1857	461		26	
Tackenberg	Georg Friedrich	20, Nov. 1854	462		4-6m	
Heidkaker	Mary	10, Feb. 1857	462		64	
Hussmann	Albert Heinrich	29, Dec. 1854	463		1-6m	
Moering	Johan Heinrich	30, Dec. 1856	463		21	
Jahn	(child of Wilhelm)	25, Feb. 1855	464		stillborn	
Krebs	(Mrs)	14, Feb. 1857	464		40	
Krebs	Katharina	8, July 1857	464		6m	(buried with Mrs. Krebs)
Brandt	Wilhelm	1, Mar. 1855	465		18m	
Roehm	Johan G.	25, Mar. 1857	465		38	
Steinhauser	Johan	2, Feb. 1855	466		13w	
Zallmann	Johan	21, Apr. 1857	466		73	
Sudholz	Heinrich Friedrich	19, Sept 1858	466		4m	(buried with Heinrich F.)
Martin	Heinrich	13, Mar. 1855	467		6m	
Steinward	Dorothea	10, June 1857	467		27	
Steinbard	Mina	4, July 1857	467		5w	(buried with Dorothea)
Kruse	Katharina Ilse	16, July 1857	468		62	
Metzer	Johan Heinrich	25, Mar. 1855	469		4w	
Lecht	Susana	21, July 1857	469		18	
Metzel	Lawoise	12, Aug. 1861	469		12w	
Melzer	Amalia	6, Jan. 1864	469		1-4m	
Hucke	Heinrich	29, Jan. 1855	470		5w	
Rubrecht	Christine	17, Aug. 1857	470		37	
Toensing	Elisa M.	28, Mar. 1855	471		2w	
Becker	Johan Heinrich	23, Aug. 1857	471		29	
Schepperd	Fenne	13, Dec. 1854	472		4m	
Wohlinger	Georg	15, May 1855	472		1-6m	
Schepert	Mary	27, Apr. 1856	472		6w	(buried with F. Schepert)
Luehring	Heinrich	20, Sept 1857	472		21	
Springel	Friedrich	22, Sept 1857	473		49	
Lindner	Balding	17, May 1855	474		1-5m	
Gramke	Wilhelm	2, Oct. 1857	474		30	
Lindner	Wilhelm	16, May 1859	474			(buried with Baldwin)
Klem		21, May 1855	475		stillborn	
Tegiker	Paul	29, Nov. 1857	475		16	
Degischer	Ernst	29, June 1860	475		25d	(buried with Paul)
Hofmann	Elisabeth	7, June 1855	476		3w	
Lichtendahl	Mina	3, Dec. 1857	476		18	
Fischer	Mary	12, June 1855	477		2w	
Hoflein	Anna Maria	25, Feb. 1858	477		61	
Conrade	Louise	3, May 1857	478		5w	(buried with sister)
Sutholt	Heinrich	18, Mar. 1858	478		27	
Hempel	Frans August	21, Aug. 1855	479		4-6m	
Hofmann	Heinrich	16, Aug. 1855	480		3m	
Hofmann	(child of N.)	5, Nov. 1856	480		stillborn	(buried with H. Hofmann)
Hagedorn	Sophia Henriette	27, Aug. 1855	481		5m	
Baumann	Barbara	18, May 1858	481		67	
Hagedorn	Johanna	4, Dec. 1858	481		13m	(buried with Sofia H.)
Mueller	Karliene Willemine	22, Sept 1855	482		11m	
Streithorst	Dorothea	24, May 1858	482		21	
Wicke	Doris	17, Oct. 1855	483		2w-5d	
Wilke	(child of M.)	11, Nov. 1856	483		stillborn	(buried with Doris)

First German Protestant Evangelical Cemetery

Last Name	First Name	Burial Date	Single Grave	Lot	Age	Remarks
Wicke	Ferdinand	5, June 1858	483		34	
Resch	Anna	4, Sept 1855	484		12d	
Ludolf	Conrad	16, June 1858	484		27	
Ziegenbein	Karliene	18, Dec. 1855	485		1-6m	
Ziegenbein	Heinrich	13, Jan. 1857	485		7d	
Heckmann	Friedrich	22, June 1858	485		36	
Heckmann	Friedrich	22, Dec. 1858	485		8m	(buried with Friedrich)
Wilmick	Anna Dorothea	5, Mar. 1855	486		14m	
Lohrmann	Henriette Louisa	20, May 1856	486		1-3m	
Fey	August	3, Aug. 1858	486		33	
Wilmink	Dorothea	21, July 1859	486		18m	(buried with Anna D.)
Kays	Wilhelm	17, Aug. 1858	487		66	
Melzer	Johan Heinrich	10, June 1856	488		5m	
Melzer	Friedrich	19, June 1856	488			(buried with Johan H.)
Sutholz	Mina	3, Nov. 1858	488		29	
Koester	Heinrich	27, June 1856	489		23w	
Conradi	Wilhelmina	22, Nov. 1858	489		34	
Heidman	Scharlotte	23, Nov. 1858	489		17	
Conradi	Edward	30, Jan. 1860	489		1m	(buried with Wilhelmina)
Grosardt	Dorethe	3, July 1856	490		6d	
Rabius	Friedrich	3, Feb. 1859	491		29	
Welebi	Georg	6, Sept 1856	492		6m	
Wilke	Friedricka	8, Feb. 1859	492		27	
Wilke	Ludwig	30, May 1859	492		17m	(buried with Friedricka)
Knap	(Mrs)	6, July 1863	492		76	
Ludwig	Kareliene	27, Sept 1856	493		1	
Nieman	Joseph	19, Feb. 1859	493		60	
Pendey	August	7, Oct. 1856	494		2d	
Perdey	Dorothea	3, Dec. 1857	494		8w	(buried with August)
Kinkhorst	Ludwig	11, Apr. 1859	494		50	
Deichmann	Carl	30, Nov. 1856	495		6m	
Jung	Wilhelmina	27, Apr. 1859	495		39	
Jung	(child of Ph.)	19, May 1863	495		stillborn	(buried with Wilhelmina)
Kindemann	Heinrich	11, Jan. 1857	496		2	
Sprau	Georg	26, May 1859	496		62	
Seekamp	Johan Heinrich	30, June 1860	496		1	
Pefer		24, Jan. 1857	497		5w	
Pefer	Gustaf Adolf	27, Apr. 1858	497		11m	
Kanike	Anna Elisa	28, June 1859	497		26	
Kanike	Elisa	7, July 1859	497			(buried with Anna Elisa)
Lowenger	Johan	25, Jan. 1857	498		8d	
Loewinger	Lina	5, May 1858	498		3w	(buried with Johan)
Straub	Georg Adam	22, Mar. 1857	499		5m	
Mehlhoy	Heinrich	15, July 1859	499		24	
Jost	Teobald Adolp	2, Apr. 1857	500		5m	
Billing	Friedrich	19, Mar. 1857	501		1-9m	
Gruener	Gregina Maria	25, July 1859	501		33	
Gruener	Lohnhard	12, Aug. 1859	501		13	(buried with Gregina M.)
Meyer	Friedrich	31, Oct. 1863	501		1	
Meyer	(child of F.)	15, Dec. 1864	501		stillborn	(buried with F. Meyer)
Hagedorn	Konrad Ludwig F.	13, Apr. 1857	502		1-8m	
Hagedorn	Maria	7, Mar. 1858	502		4	(buried with Konrad L.)
Wohle	Albert	18, Aug. 1859	502		30	
Wahle	Catharina	6, Dec. 1859	502		2m	(buried with Albert)
Danns	Magrete	2, Mar. 1857	503		3-9m	
Koester	Toewes	24, Aug. 1859	503		75	
Koster	Johan H.	22, June 1864	503		7w	
Bolland	Sophia	28, June 1857	504		3-6m	

First German Protestant Evangelical Cemetery

Last Name	First Name	Burial Date	Single Grave	Lot	Age	Remarks
Hentz	Rosena Wilhelmina	31, Aug. 1859	504		33	
Heck	Carolina	3, May 1860	504		35	
Brunland	(child of Philip)	23, Sept 1861	504		stillborn	(buried with Sopfie)
Windhorn	Johan Heinrich	11, Aug. 1857	505		9m	
Wedemeier	Heinrich	10, Oct. 1859	505		29	
Pape	Bernhard	14, Aug. 1857	506		14m	
Letenle	Jakob	16, Jan. 1860	506		56	
Hoeft	Herman Heinrich	15, Aug. 1857	507		8m	
Harms	Dorothea	29, Feb. 1860	507		74	
Oberklein	Anna Sophia	21, Aug. 1857	508		2-6m	
Koch	Johan Frank	26, Apr. 1860	508		48	
Hangeler	Karolina	22, Aug. 1857	509		9m	
Bucke	Friedrich Arnold	23, Aug. 1857	510		2w	
Landmeier	Johan Heinrich	28, Sept 1857	510		11m	
Budke	Cristina Wilhelmina	25, July 1859	510		4w	(buried with F. Arnold)
Landmeier	Luisa Wilhelmina	18, Aug. 1859	510		1	(buried with Johan H.)
Weihe	Heinrich	4, June 1860	510		46	
VanderBerge	Herman Luis	8, Oct. 1857	511		8m	
Eigenbrod	Johan	16, June 1860	511			
Wagener		13, Oct. 1857	512		1m	
Koch	(Mrs)	19, June 1860	512		30	
Zimmer	Magdalena	11, Oct. 1857	513		9m	
Blankemeyer	Friedrich	20, June 1860	513		40	
Burwinkel	(child of Heinrich)	6, Oct. 1857	514		stillborn	
Bertling	Maria	13, Aug. 1860	514		18-5m	
Bollmann	Johan Heinrich	18, Oct. 1857	515		14m	
Tegeler	Maria Adelheit	15, Aug. 1860	515		62	
Wagener	Emma Wilhelmina	26, Oct. 1857	516		2-9m	
Grothgan	Dietrich	6, Sept 1860	516		40	
Kuester	Elisabeth	18, Nov. 1857	517		2	
Kuester	Magdalena	26, Sept 1859	517		14m	(buried with Elisabeth)
Specht	(Mrs)	24, Sept 1860	517		37	
Mitharn	Karl	26, Dec. 1857	518		5w	
Sundermeyer	Catharina Maria	15, Oct. 1860	518		30	
Hemke	Johan Heinrich	8, Feb. 1858	519		2-6m	
Fewik	Friedrich W.	15, Nov. 1860	519		70	
Muelberger	Johan	17, Nov. 1860	520		35	
Stock	(child of Adam)	9, Sept 1861	520		stillborn	
Voige	Emile	6, Mar. 1858	521		9m	
Hoeflein	Jacob	6, Dec. 1860	521		77	
Rehde	Anna Margaretha	13, Feb. 1858	522		3	
Brocksmith	Herman Fr.	6, Nov. 1860	522		26	
Rohde	Heinrich F.	15, Aug. 1861	522		8m	(buried with Anna M.)
Laun	Matilda	22, Feb. 1858	523		6m	
Koester	Elisa	15, Dec. 1860	523		56	
Meier	Johan	21, Mar. 1858	524		14m	
Speckmann	George Friedrich	5, Dec. 1860	524		44	
Muthmann	Frank	24, Apr. 1858	525		2	
Muthmann	Emilie Katharina	27, June 1858	525		10m	(buried with Frank)
Hagemeyer	Catharina Francisca	25, Dec. 1860	525		36	
Eck	Elisa Selli	6, May 1858	526		4	
Tunnemacher	Magreta	10, Jan. 1861	526		53	
Tegeler	Magrethe Regina	8, Mar. 1861	527		34	
Wolker	Heinrich	16, Apr. 1861	528		23	
Fehrman	Carl Heinrich	10, Apr. 1861	529		23	
Thieke	Friedrich Fremont	11, June 1858	530		1	
Thoenewe	Sofia	4, May 1861	530		62	
Brunstrop	Heinrich	24, June 1858	531		19m	

First German Protestant Evangelical Cemetery

Last Name	First Name	Burial Date	Single Grave	Lot	Age	Remarks
Pasauer	Catharina	29, July 1861	531		19	
Haussmann	Anna Sophia	26, June 1858	532		23m	
Kemper	Margreta	4, Sept 1861	532		30	
Nordmann	Heinrich	27, June 1858	533		3	
Lieske	Johann	20, Sept 1861	533		48	
Lichtendahl	Emile	19, July 1858	534		1	
Stratmann	Casper	9, Jan. 1862	534		38	
Stradtman	Maria	8, Mar. 1864	534		8-5m	(buried with Casper)
Althof	Luisa Karolina	19, July 1858	535		1	
Specht	Carl	12, Feb. 1862	535		36	
Specht	Emma	24, July 1862	535		6m	(buried with Carl)
Huennefeld	Elisa	22, July 1858	536		7m	
Jentzen	Karl	28, July 1858	537		1d	
Huennefeld	Emma Wilhelmina	14, Aug. 1858	537		8m	(buried with Luisa)
Jung	Heinrich	30, July 1858	538		4	
Jung	(child of Philip)	12, Sept 1861	538		stillborn	(buried with Heinrich)
Brockschmidt	Evert Heinrich	19, May 1862	538		63	
Burchhard	Karolina	6, Aug. 1858	539		1	
Schneider	Jacob	17, June 1862	539		26	
Onk	Anna Gertruda	31, Aug. 1858	540		4	
Stucke	Philip	20, June 1862	540		53	
Speckmann	Henrietta	13, Sept 1858	541		18m	
Speckmann	Luisa Dorothea	16, July 1859	541		11m	(buried with Henriette)
Hasselbusch	Sopfia	10, Aug. 1862	541		40	
Hasselbusch	(child of Jacob)	8, Mar. 1864	541		stillborn	(buried with Sopfia)
Fogelpool	Katharina	20, Sept 1858	542		2	
Sander	Gottlieb	14, Dec. 1862	542		40	
Rehberger	Heinrich	8, Oct. 1858	543		4	
Oehling	Maria	13, Dec. 1862	543		75	
Schlaedmann	Emma	12, Oct. 1858	544		5	
Rusky	Wilhelm	29, Dec. 1862	544		16	
Schulte	Johanna Luisa	26, Oct. 1858	545		2-6m	
Milbery	Christofer	3, Jan. 1863	545		46	
Guell	Ludwig	2, Nov. 1858	546		3w	
Rowe	Heinrich	12, Jan. 1863	546		14-6m	
Boewer	Heinrich	12, Jan. 1863	546		14-6m	
Grooss	Ludwig	15, Nov. 1858	547		10m	
Weinning	Catrina	16, Jan. 1863	547		67	
Toenges	Heinrich Wilhelm	19, Nov. 1858	548		2	
Toenges	Friedrich Wm.	18, July 1861	548		2	(buried with H.W.)
Henning	Fritz	2, Apr. 1863	548		27	
Mithoefer	(child of Heinrich)	26, Nov. 1858	550		stillborn	
Thieke	Eberhard	4, May 1860	550		2	(buried with Friedrich F.)
Sierp	Augusta Mina	25, July 1859	551		3-6m	
Kreisman	Wilhelmina	19, Aug. 1863	551		32	
Brenner	Emilia	14, Dec. 1858	552		18m	
Schaefer	Friedrich	27, Sept 1863	552		55	
Meier	Wilhelm Georg	11, Jan. 1859	553		8d	
Stemmerman	(Mrs)	7, Oct. 1863	553		38	
Hagedorn	Maria Dorothea W.	14, Jan. 1859	554		7	
Hagedorn	Gottlieb Wilhelm	14, Jan. 1859	554			(buried with Dorothea)
Wiesing	Magaretha	21, Oct. 1863	554		60	
Blekemeier	(child of Friedrich)	30, Jan. 1859	555		stillborn	
Hackmann	Wilhelmina	1, Oct. 1863	555		21	
Welling	Karl Friedrich	7, Jan. 1859	556		1-6m	
Kelleman	Rudolf	16, Nov. 1863	556		32	
Ludwig	Barbara	2, Mar. 1859	557		15w	
Ludwig	Magdalena	10, May 1860	557		17w	(buried with Barbara)

First German Protestant Evangelical Cemetery

Last Name	First Name	Burial Date	Single Grave	Lot	Age	Remarks
Uncke	Wilhelm	13, Jan. 1864	557		35	
Eickbusch	Sofia Margaretha	27, Jan. 1859	558		20m	
Eickbusch	Luisa Dorothea	9, Jan. 1860	558		7d	(buried with Sophia M.)
Heer	Luis	13, Feb. 1864	558		17-6m	
Priesmeier	Wilhelm Heinrich	10, May 1858	559		8m	
Busch	Gerhard Heinrich W.	11, Mar. 1859	559		2	
Pabest	Christian	26, Mar. 1859	560		6-6m	
Koch	Anna	10, May 1859	561		22m	
Weber	Maria Sophia	3, May 1859	562		13m	
Thelmann	August	24, May 1859	563		1-6m	
Sander	Carl	9, June 1859	564		8-6m	
Sander	Carolina	19, July 1859	565		34	
Hartz	Heinrich	7, July 1859	566		3d	
Goetz	Heinrich	25, July 1859	566		3w	(buried with Heinrich)
Resch	Sophia Elisa	15, July 1859	567		5m	
Knoepker	Maria	21, July 1859	568		10m	
Schleibaum	August	6, Feb. 1860	568		7w	(buried with August)
Backes	Carolina	29, July 1859	569		4-6m	
Albers	Johan	1, Aug. 1859	570		23m	
Bruegemann	(child of Adolf H.)	11, Aug. 1859	571		stillborn	
Broemann	(child of H.A.)	11, July 1860	571		stillborn	
Sack	Friedrich	11, Oct. 1859	572		4	
Hopf	M.E.	31, Aug. 1859	573		15m	
Tackenberg	(child of Johan H.)	22, Oct. 1859	574		stillborn	
Zimmermann	Ferdinand	19, Nov. 1859	575		5-6m	
Stockhoff	(child of Carl)	10, Jan. 1860	576		stillborn	
Brockmann	(child of Heinrich)	28, Dec. 1859	577		stillborn	
Brockmann	Carolina	29, Jan. 1860	577		1m	
Conradi	Ludi	27, Jan. 1860	578		5w	
Tebelmann	Johan	12, Apr. 1858	579		32	
Hertz	Anna	30, Jan. 1860	579		3w	
Schmidt		16, Feb. 1860	580		1d	
Spreen	Wilhelm Heinrich	13, Feb. 1860	581		6m	
Wessel	Karl	8, Aug. 1862	581		14m	
Wessel	(child of Fritz)	2, Sept 1863	581		stillborn	(buried with Cady)
Rehberger	Carl Gottfried	15, Mar. 1860	582		1d	
Blase	Katharina Luisa	18, Mar. 1860	583		15m	
Remke	Adeline	23, Mar. 1860	584		15m	
Remke	Magrete Lowoise	28, Apr. 1862	584		15m	(buried with Adalina)
Huenefeld	Johan	16, Apr. 1860	585		2	
Huenefeld	Catharina M.	26, Oct. 1865	585		1-3m	
Brockmann	Elisa	17, Apr. 1860	586		3	
Milberg	Cristofer B.	6, May 1860	587		3m	
Amold	Paulina	8, May 1860	588		17m	
Scheffer	Herman	4, Jan. 1864	589		35	
Gruener	Catharina	19, May 1860	590		2-2m	
Kiel	Herman	14, Apr. 1864	590		26	
Dieckroeger	Carolina	28, May 1860	591		6m	
Dieckroeger	Friedrich	7, Aug. 1863	591		1-9m	(buried with Ch.)
Blase	Johan A.	17, Apr. 1864	591		42	
Priesmeyer	Gerhard Fr.	17, June 1860	592		14m	
Priesmeyer	(child of Gerhard F.)	6, May 1861	592		stillborn	
Straub	Christian	1, Apr. 1864	592		28	
Hamann	Johan	22, June 1860	593		11w	
Wessel	(child of Fritz)	25, June 1860	594		stillborn	
Lohrey	Frank	27, June 1860	595		2-5m	
Scharrenberger	Louise	4, May 1864	595		30	
Schauenberger	George	22, June 1864	595		3m	(buried with Louise)

First German Protestant Evangelical Cemetery

Last Name	First Name	Burial Date	Single Grave	Lot	Age	Remarks
Seekamp	(child of Dr.)	25, Dec. 1860	596		stillborn	(buried with Johan H.)
Wulzen	Wilhelmina	5, May 1864	596		24	
Kroeger	Heinrich	4, July 1860	597		child	
Remke	John	21, May 1864	597		19	
Auer	Charles	7, July 1860	598		7-6m	
Hackmann	Katharina	5, June 1864	598		47	
Speckmann	(child of F.)	12, July 1860	599		stillborn	
Dallmann	Regina	11, June 1864	599		35	
Dallmann	Anna Wilhelmina	6, July 1870	599		6d	
Maschmeyer	Heinrich Wilhelm	13, July 1860	600		9m	
Meyer	Heinrich	26, June 1864	600		40	
Getze	Wilhelm	13, Oct. 1860	601		11m	
Schroeder	Friedrich	2, Nov. 1864	601		42	
Rolwagen	Maria	11, Nov. 1860	602		4w	
Fehrmann	Heinrich	2, Nov. 1864	602		61	
Gruener	(child of J.C.)	13, Nov. 1860	603		stillborn	
Gruener	Magreta	14, Dec. 1862	603		2m	
Martin	Magreta	23, Nov. 1864	603		74	
Hugo	Luwise	5, Dec. 1860	604		9m	
Schroeder	Magreta	16, Dec. 1864	604		16	
Wrede	Friedrich Julius	25, Dec. 1860	605		18w	
Wrede	Julia	8, Oct. 1862	605		10m	(buried with Julius)
Gruene	Johan	8, Jan. 1865	605		55	
Krampe	(child of W.)	25, Dec. 1860	606		stillborn	
Niehaus	(child of Johan)	30, Apr. 1864	606		stillborn	
Niehenheuser	John	26, Jan. 1865	606		45	
Harttel	Emma	5, Dec. 1860	607		2	
Lakamp	Herman	4, May 1865	607		66	
Tegeler	Johan Heinrich	5, Jan. 1861	608		5	
Hagedorn		14, Mar. 1861	609		3m	
Koester	Magrethe Sophia	25, Mar. 1861	610		1-3m	
Koester	Theodor Ch.	4, Aug. 1863	610		1d	(buried with Magrete)
Lemkoler	Wilhelmina	9, Mar. 1861	611		6m	
Meyer	Friedrich	28, Mar. 1861	612		1	
Hagedorn	Henrejete Wilhelmina	21, Apr. 1861	613		1	
Lueske	Friedricka Wilhelmina	22, Apr. 1861	614		1	
Harms	Friedrich Wm.	10, May 1861	615		10m	
Wulzen	Magrete	20, June 1863	615		1-2m	
Koesterman	Jana	29, July 1861	616		9m	
Ludwig	Carl	3, Sept 1861	617		2m	
Ludwig	Wilhelm	27, Sept 1862	617		5w	(buried with Carl)
Stange	George	19, Sept 1861	618		6	
Klatte	Heinrich	26, May 1862	618		16m	
Mueller	Carrol	24, Sept 1861	619		10m	
Ludwig	Anna	3, Nov. 1861	620		7-6m	
Grobardt	Emily	24, Jan. 1863	620		5-6m	(buried with Anna Ludwig)
Muehlberg	Ludwig	11, Nov. 1861	621		9	
Meier	Johan Heinrich	15, Nov. 1861	622		6m	
Stockhoff	Johan Fr. Ed.	21, Oct. 1861	623		1	
Melzer	Wilhelm	23, Nov. 1861	624		6m	
Schaefer	(child of H.)	30, Oct. 1861	625		stillborn	
Elfers	Maria Sopfia	5, Feb. 1862	626		9m	
Horstman	Johan Heinrich	11, Feb. 1862	627		4	
Landmeier	Wilhelmina Maria	8, Feb. 1862	628		9d	
Fischer	Friedrich H.	27, Feb. 1862	629		13m	
Lakamp	Maria L.C.	26, Feb. 1862	634		46	
Spreen	George Friedrich	4, Apr. 1862	635		14m	
Petebron	Lina	3, Mar. 1862	636		4m	

First German Protestant Evangelical Cemetery

Last Name	First Name	Burial Date	Single Grave	Lot	Age	Remarks
Pappe	Maria Louise	28, Apr. 1862	637		3	
Westerman	Johan Fr.	28, Apr. 1862	638		5	
Fritz	Franz Emil	23, May 1862	639		1-2m	
Heckmann	Maria	11, June 1862	640		7	
Wiehorn	Gerhard	18, June 1862	641		3w	
Fischer	Carolina	26, Dec. 1865	641		4w	(buried with G. Withorn)
Heusmann	Anna Sofia Ida	21, June 1862	642		3m	
Hoeft	Friedrich Wilhelm B.	4, July 1862	643		1-2m	
Stocks	(child of Adam)	17, Aug. 1862	644		stillborn	
Heidecker	Wilhelm	19, Aug. 1862	645		9m	
Forster	Anna Maria	16, Sept 1862	646		4m	
Conrade	Sopfia	6, Oct. 1862	647		1-5m	
Huenefeld	(child of Johan)	13, Dec. 1862	648		stillborn	
Huenefeld	Anna Mat.	18, Apr. 1863	648			(buried with brother)
Moehring		2, Jan. 1863	649		stillborn	
Dannebaum	(child of Wilhelm)	26, Dec. 1862	650		stillborn	
Kramer	Andreas	14, Jan. 1863	651		1-6m	
Resink	Sofia Ch.	17, Feb. 1863	652		4	
Mukke	Johann	26, Feb. 1863	653		3-6m	
Fuchs	Johann	9, Mar. 1863	654		9-6m	
Scherenberger	Herman	15, Mar. 1863	655		6-3m	
Schnerenberger	Anna	29, Oct. 1866	655		50	
Horst	Carl Johan	24, Mar. 1863	656		5m	
Sohnhorst	Karl	24, Mar. 1863	656		5m	
Meyer	Louwise	12, Apr. 1863	657		9	
Kupper	(child of Fr.)	8, Mar. 1863	658		stillborn	
Bielefeld	Maria	17, Mar. 1863	659		3-2m	
Bielefeld	Magreta Ch.	20, Mar. 1863	659		4m	(buried with Maria)
Meyer	Wilhelm A.	12, Apr. 1863	660		3-2m	
Beckmann	Heinrich Ed.	19, Mar. 1863	661		2	
Kindemann	Heinrich	18, May 1863	662		4-5m	
Bock	Wilhelm	7, June 1863	663		1-9m	
Freese	Elisa	9, July 1863	664		3m	
Toensing	Anna L.	19, July 1863	665		3-2m	
Linke	Anna L.	20, July 1863	666		14d	
Wagner	(child of August)	22, July 1863	667		stillborn	
Ballmann	Ida Amalia	24, Aug. 1863	668		1-1m	
Dieckroeger	Bernhard	17, Aug. 1863	669		4d	
Dickroeger	F.Cl.	10, Jan. 1872	669		2	(buried with Bernard)
Lohrey	Wilhelmina	17, Dec. 1863	670		17m	
Gotzinger	(child of Andreas)	16, Dec. 1863	671		stillborn	
Froelking	(child of H.)	25, Feb. 1864	672		stillborn	
Engel	Adelheide	3, Jan. 1864	673		3	
Howind	Maria	24, Feb. 1864	675		3-5m	
Thielemann	Carl	13, Mar. 1864	676		2-4m	
Schneider	Charles	13, Mar. 1864	678		3m	
Schneider	August	14, Nov. 1866	678			(buried with C.)
Kampe	Heinrich Wm.	18, Mar. 1864	679		2	
Smith	Edward	13, Mar. 1864	680		14m	
Smith	Marta	26, July 1865	680		4w	(buried with E. Smith)
Lohnson	Magreta	11, Apr. 1864	681		8m	
Hagemeier	(child of C.)	3, June 1864	682		stillborn	
Horry	Herman	30, Nov. 1864	683		4d	
Stumpe	Friedrich	Nov. 1864	684		1	
Ficke	(child of W.)	8, Jan. 1865	685		stillborn	
Fogt	Wilhelmina H.S.	6, Dec. 1864	686		17d	
Cartmell	Maria	22, May 1865	687		3	
Karpner	Maria	22, May 1865	687		3	

First German Protestant Evangelical Cemetery

Last Name	First Name	Burial Date	Single Grave	Lot	Age	Remarks
Maier	Friedrich George	28, May 1865	688		5-4m	
Bohnensack	Carl	1, May 1864	693		6-9m	
Goetze	Carl	28, Jan. 1865	695		9-6m	
Buehring	Christian Friedrich	8, Apr. 1848			4-6m	(buried with sister)
Klassen	Hienerjete	15, May 1849			24	
Weller	Christian J.	4, July 1849			41	
Ochhus	Elisabeth	10, July 1849			31	
Kunsberg	Clara	19, Mar. 1866			5w	
Charlhaus	Heinrich	28, Mar. 1866			1-7m	
Hugo	Ernst Wilhelm	15, Aug. 1882			60	
Hartman	Maria L.	2, July 1844			9m	
Lichtendahl	Wilhelm	24, Apr. 1848			6-2m	
Loth	Heinrich	5, June 1843			Child	
Haetsch	Jakob	12, June 1843			Child	
Raab	Johan	20, June 1843			Child	
Karing	F.	8, July 1843				
Hasebrak	Albert	12, July 1843				
Schulmeir	Adam (Mrs)	4, Aug. 1843				
Klekamp	Luisa	7, Aug. 1843			1	
Kraetzmeier	Maria	8, Aug. 1843			1-6m	
Hasekeker	Maria Elisabeth	13, Aug. 1843				
Hasekeker	(child of Maria E.)	27, Aug. 1843				
Valker	C.D.	27, Aug. 1843				
Barkelt	Maria	23, Sept 1843			2-6m	
Otte	Maria	9, Dec. 1843			22	
Schullmeier,	Adam	30, Dec. 1843			3	
Bekmann	A. Margaretha	18, June 1844			55	
Mueller	Wilhelm	21, June 1844			36	
Gotschmidt	Wilhelm	25, June 1844			19	
Uphaus	Maria	1, July 1844			6m	
Hetsch	Jakob	5, July 1844			6m	
Hoegerhorst	Heinrich Wilhelm	12, July 1844			1m	
Grosechahl	Gerhard	17, July 1844			46	
Meir	Gottlieb Heinrich	25, July 1844			1	
Schwuer	Gerd	5, Aug. 1844			55	
Schrotenbuhr	Gerhard	28, Aug. 1844			31	
Straegner	David	6, Sept 1844			9m	
Mueller	Heinrich	10, Sept 1844			1	
Schmidt	Maria Sophia Margareth	19, Sept 1844			1-8m	
Wessermann	Heinrich	30, Sept 1844			21	
Hagedorn	Heinrich Conrad J.	5, Oct. 1844			6m	
Schulmeir	Cardel	7, Oct. 1844			11	
Resing	Johan Bernard	9, Oct. 1844			21	
Hoenn	Herman Heinrich	11, Nov. 1844			2	
Albers	Jefferson	29, Nov. 1844			2	
Remme	Louisa Maria	2, Dec. 1844			2-6m	
Meir	Anna Maria	10, Dec. 1844			5m	
Harwes	Anna Beka	22, Dec. 1844			19	
Meir	Sophia	2, Jan. 1845			38	
Negengnoth	Herman	6, Jan. 1845			5w	
Hilge	Scharlotte	14, Jan. 1845			29	
Hilge	Heinrich	15, Jan. 1845			8	
Oberklein	Heinrich	3, Feb. 1845			stillborn	
Luecke	Johan Heinrich	8, Feb. 1845			1d	
Wachestratt	Catharina Elisabeth	10, Feb. 1845			21	
Buhmeister	Christian	21, Feb. 1845			28	
Otten	Anna Maria	27, Feb. 1845			6m	
Buedke	Friedrich Wilhelm Heinri	3, Mar. 1845			5m	

First German Protestant Evangelical Cemetery

Last Name	First Name	Burial Date	Single Grave	Lot	Age	Remarks
Moellmann	Gerhard	11, Mar. 1845			stillborn	
Warnke	Friedrich	15, Mar. 1845			1-6m	
Iswels?	Maria Elisa	16, Apr. 1845			24	
Klekamp	Sophia Anna	10, Sept 1845			5d	(buried with Louisa)
Wiehe	Friedrich	13, Oct. 1845			75	
Wente	Wilhelm	18, Mar. 1846			34	
Weonkes	(child of Friedrich)	31, Mar. 1846			stillborn	(buried with Elisa)
Riemeier	Juergen Heinrich	16, Apr. 1846			6m	
Kraft	Madalene Christine	22, May 1846			3w	
Klausheide	(child of Fr.)	10, Aug. 1846			Child	
Neidinger	Catharina	28, Aug. 1846			15d	
Hoeft	John	30, Aug. 1846			stillborn	
Amlingmeier	Maria Friedricka	7, Sept 1846			8d	
Maschmeier	Rudolph	13, Sept 1846			1	
Rotert	Johan Friedrich	15, Sept 1846			3w	
Kuckhermann	Ernst Heinrich	23, Sept 1846			1d	
Suchs	Magreta	26, Sept 1846			4	
Suchs	Georg	27, Sept 1846			5m	(buried with Magreta)
Egert	Johan Christof	2, Oct. 1846			1d	
Woebel	Johan Gerhard	23, Dec. 1845			50	
Raynolds	Louise	28, July 1846			9m	
Rising	Feneken	30, Jan. 1846			2m	
Fortgeholt		11, Mar. 1846				
Meiers	Maria	12, Apr. 1848			3	
Rohen	Anna Maria Elisabeth	29, Apr. 1848			2-6m	
Mesker	Carolina	1, May 1848			25	
Dickmann	Herman	3, May 1848			7-6m	
Westermeier	Katharina Liewiese	12, July 1847			13m	
Mittendorf	Anna Maria	9, Dec. 1847			53	
Krame	August Rudolf	21, June 1849			3w	
Deutsch	Jatz	15, May 1849			46	
Klassen	Magneta	17, June 1849			1-6m	
Salmann	Barbara	18, June 1849			49	
Whiter	Heinrich	29, June 1849				
Brink	Carolina	30, June 1849			30	
Hebbs	Mab.	5, July 1849				
Kuckhermann	Anna	8, July 1849			6m	(buried with C.H.)
Hasenkamp	Heinrich	8, July 1849				
Schrotenbuhr	Sophia Charlotte	10, July 1849			38	
Resing	Johan Bernhard	10, July 1849				
Remme	Karolina Margaretha	6, Aug. 1849			9m	
Warner	Heinrich	10, Nov. 1849			2	
Keller	Wilhelm August	7, Dec. 1849				
Loeppel	Johan	8, July 1849			45	
Paske	Dorothea	11, Mar. 1850			25	
Eichbusch	Friedrich Heinrich	10, Mar. 1850			3w	
Veregge	Johan	23, Apr. 1850			24	
Rubrecht	Herlein	10, June 1850			6m	
Berhard		12, July 1850			28	
Kleinhaus		12, July 1850			22	
Wanstrath	Henerjette Sophie	17, July 1850			28-3m	
Wanstrath	Willemine S.M.	17, July 1850			3	
Wanstrath	Kattrine Eliese Auguste	22, July 1850			1	(buried with Hinerjette S.)
Tuechter	Heinrich	13, Oct. 1851			11m	(buried with Schufler))
Leuning	Heinrich	8, Dec. 1851			1-6m	
Frehlock	Friedrich	3, Jan. 1852			22	
Koerlitz	Robert	30, July 1852			1-7m	
Witte	Mari M. H.	5, Dec. 1852			1-6m	

First German Protestant Evangelical Cemetery

Last Name	First Name	Burial Date	Single Grave	Lot	Age	Remarks
Kracht	Margaretha	28, Feb. 1853			4w	
Steinhauser	Amalia	29, Jan. 1855			4w	(buried with Pauline Eshmann)
Heckmann	(child of F. August)	29, May 1856				
Sudfeld		8, Feb. 1857			stillborn	(buried with sister)
Beckemann	Karolina Dorothea	20, Dec. 1857			17m	
Bruns	Michael	6, May 1858			2w	
Wilke	S.W.C. Sophia	13, May 1858			6	
Haun	Johan	9, May 1858			1	
Burchard	Elisa	30, Aug. 1858			3	(buried with Karolina)
Dahlmann	(child of Herman)	20, Apr. 1860			stillborn	
Wichmann	Johan	5, May 1860			60	
Huenefeld	Heinrich	21, Nov. 1861			6d	
Dallman	(child of Herman)	18, Dec. 1861			stillborn	
Garle	Casper H.	30, Jan. 1862			29	
Rehde	Maryanna	17, May 1862			1d	(buried with Friedrich)
Luebe	(child of Wilhelm)	25, June 1862			stillborn	
Oberklein	George H.	24, Mar. 1863			40	
Buening	Charles Edward	26, Aug. 1863			4	
VonSeggern	(child of Fr. H.)	4, Jan. 1864			stillborn	
Rehde	Rudolf	23, June 1863			47	
Rash	Ludwig Th.	31, Aug. 1863			3-2m	(buried with Elise S.)
Hackmann	Wilhelmina	2, Nov. 1863			8w	(buried with W.H.)
Tucker	Charles Trimond	23, Dec. 1863			8	
Loth	Josep	25, Dec. 1863			2-5m	
Bohnsack	Mina	2, Feb. 1864			3-6m	
Horstmann	Johan H.	9, Feb. 1864			2-2m	
Wilming	Wilhelmina	28, Mar. 1864			14	
Fosthoff	Theodor	2, Apr. 1864			1-2m	
Fischer	Amalia	3, Apr. 1864			19m	
Alfken	Heinrich	12, Apr. 1864			46	
Blum	Elisa	20, Apr. 1864			18	
Gruene	Magreta	30, May 1864			7m	
Pohlman	Friedrich H.	3, June 1864			17w	
Anschuetz	Otto	20, July 1864			1-6m	
Kranz	Franz	28, July 1864			8m	
Wilke	Edward W.	28, May 1864			1-4m	
Toemsing	Carl	2, Dec. 1864			9	
Hofmann	Louise Ch.	1, June 1865			2m	(buried with Wilhelm G.)
Tucker	William Ed.	23, June 1865			9m	
Massmeier	Friedrich	11, July 1865			1-1m	
Pohlman	Friedrich W.H.	20, July 1865			3m	(buried with Fr.)
Frese	Anna	14, Aug. 1865			8m	
Amlingmeier	Johan G.	24, Aug. 1865			5m	(buried with brother)
Gruene	(child of Gerhard)	2, Sept 1865			stillborn	
Boese	Carl	26, Sept 1865			2-6m	
Fricke	(child of Wm.)	10, Oct. 1865			stillborn	(buried with brother)
Melzer	(child of F.)	8, Mar. 1866			stillborn	
Meier	Bernhard A.	28, Mar. 1866			3	
Toenges	Sophie Elise	25, May 1866			2	
Bertling	Ernst	13, Aug. 1866			55	
Frese	Wilhelmina	14, Aug. 1866				
Meyer	W.	14, Aug. 1866				
Schaefer	Anna	14, Aug. 1866				
Foerste	Herman	14, Aug. 1866			6	
Rehde	Rudolf	14, Sept 1866			2	
Dresing	(Mrs)	14, Aug. 1867				
Kragman		9, July 1868			1-5w	
Meyer	Friedrich	11, July 1868			10m	

First German Protestant Evangelical Cemetery

Last Name	First Name	Burial Date	Single Grave	Lot	Age	Remarks
Schulte	F. Wil.	28, July 1868			4-9m	
Schumacker	F. Wilhelm	28, July 1868			3w	
Sprenger	W. Sophie	3, Aug. 1868			52-7m	
Flagge	H.F.	11, Sept 1868			5-11m	
Burrichter	F.H.	12, Oct. 1868			6w	
Backmann	Crist.	19, Oct. 1868			45	
Fricke		26, Oct. 1868			stillborn	
Stricthoff	Sophie Magrete	11, Dec. 1868			62-6m	
Franzmeier	Christian	23, Dec. 1868			1-1m	
Bruning	H.F.	8, Jan. 1869			2m-22d	
Jahnson	A.L.	18, Jan. 1869			4m-13d	
Poth	E.	20, Jan. 1869			3-4m	
Renker	Dietrich Heinrich	31, Jan. 1869			7m-29d	
Franzmeier	Louise	27, Mar. 1869			4-6m	
Kistner	George	27, Mar. 1869			9m	
Geist	Rosine	11, Apr. 1869			14-11m	
Pape	Lizzie	Apr. 1869			3-6m	
Winkelmann	Louise	5, Sept 1869			35-8m	
Winkelmann	Anna Louisa	23, Apr. 1869			11-3m	
Hugo	Louis	17, July 1867			stillborn	
Wessel	Fr.	29, Nov. 1867			stillborn	
Frese	Wilhelm	7, Oct. 1867			stillborn	
Hackmann	H.	Feb. 1868			7m	
Metz	Fr.	13, Mar. 1868			stillborn	
Hofekamp	H.	24, Apr. 1868			1	
Kesting	W.	29, Apr. 1868			1d	
Kuckherm		15, July 1868			3m	
Baches	John	9, Dec. 1868			6-9m	
Zeigler	Michael	26, Dec. 1868			10m	
Stockhof		13, Jan. 1869			2-2m	
Ihlbrock	Emelia	13, Aug. 1867				
Klocke	Elisabeth	Aug. 1867				
Klocke	Peter	1867			17	
Wulfeck	Marie	20, Nov. 1867			stillborn	
Plump	Sophia	12, Nov. 1867			30	
Siefling	Louisa	27, July 1870			30	
Riemeier	Maria Elisabeth	20, Oct. 1870			46-7m	
Wilkemacke	Rosina	29, Jan. 1871			92	
Waltrine	Sopfia	8, Oct. 1869			37	
Meyer	(daughter of Heinrich)	29, Nov. 1869			stillborn	
Ackerstorf	Catharina Charlotte	1, Dec. 1869			4-3w	
Huenefeld	Johan Gerhard	6, Dec. 1869			70-9m	
Blum	Johan	12, Jan. 1870			84	
Senbach	Johan Heinrich	24, Feb. 1870			2m-15d	
Hagedorn	Mathilda	4, May 1870			4-1m	
Sehr		7, May 1870			stillborn	
Ackerstorf	Paulina Christina	1, June 1870			5-6m	
Hagedorn	Clara Louisa	1, June 1870			1-10m	
Tuver	Laura	28, June 1870			1-5m	
Tegler	Catharina Maria	1, July 1870			4	
Bieri	Friedrich	28, July 1870			28	
Huge	Carl	17, Aug. 1870			3w	
Metzel	Georg	25, Aug. 1870			1d	
Say	(child of Heinrich)	24, Aug. 1870			stillborn	
Melzer	Emilia	24, Aug. 1870			11-9m	
Hagemeyer	Anna	24, Dec. 1870			15-8m	
Fusler	Philip	10, Jan. 1871			28-2m	
Alfken	Catharina	29, Mar. 1871			53	

First German Protestant Evangelical Cemetery

Last Name	First Name	Burial Date	Single Grave	Lot	Age	Remarks
Grosard	Tille	2, Apr. 1871			9	
Diller	Catharina	7, Apr. 1871			2-3m	
Gruener	Johan	11, Apr. 1871			4-8m	
Heinzelmann	H.	3, July 1868				
Krogmann	Jos.	8, July 1868				
Knicthorn	F.	18, July 1868				
Frese	L.	18, July 1868				
Peches	J.	9, July 1868				
Ziegler	M.	23, Dec. 1868				
Stosthoff	A.	29, Dec. 1868				
Meier	H.	12, Jan. 1869				
Asterstoff	C.	18, Jan. 1869				
Huenefeld	J.	19, Jan. 1869				
Sambink	H.	3, Feb. 1869				
Blum	J.	16, Feb. 1869				
Overbeck	C.	19, Feb. 1869				
Ditenbach	J.	23, Feb. 1869				
Hagedorn	M.	28, Feb. 1869				
Tegeler	M.	30, Feb. 1869			4d	
Dallmann	A.	3, Mar. 1869			6d	
Dierle	F.	18, Mar. 1869			28	
Hagedorn	L.	20, Mar. 1869			1-5m	
Tucer	B.	31, Mar. 1869			1-5m	
Hugo	K.	4, Apr. 1869			3w	
Meltzer	G.	7, Apr. 1869			1d	
Meltzer	E.	19, Apr. 1869			4	
Koch	H.	19, Apr. 1869			1d	
Maltamet	S.	23, Apr. 1869				
Asterstoff	C.	15, May 1869				
Saf	H.	13, June 1869			stillborn	
Kaps	L.	15, July 1869			9m-15d	
Siefling	C.	24, July 1869			29	
Diekroeger	B.	2, Aug. 1869			2	
Huge	P.	3, Aug. 1869			45	
Knippenberg	L.	6, Aug. 1869			2	
Hutte	C.	8, Aug. 1869			1-6m	
Schamhorst	F.	15, Aug. 1869			5m	
Walb	J.	31, Jan. 1873			30	
Pape	E.	28, Dec. 1872			4	
Huetten	M.	25, May 1868				
Meier	C.	11, July 1868				
Schulte	W.	29, July 1868				
Spreen	F.	30, July 1868				
Flagge	F.	11, Sept 1868				
Bumiller	H.	12, Oct. 1868				
Brockmann	C.	19, Oct. 1868				
Friskes	F.	26, Oct. 1868				
Streethoff	M.	11, Dec. 1868				
Bohling	C.	23, Dec. 1868				
Koring	A.	8, Jan. 1869				
Remke	H.	31, Jan. 1870				
Winkelmann	L.	4, Feb. 1870				
Sect	H.	4, Mar. 1870				
Striethoff	L.	9, Mar. 1870			11m-6d	
Jaedten	H.	12, Mar. 1870			2-6m	
Hollenberg	H.	18, Mar. 1870				
Pein	H.	19, Apr. 1870				
Vulfect	A.	23, Apr. 1870				

First German Protestant Evangelical Cemetery

Last Name	First Name	Burial Date	Single Grave	Lot	Age	Remarks
Loehmann	W.	17, May 1870				
Eberhardt	C.	24, May 1870				
Kestepp	Grant	27, May 1870				
Jungblut	M.	4, June 1870				
Klocke	C.	12, June 1870				
Strietelmeier	E.	15, June 1870				
Hagedorn	L.	19, July 1870				
Spreen	C.	28, July 1870				
Vulvek	M.	3, Aug. 1870				
Plump	S.	4, Dec. 1870				
Remme	H.	13, Dec. 1870				
Pfankuchen	W.	20, Dec. 1870				
Evers	E.	23, Dec. 1870				
Clecte	P.	3, Jan. 1871				
Otting	N.	10, Jan. 1871				
Sulbohle	J.	19, Jan. 1871				
Otting	G.	23, Feb. 1871				
Koenig	M.	4, Mar. 1871				
Hollenberg	G.	14, Mar. 1871				
Schnittger	F.	23, Apr. 1871				
Zier	M.	29, Apr. 1871				
Kracht	J.	25, Apr. 1871				
Rehbok	H.	4, May 1871				
Riemeier	M.C.	4, Nov. 1871				
Wichers	D.	13, Nov. 1871				
Riemeyer	A.	11, Apr. 1871				
Haniball	F.	2, May 1871				
Meier	H.	4, May 1871				
Doenig	H.	13, May 1871				
Wilkemacke	R.	13, May 1871				
Thoele	M.	3, June 1871				
Kroeger	H.	7, June 1872				
Strubbe	J.	20, July 1872				
Leichering	J.S.	30, Aug. 1872				
Knippenberg	M.	5, Sept 1872				
Broermann	C.	14, Oct. 1872				
Meier	L.	11, Nov. 1872				
Stoffer	D.	21, Nov. 1872				
Potherbaum	Herm.	30, Dec. 1872				
Bermann	C.	12, Feb. 1872				
Remme	C.L.	4, Apr. 1872				
Kleier	D.	8, Apr. 1872				
Leichering	E.	7, July 1872			10-5m	
Bruns	M.	1, Aug. 1872			71	
Stringmeier	Wm.	18, Sept 1872			2w	
Koenig	J.H.	16, Oct. 1872			25	
Kons	W.S.	21, Nov. 1872			4-4m	
Hauns	C.	6, Dec. 1872			51	
Jungblut	C.	2, Feb. 1873			87	
Blankmeier	Christine	6, Mar. 1873			57	
Lartz	F.	4, Feb. 1873			25	
Geisler	A.	8, Apr. 1873			1	
Claassen	S.	10, June 1873			84	
Prive	C.	6, July 1873			59	
Weddendorf	L.	7, July 1873			20	
Rusch	Theo.	2, Aug. 1873			4m	
Flagge	C.	10, Aug. 1873			4m	
Cartico	H.	21, Aug. 1873			3m	

First German Protestant Evangelical Cemetery

Last Name	First Name	Burial Date	Single Grave	Lot	Age	Remarks
Rahan	E.	18, Oct. 1873			76	
Turner	M.E.	4, Dec. 1873			25	
Corlies	Otto	10, Mar. 1874			6	
Fetcker	Jenni	9, Aug. 1874			14	
Horstmann	C.S.	20, Sept 1874			75	
Stackhoff	Carl	24, Oct. 1877			54	
Kundelmeier	Elisabeth	15, Mar. 1879			84	
Kundelmeier	B.	30, Apr. 1881			80	
Ellis	John	6, May 1881			37	
Zack	Heinrich	20, July 1881			80	
Tekenbrock	Christine	14, Oct. 1881			9m	
Fagin	Laslie	20, Apr. 1883			2-2m	
Buhrmann	Carl Wilhelm	24, Feb. 1855			4-6m	
Sprenn	Sophia	2, Mar. 1859			2-6m	
Lahman	Ludwig	16, Jan. 1860			32	
Strictker	Herman Heinrich	17, Jan. 1860			1	
Lahne	Rolnot	6, Mar. 1860			17d	
Cortenkamp	(child of L.)	17, Dec. 1860			stillborn	
Meier	Johan Conrad	28, Feb. 1861			68	
Kese	Dorohe	16, Jan. 1863			63	
Jahenmann	Karl	12, Apr. 1863			16m	
Bemme	C.L.	Apr. 1872			14	
Clayer	Bendine	8, Apr. 1872			1-6m	
Webb	Thomas	31, Jan. 1873			30	
Littelmann	Herman	1, May 1873			71	
Tetolker	Jennie	8, Aug. 1874			14-8m	
Tegler	Wilhelm R.	31, Dec. 1874			7d	
Helms	Sophia	27, Sept 1875			45-8m	
Krauss	Juliana	2, Mar. 1876			87-2m	
Wilke	Catharina	26, June 1876			43-10m	
Lakamp	A.	20, Jan. 1877			74	
Blase	Maria	8, Feb. 1877			59	
Klocke	Albert	25, Mar. 1877			2-6m	
Schmidt	Ida	28, Mar. 1877			1-11m	
Callies	Hedwig	14, Apr. 1877			42	
Stockhoff	Charles	23, Oct. 1877			54	
Landmeier	Heinrich Wilhelm	19, July 1878			64-6m	
Greener	Fred.	29, Aug. 1878			5	
Kurdelmeyer	Maria Elisabeth	7, Dec. 1878			84	
Kurdelmeyer	Bernhard	7, Dec. 1878			80	
Oldenschmidt	Karl Heinrich	30, Dec. 1878			5-10m	
Oldenschmidt	Katharina	14, Jan. 1879			2	
Clemmen	Maggie	14, July 1879			28	
Springmeier	Laura	27, Aug. 1879			3	
Smith	Eldon	29, Aug. 1879			2-4m	
Clemmen	Ernst Ludwig	8, Sept 1879			2m	
Schulte	Fanny	26, Nov. 1879			56-8m	
Ellis	John	5, May 1881			37	
Sack	Heinrich	19, July 1881			80	
Teckenbrok	Christine	13, Oct. 1881			9m	
Schwaner	Werner	18, Nov. 1882			84	
Fagin	Sadie	20, Jan. 1883			2-1m	

First German Protestant Evangelical Cemetery

Lot	Name of Owner	Date of Purchase	Remarks
1	Helmich, Johan Rudolpf		
2	Schuck, Johan Jacob		sold to J.H. Rabbe
2	Rabbe, Johan Heinrich		sold to H.F. Striethorst
2	Striethorst, Heinrich Friedrich	8, Jan. 1864	
3	AufderHeide, J. Heinrich Wildbrandt		sold to H.H. Schulte
3	Schulte, H.H.	1, May 1844	
4	Musekamp, Georg Heinrich		
5	Geist, Casper		
6	Helmich, Friedrich Wilhelm		sold to J.H. Koenig
6	Koenig, Johan Herman		
7	Schroeder, Johan Heinrich		sold to H. Pape
7	Pape, Herman	2, May 1852	
8	Hollenberg, Wilhelm		sold to J.H.W. Fincke
8	Fincke, Johan H.W.		
9	Schwahlmeier, Johan Heinrich		
10	Borchelt, Heinrich Wilhelm		sold to Buehrmann/Borchelt
10	Buehrmann, Gerhard Ludwig	1851	
10	Borchelt, Heinrich Wilhelm	1851	
11	Strunck, Simon		sold to J. Remke
11	Remke, Johan		
12	Prior, Christopf Wilhelm		
13	Kleier, Johan Heinrich		
14	Wulfeck, Johan Heinrich		
15	Dinkelmann, Johan Friedrich Wm.		
16	Wulfeck, Johan Adam		
17	Kahle, Wilhelm		sold to J.H. Beckmann
17	Beckmann, Johan Heinrich	15, July 1861	
18	Beste, Heinrich Adolph		
19	Dzierzanowsky, Gottlieb		sold to C.H.Reinke
19	Reinke, Cord Heinrich	4, Feb. 1845	
20	Wulfeck, Victor		
21	Buse, Johan Heinrich		
22	Menke, Gerhard Heinrich		sold to B.H. Meier
22	Meier, B.H.	1844	sold to Hoberg, Stienker
22	Hoberg, Johan H.	21, June 1860	
22	Stienker, H.R.	21, June 1860	
23	Ihlbrock, Dietrich		
24	Thieke, Heinrich Christopf Ludwig		
25	Horstmann, Johan Heinrich		
26	Schmidt, Herman Friedrich		
27	Lilie, Herman Friedrich		
28	Sundermann, Heinrich		
29	Wachendorf, Johan Herman		sold to J.F. Busch
29	Busch, J.F.	11, Mar. 1858	
30	Wachendorf, Herman Heinrich		
31	Wachendorf, Johan Heinrich		
32	Maybaum, Carl Wilhelm		
33	VonSeggern, Friedrich		
34	Bruns, Gerhard Heinrich		
35	Koring, Christopf Friedrich		
36	Toden, Klaus		sold to H.C. Dannettel
36	Dannettel, H.C.	5, Mar. 1849	
37	Detchen, Dietrich Heinrich		
38	Kestner, Johan Philipp		
39	Krohme, Johan Friedrich		

First German Protestant Evangelical Cemetery

Lot	Name of Owner	Date of Purchase	Remarks
40	Strieck, Franz Rudolpf		
41	Schneider, Gerhard		
42	Wehrmann, Friedrich Wilhelm		sold to C.H. Wehrmann
42	Wehrmann, C.H.	6, Jan. 1855	
43	Schacht, Heinrich Wilhelm		
44	Heidenreich, Christopf Heinrich		sold to E.H. Loehr
44	Loehr, Eberhard Heinrich	1843	sold to H. Wm. Meier
44	Meier, H. Wilhelm		
45	Stegen, Christopf		
46	Fierke, Johan Heinrich Conrad		
47	Lilie, Friedrich Heinrich		sold to J.R. Schulte
47	Schulte, J.R.	11, Mar. 1858	
48	Buescher, Herman Heinrich		
49	Knake, Ernst Friedrich Wilhelm		
50	Beerhorst, Friedrich Wilhelm		
51	Grothaus, Johan Herman		
52	Lanfersiek, Johan Wilhelm		
53	Seifer, Andreas Heinrich		sold to H. Hanning
53	Hanning, H.		
54	Evers, Cord		
55	Striedelmeier, Johan Heinrich		
56	Peper, Carl Wilhelm		
57	Hahn, August		
58	Otten, Johan Dietrich		
59	Dresing, Heinrich		
60	Rothert, Johan		
61	Liemann, Carl		
62	Nienaber, Johan Heinrich		
63	Ahlers, Friedrich		
64	Voss, Friedrich		sold to A. Beker
64	Beker, Albert	13, Apr. 1847	
65	Scheperklaus, Herman Heinrich		
66	Linneweber, Friedrich Heinrich		
67	Nepper, Gustav Friedrich		
68	Meier, Johan Friedrich		
69	Knost, Johan Friedrich Heinrich		
70	Kotenkamp, Dietrich		
71	Bramsche, Gerhard Heinrich		
72	Pohlkotte, Gerhard Rudolph		sold to F. Wedendorf
72	Wedendorf, Friedrich	5, Mar. 1849	
73	Klausheide, Johan Heinrich		
74	Finke, Heinrich Christian		sold to W. Haning
74	Haning, Wilhelm	1851	
75	Meier, Heinrich Wilhelm		sold of J. Uhlhorn
75	Uhlhorn, Johan Fr.	27, Apr. 1844	
76	Loeppel, Johannes		
77	Bruns, Johan Cord		
78	Frohbusch, Heinrich		
79	VonderWoesten, Johan Heinrich		
80	Benter, Dietrich		sold to G.F. Hanning
80	Hanning, Georg Friedrich	22, Aug. 1847	
81	Habekotte, Friedrich		
82	Kostermann, Johan Heinrich		
83	Kumming, Adam		
84	Luterbein, Herman Heinrich		sold to J. Hasebrock
84	Hasebrock, Johanne	12, Feb. 1855	widow

First German Protestant Evangelical Cemetery

Lot	Name of Owner	Date of Purchase	Remarks
85	Riemeier, John Friedrich		
86	Brethorst, Johan Heinrich		
86	Rolfing, Samuel		
87	Reutepoehler, Johan Heinrich		
87	Buening, Gerhard Heinrich		
88	Noltekemper, H.W.		
89	Harmeier, Johan Rudolph		
90	Schwarze, Johan		
91	Otting, Johan Adam		
92	VonSeggern, Christopf		sold to J.G. Steinbrink
92	Steinbrink, J. Gerhard	3, Apr. 1844	
93	Kestner, Johan Heinrich		
94	Klausheide, Johan Friedrich		
95	Winkelmann, Heinrich Gerhard		
96	Engel, Friedrich		
97	Hagen, Ludwig		
98	Baumann, Johan Albert		
99	Ringen, Conrad		
100	Hadler, (widow)		
101	Nepper, August Friedrich		
102	Havekote, Johan Heinrich		
102	Havekote, Gerhard Friedrich		
103	Harms, Dietrich		
104	Meier, Gerhard		
105	Klausheide, Carl Friedrich		sold to J.D. Meier
105	Meyer, J.D.		sold to Johan Mayer
105	Mayer, Johan	5, May 1867	
106	Hauser, R.		
107	Klocke, Johan Heinrich		
108	Imholz, Heinrich Wilhelm		
108	Riemeyer, J.D.		
109	Mittendorf, Bernd Heinrich		
110	Helm, Adam		sold to Heinrich Schuerman
110	Schuermann, Heinrich	26, Feb. 1852	
111	Ziegeler, Christian	4, May 1847	
112	Plake, Heinrich Ludwig	28, Aug. 1847	
112	Hegerhorst, Ernst Wm.	28, Aug. 1847	
316	Forste, Johan Friedrich H.	18, Apr. 1864	
317	Jungebluth, George F.A.	2, Nov. 1861	
318	Wilker, Herman Henry	15, Nov. 1859	
319	Nagel, Wilhelm	5, Apr. 1856	
319	Spreen, Godlieb	5, Apr. 1856	
320	Spreen, Friedrich Wilhelm	8, Mar. 1853	
320	Spreen, Christian	8, Mar. 1853	
321	Kracht, Theodor	28, Feb. 1853	
322	Brinkmeier, Johan Cristof	17, Dec. 1849	sold to C.F. Reinhart
322	Reinhart, Carl Friedrich	20, Apr. 1850	sold to Niemeyer & Brockman
322	Niemeyer, Friedrich	11, June 1852	
322	Brockman, Herman Heinrich	7, Feb. 1852	
323	Middendorf, Adam Heinrich	6, July 1849	
324	Loehmann, C.H.	8, May 1849	
325	Strunck, Johan Friedrich	6, Mar. 1849	
326	Flagge, Franz	24, Feb. 1849	
333	Stockhowe, Friedrich Gerhard	20, Feb. 1849	
334	Reinke, Friedrich Wilhelm	6, Feb. 1849	
334	Friedrich Droege	6, Feb. 1849	sold to H. Rehback

First German Protestant Evangelical Cemetery

Lot	Name of Owner	Date of Purchase	Remarks
334	Rehback, Heinrich	2, Jan. 1854	
335	Schleibaum, Heinrich	18, Dec. 1848	
335	Knost, Heinrich	18, Dec. 1848	
336	Wilke, Mattes	21, Aug. 1848	sold to C.F. Sudfeld
336	Sudfeld, Carl Friedrich	21, June 1870	
337	Timmermann, Dietrich Heinrich	8, May 1848	sold to August Giesler
337	Giesler, August	8, Aug. 1855	
338	Klaassen, C.	7, Jan. 1851	sold 1/2 lot to F. Maehlenkamp
338	Maehlenkamp, Friedrich	4, Feb. 1852	
339	Meier, Dietrich Heinrich	6, July 1849	
339	Geist, Heinrich	6, July 1849	
340	Leopold, Johan G.M.	25, July 1849	
341	Rohlfing, Christian Wilhelm	15, Nov. 1852	
342	Rowekamp, Friedrich H.	8, Aug. 1854	sold to F.W. Weber
342	Weber, Friedrich Wilhelm	20, Apr. 1860	
343	Scharfscharr, Heinrich Christoph	10, Feb. 1859	
344	Lahrmann, Elisabeth	16, Jan. 1860	married to Ludwig Fricke
344	Renzbrinck, Ludwig		
345	Spreen, Charles	7, Aug. 1862	
345	Glaescher, G.W.	7, Aug. 1862	
346	Brockmann, Heinrich	1, Oct. 1863	
346	Brockmann, Friedrich	1, Oct. 1863	
368	Heidecker, Friedrich	18, Aug. 1864	
368	Mueller, Gerhard	18, Aug. 1864	
369	Haniball, Heinrich Wilhelm	25, Jan. 1864	
369	Toensing, Gottlieb	8, May 1865	
370	Boelling, Charles H. & Charles F.		
371	Buecker, Arnold Wilhelm	21, Apr. 1860	
371	Buecker, F. Adolph	21, Apr. 1860	
372	Runge, Wilhelm Victor	7, May 1859	
373	Schnitker, Herman	19, Oct. 1857	
373	Gramann, Friedrich	19, Oct. 1857	
374	Schwenker, Christian Friedrich W.	24, July 1852	
375	Eberhard, Cristofer	17, July 1849	
376	Koring, Heinrich	1, July 1849	sold lot to C. Luedeke in 1856
376	Luedeke, Christian	1, July 1849	
377	Buente, Johan Heinrich	23, May 1851	
378	Klekamp, Johan Heinrich	3, May 1848	
379	Rahe, Johan Heinrich	2, May 1848	
379	Buening, Johan Heinrich Ludwig	2, May 1848	
380	Matthe, Carl	16, Apr. 1848	
381	Faye, Johan	2, Apr. 1848	
382	Strubbe, Johan Heinrich	13, Apr. 1848	
391	Doeppe, Johan	10, Mar. 1848	
392	Pott, Wilhelm	14, Feb. 1848	
392	Knippenberg, Friedrich	14, Feb. 1848	
393	Ellerhorst, Heinrich Ludwig	9, Nov. 1847	
394	Rieke, Herman Heinrich	10, Dec. 1847	
395	Langhorst, Heinrich Wilhelm	3, June 1847	
396	Ahlbrand, Johan Heinrich	24, Mar. 1849	
397	Overbeck, Herman	26, June 1847	
398	Topie, Friedrich	16, July 1849	
399	Wanstrath, Johan Heinrich	24, Aug. 1850	
400	Hilgemann, M. Dorothea Charlotte	26, Dec. 1857	
401	Striedelmeier, Ernst	9, June 1859	
402	Domhoff, Johan Heinrich	25, Oct. 1860	

First German Protestant Evangelical Cemetery

Lot	Name of Owner	Date of Purchase	Remarks
403	Spreen, August	15, Apr. 1863	sold east half to M. Uchtmann
403	Uchtmann, Maria	11, Feb. 1864	
404	Holmann, Wilhelmina	14, Apr. 1864	
405	Lueckens, Wilhelm		
426	Leinkuehler, Wilhelm		
427	VonBonde, Gerhard	1, May 1864	
428	Harms, Johan H.	27, Apr. 1863	
429	Remme, Heinrich Wm.	2, Apr. 1861	
430	Papa, Bernhard	17, June 1859	
431	Dalfendahl, Johan	3, Apr. 1858	
431	Lachtrop, Heinrich	3, Apr. 1858	
432	Brueggemann, Johan Heinrich	12, Jan. 1850	
432	Castens, Herman H.	12, Jan. 1850	sold to J.H. Tonnemacher
432	Tonnemacher, Johan Heinrich	26, May 1853	
433	Fahien, Jakob (1/3 Lot)	14, July 1849	
433	Fahien, J.H. (1/3 Lot)	14, July 1849	
433	Stenkamp, J.H.	14, July 1849	
434	Delfendahl, Heinrich (1/6 Lot)	20, May 1849	
434	Klinger, Carl (1/6 Lot)	20, May 1849	
434	Delfendahl, Johan (1/6 Lot)	20, May 1849	
434	Luebkemann, Johan (1/6 Lot)	20, May 1849	
434	Elfers, Johan (1/6 Lot)	20, May 1849	
434	Elfers, Johan H. (1/6 Lot)	20, May 1849	
435	Ziegler, Christian		
436	Haette, Herman Heinrich	3, June 1847	
437	Grewe, Herman Heinrich	1, Apr. 1848	
438	Kuekelhans, Agnes	11, Sept 1848	widow
439	Hugo, Herman Ludwig		
439	Kohme, Johan H.		
440	Westerhaus, Heinrich		
440	Schefer, Friedrich		sold to F. Bramkamp
440	Bramkamp, F.	17, Apr. 1850	

First German Protestant Evangelical Cemetery

Lot	Name of Owner	Date of Purchase	Remarks
396	Ahlbrand, Johan Heinrich	24, Mar. 1849	
63	Ahlers, Friedrich		
3	AufderHeide, J. Heinrich Wildbrandt		sold to H.H. Schulte
98	Baumann, Johan Albert		
17	Beckmann, Johan Heinrich	15, July 1861	
50	Beerhorst, Friedrich Wilhelm		
64	Beker, Albert	13, Apr. 1847	
80	Benter, Dietrich		sold to G.F. Hanning
18	Beste, Heinrich Adolph		
370	Boelling, Charles H. & Charles F.		
10	Borchelt, Heinrich Wilhelm		sold to Buehrmann/Borchelt
10	Borchelt, Heinrich Wilhelm	1851	
440	Bramkamp, F.	17, Apr. 1850	
71	Bramsche, Gerhard Heinrich		
86	Brethorst, Johan Heinrich		
322	Brinkmeier, Johan Cristof	17, Dec. 1849	sold to C.F. Reinhart
322	Brockman, Herman Heinrich	7, Feb. 1852	
346	Brockmann, Friedrich	1, Oct. 1863	
346	Brockmann, Heinrich	1, Oct. 1863	
432	Brueggemann, Johan Heinrich	12, Jan. 1850	
34	Bruns, Gerhard Heinrich		
77	Bruns, Johan Cord		
371	Buecker, Arnold Wilhelm	21, Apr. 1860	
371	Buecker, F. Adolph	21, Apr. 1860	
10	Buehrmann, Gerhard Ludwig	1851	
87	Buening, Gerhard Heinrich		
379	Buening, Johan Heinrich Ludwig	2, May 1848	
377	Buente, Johan Heinrich	23, May 1851	
48	Buescher, Herman Heinrich		
29	Busch, J.F.	11, Mar. 1858	
21	Buse, Johan Heinrich		
432	Castens, Herman H.	12, Jan. 1850	sold to J.H. Tonnemacher
431	Dalfendahl, Johan	3, Apr. 1858	
36	Dannettel, H.C.	5, Mar. 1849	
434	Delfendahl, Heinrich (1/6 Lot)	20, May 1849	
434	Delfendahl, Johan (1/6 Lot)	20, May 1849	
37	Detchen, Dietrich Heinrich		
15	Dinkelmann, Johan Friedrich Wm.		
391	Doeppe, Johan	10, Mar. 1848	
402	Domhoff, Johan Heinrich	25, Oct. 1860	
59	Dresing, Heinrich		
19	Dzierzanowsky, Gottlieb		sold to C.H. Reinke
375	Eberhard, Cristofer	17, July 1849	
434	Elfers, Johan (1/6 Lot)	20, May 1849	
434	Elfers, Johan H. (1/6 Lot)	20, May 1849	
393	Ellerhorst, Heinrich Ludwig	9, Nov. 1847	
96	Engel, Friedrich		
54	Evers, Cord		
433	Fahien, J.H. (1/3 Lot)	14, July 1849	
433	Fahien, Jakob (1/3 Lot)	14, July 1849	
381	Faye, Johan	2, Apr. 1848	
46	Fierke, Johan Heinrich Conrad		
8	Fincke, Johan H.W.		
74	Finke, Heinrich Christian		sold to W. Haning
326	Flagge, Franz	24, Feb. 1849	

First German Protestant Evangelical Cemetery

Lot	Name of Owner	Date of Purchase	Remarks
316	Forste, Johan Friedrich H.	18, Apr. 1864	
334	Friedrich Droege	6, Feb. 1849	sold to H. Rehback
78	Frohbusch, Heinrich		
5	Geist, Casper		
339	Geist, Heinrich	6, July 1849	
337	Giesler, August	8, Aug. 1855	
345	Glaescher, G.W.	7, Aug. 1862	
373	Gramann, Friedrich	19, Oct. 1857	
437	Grewe, Herman Heinrich	1, Apr. 1848	
51	Grothaus, Johan Herman		
81	Habekotte, Friedrich		
100	Hadler, (widow)		
436	Haette, Herman Heinrich	3, June 1847	
97	Hagen, Ludwig		
57	Hahn, August		
369	Haniball, Heinrich Wilhelm	25, Jan. 1864	
74	Haning, Wilhelm	1851	
80	Hanning, Georg Friedrich	22, Aug. 1847	
53	Hanning, H.		
89	Harmeier, Johan Rudolph		
103	Harms, Dietrich		
428	Harms, Johan H.	27, Apr. 1863	
84	Hasebrock, Johanne	12, Feb. 1855	widow
106	Hauser, R.		
102	Havekote, Gerhard Friedrich		
102	Havekote, Johan Heinrich		
112	Hegerhorst, Ernst Wm.	28, Aug. 1847	
368	Heidecker, Friedrich	18, Aug. 1864	
44	Heidenreich, Christopf Heinrich		sold to E.H. Loehr
110	Helm, Adam		sold to Heinrich Schuerman
6	Helmich, Friedrich Wilhelm		sold to J.H. Koenig
1	Helmich, Johan Rudolpf		
400	Hilgemann, M. Dorothea Charlotte	26, Dec. 1857	
22	Hoberg, Johan H.	21, June 1860	
8	Hollenberg, Wilhelm		sold to J.H.W. Fincke
404	Holmann, Wilhelmina	14, Apr. 1864	
25	Horstmann, Johan Heinrich		
439	Hugo, Herman Ludwig		
23	Ihlbrock, Dietrich		
108	Imholz, Heinrich Wilhelm		
317	Jungebluth, George F.A.	2, Nov. 1861	
17	Kahle, Wilhelm		sold to J.H. Beckmann
93	Kestner, Johan Heinrich		
38	Kestner, Johan Philipp		
338	Klaassen, C.	7, Jan. 1851	sold 1/2 lot to F. Maehlenkamp
105	Klausheide, Carl Friedrich		sold to J.D. Meier
94	Klausheide, Johan Friedrich		
73	Klausheide, Johan Heinrich		
13	Kleier, Johan Heinrich		
378	Klekamp, Johan Heinrich	3, May 1848	
434	Klinger, Carl (1/6 Lot)	20, May 1849	
107	Klocke, Johan Heinrich		
49	Knake, Ernst Friedrich Wilhelm		
392	Knippenberg, Friedrich	14, Feb. 1848	
335	Knost, Heinrich	18, Dec. 1848	
69	Knost, Johan Friedrich Heinrich		

First German Protestant Evangelical Cemetery

Lot	Name of Owner	Date of Purchase	Remarks
6	Koenig, Johan Herman		
439	Kohme, Johan H.		
35	Koring, Christopf Friedrich		
376	Koring, Heinrich	1, July 1849	sold lot to C. Luedeke in 1856
82	Kostermann, Johan Heinrich		
70	Kotenkamp, Dietrich		
321	Kracht, Theodor	28, Feb. 1853	
39	Krohme, Johan Friedrich		
438	Kuekelhans, Agnes	11, Sept 1848	widow
83	Kumming, Adam		
431	Lachtrop, Heinrich	3, Apr. 1858	
344	Lahrmann, Elisabeth	16, Jan. 1860	married to Ludwig Fricke
52	Lanfersiek, Johan Wilhelm		
395	Langhorst, Heinrich Wilhelm	3, June 1847	
426	Leinkuehler, Wilhelm		
340	Leopold, Johan G.M.	25, July 1849	
61	Liemann, Carl		
47	Lilie, Friedrich Heinrich		sold to J.R. Schulte
27	Lilie, Herman Friedrich		
66	Linneweber, Friedrich Heinrich		
324	Loehmann, C.H.	8, May 1849	
44	Loehr, Eberhard Heinrich	1843	sold to H. Wm. Meier
76	Loeppel, Johannes		
434	Luebkemann, Johan (1/6 Lot)	20, May 1849	
405	Lueckens, Wilhelm		
376	Luedeke, Christian	1, July 1849	
84	Luterbein, Herman Heinrich		sold to J. Hasebrock
338	Maehlenkamp, Friedrich	4, Feb. 1852	
380	Matthe, Carl	16, Apr. 1848	
32	Maybaum, Carl Wilhelm		
105	Mayer, Johan	5, May 1867	
22	Meier, B.H.	1844	sold to Hoberg, Stienker
339	Meier, Dietrich Heinrich	6, July 1849	
104	Meier, Gerhard		
44	Meier, H. Wilhelm		
75	Meier, Heinrich Wilhelm		sold of J. Uhlhorn
68	Meier, Johan Friedrich		
22	Menke, Gerhard Heinrich		sold to B.H. Meier
105	Meyer, J.D.		sold to Johan Mayer
323	Middendorf, Adam Heinrich	6, July 1849	
109	Mittendorf, Bernd Heinrich		
368	Mueller, Gerhard	18, Aug. 1864	
4	Musekamp, Georg Heinrich		
319	Nagel, Wilhelm	5, Apr. 1856	
101	Nepper, August Friedrich		
67	Nepper, Gustav Friedrich		
322	Niemeyer, Friedrich	11, June 1852	
62	Nienaber, Johan Heinrich		
88	Noltekemper, H.W.		
58	Otten, Johan Dietrich		
91	Otting, Johan Adam		
397	Overbeck, Herman	26, June 1847	
430	Papa, Bernhard	17, June 1859	
7	Pape, Herman	2, May 1852	
56	Peper, Carl Wilhelm		
112	Plake, Heinrich Ludwig	28, Aug. 1847	

First German Protestant Evangelical Cemetery

Lot	Name of Owner	Date of Purchase	Remarks
72	Pohlkotte, Gerhard Rudolph		sold to F. Wedendorf
392	Pott, Wilhelm	14, Feb. 1848	
12	Prior, Christopf Wilhelm		
2	Rabbe, Johan Heinrich		sold to H.F. Striethorst
379	Rahe, Johan Heinrich	2, May 1848	
334	Rehback, Heinrich	2, Jan. 1854	
322	Reinhart, Carl Friedrich	20, Apr. 1850	sold to Niemeyer & Brockman
19	Reinke, Cord Heinrich	4, Feb. 1845	
334	Reinke, Friedrich Wilhelm	6, Feb. 1849	
11	Remke, Johan		
429	Remme, Heinrich Wm.	2, Apr. 1861	
344	Renzbrinck, Ludwig		
87	Reutepoehler, Johan Heinrich		
394	Rieke, Herman Heinrich	10, Dec. 1847	
85	Riemeier, John Friedrich		
108	Riemeyer, J.D.		
99	Ringen, Conrad		
341	Rohlfing, Christian Wilhelm	15, Nov. 1852	
86	Rolfing, Samuel		
60	Rothert, Johan		
342	Rowekamp, Friedrich H.	8, Aug. 1854	sold to F.W. Weber
372	Runge, Wilhelm Victor	7, May 1859	
43	Schacht, Heinrich Wilhelm		
343	Scharfscharr, Heinrich Christoph	10, Feb. 1859	
440	Schefer, Friedrich		sold to F. Bramkamp
65	Scheperklaus, Herman Heinrich		
335	Schleibaum, Heinrich	18, Dec. 1848	
26	Schmidt, Herman Friedrich		
41	Schneider, Gerhard		
373	Schnitker, Herman	19, Oct. 1857	
7	Schroeder, Johan Heinrich		sold to H. Pape
2	Schuck, Johan Jacob		sold to J.H. Rabbe
110	Schuermann, Heinrich	26, Feb. 1852	
3	Schulte, H.H.	1, May 1844	
47	Schulte, J.R.	11, Mar. 1858	
9	Schwahlmeier, Johan Heinrich		
90	Schwarze, Johan		
374	Schwenker, Christian Friedrich W.	24, July 1852	
53	Seifer, Andreas Heinrich		sold to H. Hanning
403	Spreen, August	15, Apr. 1863	sold east half to M. Uchtmann
345	Spreen, Charles	7, Aug. 1862	
320	Spreen, Christian	8, Mar. 1853	
320	Spreen, Friedrich Wilhelm	8, Mar. 1853	
319	Spreen, Godlieb	5, Apr. 1856	
45	Stegen, Christopf		
92	Steinbrink, J. Gerhard	3, Apr. 1844	
433	Stenkamp, J.H.	14, July 1849	
22	Stienker, H.R.	21, June 1860	
333	Stockhowe, Friedrich Gerhard	20, Feb. 1849	
40	Strieck, Franz Rudolpf		
401	Striedelmeier, Ernst	9, June 1859	
55	Striedelmeier, Johan Heinrich		
2	Striethorst, Heinrich Friedrich	8, Jan. 1864	
382	Strubbe, Johan Heinrich	13, Apr. 1848	
325	Strunck, Johan Friedrich	6, Mar. 1849	
11	Strunck, Simon		sold to J. Remke

First German Protestant Evangelical Cemetery

Lot	Name of Owner	Date of Purchase	Remarks
336	Sudfeld, Carl Friedrich	21, June 1870	
28	Sundermann, Heinrich		
24	Thieke, Heinrich Christopf Ludwig		
337	Timmermann, Dietrich Heinrich	8, May 1848	sold to August Giesler
36	Toden, Klaus		sold to H.C. Dannettel
369	Toensing, Gottlieb	8, May 1865	
432	Tonnemacher, Johan Heinrich	26, May 1853	
398	Topie, Friedrich	16, July 1849	
403	Uchtmann, Maria	11, Feb. 1864	
75	Uhlhorn, Johan Fr.	27, Apr. 1844	
427	VonBonde, Gerhard	1, May 1864	
79	VonderWoesten, Johan Heinrich		
92	VonSeggern, Christopf		sold to J.G. Steinbrink
33	VonSeggern, Friedrich		
64	Voss, Friedrich		sold to A. Beker
30	Wachendorf, Herman Heinrich		
31	Wachendorf, Johan Heinrich		
29	Wachendorf, Johan Herman		sold to J.F. Busch
399	Wanstrath, Johan Heinrich	24, Aug. 1850	
342	Weber, Friedrich Wilhelm	20, Apr. 1860	
72	Wedendorf, Friedrich	5, Mar. 1849	
42	Wehrmann, C.H.	6, Jan. 1855	
42	Wehrmann, Friedrich Wilhelm		sold to C.H. Wehrmann
440	Westerhaus, Heinrich		
336	Wilke, Mattes	21, Aug. 1848	sold to C.F. Sudfeld
318	Wilker, Herman Henry	15, Nov. 1859	
95	Winkelmann, Heinrich Gerhard		
16	Wulfeck, Johan Adam		
14	Wulfeck, Johan Heinrich		
20	Wulfeck, Victor		
111	Ziegeler, Christian	4, May 1847	
435	Ziegler, Christian		

MARTINI UNITED CHURCH of CHRIST   Cincinnati, OH

The Martini United Church of Christ was founded in 1851 at Horton and Saffin Sreets in Cincinnati, OH. A small burying place for members was laid out on January 1, 1867 and the original plat was copied from the church minute book which shows the lot owners as of 1867. The first record book of funeral services held at this church was transcribed covering the time period from the founding of the church in 1851 through the year 1936. Although a few earlier records appear to be missing, the records in general are quite complete for this time period, especially for the late 1800's into the early 1900's. All records are missing for 1856 to 1860. The records were all hand written in German until about 1913 when they changed into English. The name of the church was occasionally called St Matthäus.

Only a few burials were made at the Martini burying ground after 1900. No stones remain at the site as it was covered over for a parking lot. The format of the funeral records transcribed for this publication follows very closely that of the original record book, and includes the name of the deceased, their birthplace, their birth date, the date of death, the cemetery of burial (as many were interred at other cemeteries), and names and relationship of surviving relatives. The original record book also lists the date of burial and cause of death for the older records, but these were not included in this transcription. The cause of death is given in the records but was particularly difficult to decipher and translate, often due to the use of abreviations and unfamiliar terms.

Robert C Rau completed transcribing these records as nearly exact as possible in November 1981 retaining the German spelling of names, etc. A dash "_", in an entry indicates that item was blank in the record book. A question mark, " ? ", indicates an entry which was difficult to read and may be incorrectly transcribed or is simply a transcription of a question mark in the original records. The original record book also gives the ages in years, months and days which do not always agree with the age listed that would be calculated from the birth and death dates. No attempt was made to indicate which information is incorrect, and no specific search was made to detect such discrepancies, so others may also exist.

Name	Birthplace	BD or AE	DD	Relatives

Burials made in Martini Churchyard as given in church record.

Name	Birthplace	BD or AE	DD	Relatives
APPELMAN Johann Friedrich	Sandhofen, Bavaria	04-16-1816	09-10-1864	Catharine Appelman, wife
ASCHENBACH Johann	Schweinach, Sachsen, Meinge(?)	1840	11-01-1883	Helene Aschenbach, wife
BABSTELLER Jessie Christiane	Lick Run, Cincinnati, OH	04-26-1883	12-08-1884	Albert & Catharine Babsteller
BALLHAUS Helene Auguste	Lick Run, Cincinnati, OH	11-28-1861	11-06-1865	Heinrich & Auguste, parents
BARTH Johann	Lick Run, Cincinnati, OH	04-04-1884	04-10-1885	Michael & Marie Barth, parents
BAÜSCHLE Christoph Friedrich	Wurttemberg	06-27-1796	11-26-1872	?
BAÜSCHLE Elisabeth	Schapfloch, Wurttemberg	06-30-1814	01-18-1874	?
BECKER Marie Magdalene	Cincinnati, OH	11-12-1896	05-27-1897	Valentin & Marie Becker, pars
BELZEL Maria	Cincinnati, OH	09-20-1867	08-16-1887	Vincenz Belzel, husband
BIEGLER Anna Barbara	Bärbach, Bavaria	07-10-1802	04-25-1874	None given
BIEGLER Anna Margarethe	Ansbach, Bavaria	06-18-1823	03-09-1862	Johann Veit Biegler, husband
BIEGLER Auguste	Lick Run, Cincinnati, OH	02-21-1862	07-09-1862	Johann Veit & Anna M Biegler
BIEGLER Elisabeth	Lohrhaupten, Kurhessen	10-19-1837	03-25-1881	Johann Veit Biegler, husband
BIEGLER Georg	Cincinnati, OH	06-24-1865	10-27-1894	Barbara Biegler, wife
BIEGLER Johann Georg	Wüstenfelden, Bavaria	68y 11m 24d	08-24-1871	Johann Veit Biegler, son
BIEGLER Johann	Lick Run, Cincinnati, OH	1855?	12-02-1862	Johann Veit & Anna M Biegler
BIEGLER Johann Veit	Untunesselbach, Bavaria	06-27-1831	07-12-1881	Son
BINDER Carl	Lick Run, Cincinnati, OH	09-13-1870	10-11-1870	Joseph & Maria Binder, parents
BINDER Marie Elisabeth	Lick Run, Cincinnati, OH	05-23-1870	06-13-1870	Melchior & Margarethe, parents
BLINSINGER Anna Catharine	?	05-15-1794	08-04-1867	Carl Blinsinger, husband
BLINZINGER Carl	Wilsbach, Wurttemberg	12-28-1803	08-30-1873	?
BRANDT Peter	Kurhessen, Germany	04-10-1810	03-18-1873	?
BRANDT Regine	Bohrhaupten, Kurhessen, Germany	12-25-1809	01-27-1881	Johann Veit **BIEGLER**, son-in-law
BRAUN Johann	?	25y - - - -	04-10-1871	Johann & Anna Braun
BRITTING Peter	Kalchreuth, Bavaria	05-04-1826	10-13-1891	Adam **FRANK**, son-in-law
BRUMM Jacob	Ernstweiler, Rheinland,Pflaz	33y 6m - -	06-07-1871	?
BRUMM Maria	Lick Run, Cincinnati, OH	06-11-1871	03-27-1874	Jacob & Maria Brumm, parents
CAWEIN Daniel	Billigheim, Rheinland Pfalz	03-19-1831	07-09-1898	Pauline Cawein, wife
CAWEIN Marie	Cincinnati, OH	07-09-1870	02-20-1893	Daniel & Pauline Cawein, pars
CAWEIN Martha nee **KIMBERLEY**	Woolwich, England	09-21-1873	03-04-1909	Daniel Cawein, husband
CLASSEN Friedrich Richard	Fairmount, Cincinnati, OH	07-10-1881	11-30-1881	Herrmann & Louise Classen, pars
CONRAD Wilhelm	Cincinnati, OH	12-09-1881	07-22-1883	Johann & Marie Conrad, pars
CONRADI Elisabeth	Helfersdorf, Kurhessen	03-19-1831	06-24-1888	Peter Conradi, husband
DAIBER Babette	Lick Run, Cincinnati, OH	10-13-1871	07-05-1872	Bernhard & Christiane, parents
DAIBER Eduard	Lick Run, Cincinnati, OH	10-04-1877	09-08-1878	Bernhard & Christiane, parents

MARTINI UNITED CHURCH of CHRIST — Cincinnati, OH

Burials made in Martini Churchyard as given in Church record.

Name	Place of Birth	BD or AE	DD	Relatives
DAUM Heinrich Otto	?	?	04-09-1872	Valentin & Elisabeth Daum, pars
DOPPLER Nicolaus	Auf d. Struth, Bavaria	12-03-1860	03-23-1878	Friedrich Doppler & Margarethe HAAKE, pars
DORNER Jenny	Lick Run, Cincinnati, OH	03-31-1891	04-06-1891	Heinrich & Margarethe, parents
DORSCH Infant male	Lick Run, Cincinnati, OH	08-31-1885	09-12-1885	Michael & Margarethe Dorsch
DORSCH Margarethe, nee HOLBERT	Ohio	04-15-1854	04-27-1892	Michael Dorsch, husband
DRAXEL Heinrich	Mömpel, Rheinland Pfalz	05-04-1819	09-03-1884	Margarethe Draxel, wife
ECKARDT Emilie	Lick Run, Cincinnati, OH	15y 7m 5d	01-10-1872	Christian & Sophie Eckardt, pars
ECKARDT Friedrich	Lick Run, Cincinnati, OH	01-31-1829	07-02-1886	Sophie Dorothea Eckardt, wife
ECKARDT Friedrich Paulus	Lick Run, Cincinnati, OH	09-12-1895	01-20-1896	Friedrich &Cath.BURGER,pars
ECKARDT Gottlieb	?	28 yrs	06-13-1867	Christine Eckardt, wife
ECKARDT Helene nee SPERBER	Lick Run, Cincinnati, OH	12-18-1863	04-11-1888	Friedrich Eckardt, husband
ECKARDT Johann Friedrich	Lick Run, Cincinnati, OH	11-02-1873	07-02-1874	Peter & Elisabeth Eckardt, pars
ECKARDT Johannes	?	? Buried	09-18-1866	Barbara Eckardt, wife
ECKARDT Peter	Lick Run, Cincinnati, OH	09-09-1866	03-27-1868	Peter & Elizabeth Eckardt
ECKARDT Sophia Dorothea nee RÖDER	Sommerhausen, Bavaria	08-01-1832	08-19-1902	Friedrich Eckardt, son
ECKARDT Stella D	Cincinnati, OH	11-03-1893	01-12-1895	Louis & Barbara Eckardt, parents
EICHNER Michael	Hohenlohize, Wurttemberg	01-31-1815	05-06-1866	?
EMLICH Gustav	Cincinnati, OH	06-22-1878	04-02-1885	Joseph & Henriette Emlich, pars
EMMELICH Georg Carl	Lick Run, Cincinnati, OH	07-24-1880	01-28-1882	Joseph & Henriette, parents
ENGEL Georg	Cincinnati, OH	11-11-1898	03-30-1901	Heinrich & Kunigunde, parents
ENGEL Heinrich Georg	Cincinnati, OH	09-20-1894	10-11-1895	Heinrich & Kunigunde, parents
ENGEL Heinrich	Lick Run, Cincinnati, OH	12-18-1889	12-22-1889	Heinrich&KunigundeSPERBER
ENGEL Louis Heinrich	Cincinnati, OH	05-21-1891	05-22-1897	Heinrich & Kunigunde, parents
FERKEL Susanne	Lick Run, Cincinnati, OH	01-18-1867	01-25-1867	Jacob & Elisabeth Ferkel, pars
FISCHER Adam	Lick Run, Cincinnati, OH	02-26-1884	03-09-1884	Theodor & Eva Fischer
FISCHER Albert Georg	Cincinnati, OH	12-18-1886	12-23-1890	Carl & Barbara Fischer, parents
FISCHER Carl Friedrich Ernst	Urnshausen(?) Sachsen Weimar	10-12-1828	04-02-1902	Theodor Fischer, son
FISCHER Christine Margarethe nee KOWES	Döpen, a/(?) Bavaria	12-11-1826	06-22-1894	Carl Fischer, husband
FISCHER Jacob	Blieskassel, Rheinland,Pfalz	12-27-?	10-04-1872	—
FISCHER Johann Carl Peter	Lick Run, Cincinnati, OH	1863	08-11-1864	Carl & Christine Fischer, pars
FISCHER Johann	Lick Run, Cincinnati, OH	04-09-1859	08-10-1891	Rosa Fischer, wife
FRANK Georg	Lick Run, Cincinnati, OH	02-19-1889	02-27-1889	Adam & Elisabeth, parents
FRANK Peter	Lick Run, Cincinnati, OH	02-09-1885	12-07-1886	Adam & Elisabeth Frank
FRANK Robert Adam	Lick Run, Cincinnati, OH	06-17-1892	06-24-1892	Adam & Elisabeth Frank, pars
FRANK Wilhelm Martin	Lick Run, Cincinnati, OH	11-10-1875	05-14-1876	Johannes & Elisabeth, parents
FRIEDRICH Johann Baptist	Lick Run, Cincinnati, OH	06-02-1882	08-28-1883	Adam & Helene BIEGLER
FUEGEL Walter Eduard	Cincinnati, OH	07-02-1898	05-17-1899	Eduard & Margarethe, parents
GAEFE Johann Heinrich	Lick Run, Cincinnati, OH	1y 10m 3d	12-03-1870	Friedrich & Wilhelmine, parents
GERHARD James John	Lick Run, Cincinnati, OH	09-07-1884	02-27-1885	Wilhelm & Marie Gerhard
GERHARDT Dorothea	Hanau, Rh. Bay. Hessen Cassel	01-22-1841	04-07-1883	Ernst Gerhardt, husband
GERHARDT Ernst Marquardt	Hanau, Germany	03-26-1841	06-29-1903	Marie Gerhardt, daughter
GERHARDT Louis	Hanau, Kurft Hessen	02-19-1877	05-27-1892	Ernst Gerhardt, father
GIEHL Anna Kunigunde nee BRITTING	Lick Run, Cincinnati,OH	02-14-1864	11-16-1892	Franz Giehl, husband
GNAU Johann Georg	Amenau, Oberhessen	02-24-1842	01-23-1885	Anna Gnau, wife
GRAEBE Hermann	Cincinnati, OH	05-12-1860	03-15-1898	Helen Graebe, wife
GRAU Alfred	Lick Run, Cincinnati, OH	10-30-1895	10-31-1896	Friedrich & Catharine, parents
GRAU Georg	Hesse Cassel, Germany	05-11-1827	07-02-1872	?
GRAU Johann	Lick Run, Cincinnati, OH	01-17-1863	01-09-1881	MagdalenASCHENBACH,Mom
GRAU Louise U	Cincinnati, OH	08-08-1868	09-02-1895	--, mother
GRAU Magdalene	Lick Run, Cincinnati, OH	08-24-1870	08-25-1870	Georg & Maria Magdalene, pars
GRAU-ASCHENBACH Magdalena	Baden, Germany	06-06-1842	05-26-1913	Georg & Fritz Grau, sons
GROEBE Gustav	Wemingerode am Harz, Prussia	01-03-1826	05-18-1878	Auguste Groebe, wife
GUNDEL Johann	Unterdachsbach, Bavaria	08-25-1839	07-06-1870	Civil War Veteran - no kin named
HARNISCH Harry	Fairmount, Cincinnati, OH	08-18-1878	10-04-1882	Johann & Caroline Harnisch
HEIN Emma Wanda	Lick Run, Cincinnati, OH	06-05-1893	07-20-1894	August & Marie Hein, parents
HEIS Wilhelm Heinrich	Lick Run, Cincinnati, OH	07-18-1892	08-09-1892	Wilhelm & Anna Heis, parents

MARTINI UNITED CHURCH of CHRIST — Cincinnati, OH

Burials made in Martini Churchyard as given in Church record.

Name	Place of Birth	BD or AE	DD	Relatives
HERBOLDSHEIMER Johann Fred.	Lick Run, Cincinnati, OH	11-22-1863?	?	Johann & Marg. Herboldsheimer
HETTESHEIMER Peter	?	08-02-1833	07-10-1878	Eva Hettesheimer, wife
HILTENBEITEL Anna nee CAWEIN	Cincinnati, OH	05-11-1876	07-10-1900	Jacob Hiltenbeitel, husband
HIRSCH Christian	Rudolfstadt, Bavaria	02-16-1823	10-04-1862	Elisabeth Hirsch, wife
HOFFMEISTER Caroline	Seeberg, Wurttemberg	01-19-1804	07-15-1877	Wilhelm Hoffmeister, son
HOFFMEISTER Gustav	Lick Run, Cincinnati, OH	10-10-1871	11-07-1878	Wilhelm & Marg. Hoffmeister
HOFFMEISTER Lydia	Lick Run, Cincinnati, OH	03-27-1878	10-28-1882	Wilhelm & Anna M. Hoffmeister
HOFFMEISTER Otto	Lick Run, Cincinnati, OH	12-25-1875	11-01-1877	Wilhelm & Marie, parents
HOFFMEISTER Pauline	Lick Run, Cincinnati, OH	02-02-1870	09-07-1876	Wilhelm & Marie, parents
HOLZMUELLER Louis	Cincinnati, OH	07-29-1849	07-06-1891	Louise Holzmüller, daughter
HOLZMUELLER Wilhelm	Lick Run, Cincinnati, OH	06-09-1851	08-13-1890	Ludwig Holzmüller, brother
HOLZMÜLLER Louise nee FRIEDRICH	Cincinnati, OH	09-13-1854	04-28-1890	Ludwig Holzmüller, husband
HOLZMÜLLER Ludwig	Kleinfuhr, Prussia	06-09-1819	08-11-1872	?
HOLZMÜLLER Wilhelmine	Grossfuhr bei Sonderhausen, Schwarsbg.	02-23-1816	01-27-1883	Ludwig Holzmüller, son
HOPPNER Johann Wilhelm H	Green Twp, Hamilton Co OH	04-30-1867	08-26-1884	Johann & Dorothea Höppner
HUBER Jacob	Thalsweiler(?) Rheinland, Pflaz	27y 7m	06-20-1871	Jacob & Elisabeth, parents
JESKE Johann Friedrich	Lick Run, Cincinnati, OH	03-31-1891	04-06-1891	Friedrich & Anna Jeske, parents
JESKE Julius	Kollatz, Prussia	05-12-1837	10-11-1870	?
JESKE Wilhelmina	Prussia, Germany	11-01-1837	08-30-1913	3 sons, 1 daughter
JUNGE Amalia	Elsass, Reichsld.	05-01-1801	08-05-1874	None given
KAEFEL Elisabeth	Fairmount, Cincinnati, OH	10-17-1882	12-04-1883	Georg & Catharine Kaefel
KAEFEL Catharine nee WENZEL	Lick Run, Cincinnati, OH	11-30-1852	10-16-1889	Georg Kaefel, husband
KALLENBACH Theodor	Saxony	04-28-1840	11-01-1891	Louise Kallenach, wife
KARETH August Edwin	Lick Run, Cincinnati, OH	4 m - 1864	05-08-1864	Michael & Margarethe Kareth
KARETH Catharine	Lick Run, Cincinnati, OH	01-03-1892	08-25-1892	Johann & Margarethe, parents
KARETH Catharine Margarethe	Lick Run, Cincinnati, OH	03-06-1872	10-04-1873	Georg & Margarethe, parents
KARETH Christoph	Lick Run, Cincinnati, OH	12-12-1844	07-23-1863	Michael & Margarethe Kareth
KARETH Eduard	Lick Run, Cincinnati, OH	09-09-1866	07-20-1868	Michael & Catharina Kareth, pars
KARETH Frieda Anna Helene	Cincinnati, OH	09-02-1895	09-26-1895	Margarethe Kareth, mother
KARETH Jakob	Lick Run, Cincinnati, OH	05-15-1854	03-19-1886	Michael Kareth, father
KARETH Johann Michael	Dottenheim Amt Neustadt	11--0-1818	10-07-1893	Michael Kareth, brother
KARETH Margarethe	?	43y 5m 19d 1821?	07-23-1864	Michael Kareth, husband
KARETH Marie	Langenfeld, bei Neustadt a.d.Aisch, Bavaria	03-24-1819	06-07-1883	Friedrich Kareth, husband
KARETH Michael	Lick Run, Cincinnati, OH	01-00-1864?	06-10-1865	Johann Michael & Charl, pars
KARETH Michael	Lick Run, Cincinnati, OH	08-28-1879	04-14-1883	Georg & Margarethe Kareth
KAUFMAN Margarethe	Lick Run, Cincinnati, OH	10-26-1862	11-01-1862	Jacob & Maria Kaufman
KLEINER Marie Hedwig	Lick Run, Cincinnati, OH	06-07-1869	07-02-1870	Jacob & Barbara Kleiner, parents
KNAPP Johannes	Lick Run, Cincinnati, OH	01-05-1846	07-23-1864	Friedrich & Kunigunde, parents
KNAU Michael	Cincinnati, OH	06-03-1867	08-04-1867	Johann & Anna Knau, parents
KNORR Georg	Kastell, Bavaria	06-26-1850	11-17-1899	Mathilde Knorr, wife
KNORR Hermann August	Lick Run, Cincinnati, OH	05-07-1878	01-02-1879	Georg & Matthilde Knorr, pars
KNORR Margarethe	Kassell, bei Wissenheit, Bavaria	04-24-1817	11-08-1880	Martin Knorr, husband
KOECHLI Johann	Berne, Switzerland	05-11-1837	05-16-1877	Anna Köchli, wife
KOEHNE Friedrich Lincoln	Fairmount, Cincinnati, OH	07-30-1867	12-14-1867	Jacob & Caroline Koehne, pars
KOPP Emma Maria	Lick Run, Cincinnati, OH	01-20-1870	08-19-1870	Remecus & Wilhelmine, parents
LINCK Maria	Berbach, Neustadt a.d.Aisch, Bavaria	02-11-1826	02-06-1884	Leonhard Linck, husband
LORENZ Caroline nee BARG	Hannover, Germany	02-20-1835	02-03-1905	David SCHULTZ, son
MAYER Catharine	Wurttemberg	10-05-1804	10-29-1872	?
McALLISTER Christian	Lick Run, Cincinnati, OH	07-01-1863	01-27-1867	Peter & Marie McAllister, pars
MEHRING Emilie	Cincinnati, OH	10-02-1886	10-29-1886	Georg & Emilie Mehring, pars
MEHRING Margarethe	Lick Run, Cincinnati, OH	03-20-1876	04-15-1876	Leonhard & Barbara, parents
MEYER Carl	Lick Run, Cincinnati, OH	02-01-1864	11-08-1877	Catharine BABSTELLER, was his mother
MEYER Christian	Zweibrucken, Rheinland, Pfalz	08-12-1801	07-25-1877	Albert BABSTELLER, son-in-law
MUELLER Carl	Prussia, Germany	01-07-1812	07-01-1873	?
MÜLLER Catharine	Tippecanoe, OH	08-26-1886	09-22-1888	Emilie Müller, mother

MARTINI UNITED CHURCH of CHRIST — Cincinnati, OH

Burials made in Martini Churchyard as given in Church record continued

Name	Place of Birth	BD or AE	DD	Relatives
MÜLLER Dorothea Christine Else	?	45y 7m 3d	11-23-1870	Joachim C Fried. Müller, husband
NEUMEISTER Alice nee McDONALD	South Carolina	11-30-1834	11-30-1891	Heinrich Neumeister, son (Should read "husband.")
NEUMEISTER Friedrich	Lick Run, Cincinnati, OH	10-13-1865	10-15-1867	Jacob & Sophie Neumeister, pars
NEUMEISTER Heinrich	--	05-26-1856	10-03-1912	3 Daughters & 3 sons
NEUMEISTER Jacob	Altlautern, Wurttemberg	05-04-1817	11-16-1878	Sophie Neumeister, wife
NEUMEISTER Jacob	Lick Run, Cincinnati, OH	01-22-1887	02-21-1889	Heinrich & Alice, parents
NEUMEISTER Sophie	Willsbach, Amt Weinsberg, Wtbg.	08-27-1820	12-27-1891	Heinrich Neumeister, son
O'CONNELL Clara Josephine	Fairmount, Cincinnati, OH	05-19-1881	09-02-1884	John & Barbara O'Connell
ODENBACH Georg Heinrich	Cincinnati, OH	03-25-1909	05-06-1909	Johann & Anne Odenbach, pars
PAPST Margaretha Dorothea C	Lick Run, Cincinnati, OH	07-20-1883	08-20-1883	August Hermann & Cath. Papst
REINHARDT Maria	Berne, Switzerland	05-25-1836	08-28-1879	_ Reinhardt, husband
REINHARDT Robert	Cincinnati, OH	05-20-1871	08-03-1873	Christian & Marie, parents
RICHTER Helene Wilhelmine	Lick Run, Cincinnati, OH	07-24-1859	11-07-1866	Gottlieb & Wilhelmine Richter
RICHTER Matthäus	Duerrmenz (?), Amt Maubrau, Wurttemberg	01-10-1805	03-09-1881	Gottlieb Richter, son
RICKERT Catharine Emilie	Lick Run, Cincinnati, OH	04-13-1866	10-26-1868	Wilhelm & Caroline Rickert, pars
RÖDLER Johann Martin	Lick Run, Cincinnati, OH	1y 8m 21d	09-02-1870	Friedrich & Emma Rödler, pars
RÖDLER Ludwine Louise	Lick Run, Cincinnati, OH	01-02-1871	08-09-1872	Friedrich & Emma Rödler, pars
ROHR Margarethe	Lick Run, Cincinnati, OH	07-06-1870	09-01-1870	Philip & Maria Rohr, parents
RÖTTELE Margarethe Barbara nee BIEGLER	Lick Run, Cincinnati, OH	01-07-1860	06-08-1889	August Röttele, husband
RÖTTNER Conrad	Schuepfenreuth, Mittelfranken, Bavaria	02-19-1829	04-18-1888	Barbara Röttner, wife
RÖTTNER Heinrich	Lick Run, Cincinnati, OH	09-06-1870	08-16-1891	Barbara Röttner, mother
RUPPRECHT Peter	Lick Run, Cincinnati, OH	01-12-1873	03-10-1873	Michael & Elisabeth, parents
RUPPRECHT female child	Lick Run, Cincinnati, OH	03-28-1874	04-04-1874	Michael & Elisabeth, parents
SCHAEFER Anna Babette nee KUHLMANN	Unterulzenbach, Mittelfranken, Bavaria	05-24-1822	10-09-1889	Johan Schaefer, husband
SCHAEFER Catharine nee ECKARDT	Cincinnati, OH	07-17-1864	12-10-1900	Johann S Schaefer, husband
SCHAEFER Eva	Ichenheim, Baden	02-22-1869	08-05-1887	Eduard Schaefer, husband
SCHAEFER Friedrich Wilhelm	Cincinnati, OH	03-28-1848	12-28-1890	Johannes Schaefer, father
SCHAEFER Johann Adam	Warsaw Avenue, Green Twp	10-26-1847	05-18-1884	Sallie Schaefer, wife
SCHAEFER Margarethe Barb.	Delhi Twp, Hamilton Co OH	08-03-1863	02-08-1887	Johann & Anna Barbara, pars
SCHAFFER John	--	06--0-1861	12-04-1933	None given
SCHALLER Georg	Framesheim(?), Grossh. Hessen	11-26-1820	08-08-1881	Elisabeth Schaller, wife
SCHALLER Johann Michael	Lick Run, Cincinnati, OH	01-30-1870	10-29-1884	Elisabeth Schaller, mother
SCHELLER Albert Eduard	Cheviot, OH	05-28-1875	02-21-1878	Caspar Scheller, father
SCHELLER Caspar	Kirchberg bei Zurich, Switzerland	02-18-1822	11-10-1901	Mathilde Scheller, daughter
SCHELLER Elisabeth nee WILLNER	Maidingen, Amt Berne, Switzerland	05-10-1842	04-25-1892	Casper Scheller, husband
SCHINDLER Margarethe	Neustadt an der Hardt, Rhein.Pfalz	12-30-1830	01-16-1879	Carl Schindler, husband
SCHMIDT Joseph	Schwandorf, Amt Hockach, Baden	03-10-1822	10-20-1881	Elisabeth Schmidt, wife
SCHNEIDER Anna Maria	Lohrhaupten, Kurhessen, Germany	05-05-1842	12-16-1880	Peter Schneider, husband
SCHNEIDER Johannes	Lick Run, Cincinnati, OH	08-05-1878	11-05-1878	Peter & Marie Schneider, parents
SCHNEIDER Peter	Frankweiler, Rheinland, Pfalz	04-01-1820	05-06-1885	Margarethe Schneider, wife
SCHOEDINGER Georg	Cincinnati, OH	02-14-1891	07-16-1906	Georg & Wilhelmine, parents
SCHULZ Johann Martin	Lick Run, Cincinnati, OH	03-09-1862	09-09-1875	Wilhelm & Carol. Schulz, pars
SCHULZ Louise Sophie	Lick Run, Cincinnati, OH	01-28-1877	11-08-1879	Wilhelm & Barbara Schulz
SCHULZ Sophie	Lick Run, Cincinnati, OH	01-23-1876	02-02-1876	Wilhelm & Barbara Schulz, pars
SCHULZ Wilhelm	Edenkoben, Rheinland, Pfalz	04-05-1829	12-03-1880	Barbara Schulz, wife
SCHULZ Wilhelm	Lick Run, Cincinnati, OH	10y 5m 26d	11-16-1870	Wilhelm & Car. Schulz
SCHÜPFERLING Helene	Büg, Bavaria	08-08-1800	08-05-1872	Georg Schüpferling, husband
SCHWAEGERLI Emil	Fairmount, Cincinnati, OH	12-22-1869	12-09-1872	Georg & Regine EGGERS, pars
SIMON Apollonia	Schillert, Bavaria	04-23-1822	12-01-1890	Johann Simon, brother-in-law
SIMON Catharine Wilhelmine	Cincinnati, OH	09-17-1904	12-22-1908	Wm G & Wilhelmine Simon, pars
SIMON Eva Margarethe	Beirbach, Bavaria	?	07-22-1869	?
SIMON Johann Christian	Lick Run, Cincinnati, OH	06-10-1863	10-11-1863	Johann Simon, father
SIMON Michael	Berbach, Neustadt an der Aisch, Bavaria	05-18-1823	07-18-1882	Appolonia Simon, wife; Civil War Veteran
SMITT John	London, England	03-04-1820	07-12-1872	?

MARTINI UNITED CHURCH of CHRIST — Cincinnati, OH

Burials in Martini Churchyard as given in Church Record continued

Name	Place of Birth	BD or AE	DD	Relatives
SPERBER Anna Emilie	Lick Run, Cincinnati, OH	07-17-1889	08-02-1885	Friedrich & Emma, parents
SPERBER Franz Veit	Lick Run, Cincinnati, OH	06-28-1855	03-02-1897	Juliane Sperber, wife
SPERBER Georg	Kalchreuth, Bavaria	08-10-1832	09-14-1886	Margarethe Sperber, wife
SPERBER Georg	Cincinnati, OH	02-22-1881	04-07-1883	Veit & Juliane, parents
SPERBER Johann Adam	Lick Run, Cincinnati, OH	04-14-1870	04-26-1870	Georg & Margarethe Sperber, pars
SPERBER Joseph Friedrich	Lick Run, Cincinnati, OH	05-10-1891	07-16-1891	Friedrich & Emma NAGEL, pars
SPERBER Juliane Marg.	Lick Run, Cincinnati, OH	06-03-1886	06-13-1886	Friedrich & Emma, parents
SPERBER Lorenz	Lick Run, Cincinnati, OH	07-25-1883	04-15-1884	Lorenz & Emma Sperber
SPERBER Margarethe	Lick Run, Cincinnati, OH	04-08-1889	04-17-1889	Lorenz & Louise Sperber, parents
TROXEL Georg	Lick Run, Cincinnati, OH	08-22-1868	01-10-1890	Magdalene Troxel, mother
TROXEL Magdalena	Cincinnati, OH	04-03-1867	08-07-1874	Heinrich & Magdalena, pars
TUERCK Sophie Adeline nee NEUMEISTER	Cincinnati, OH	05-08-1879	03-07-1903	Christian Tuerck, husband
TULLY Mabel	Cincinnati, OH	05-03-1892	06-21-1893	Julius & Cath. Tully, parents
WAGNER Georg Michael	Kandel, Rheinland Pfalz	05-17-1819	02-17-1879	from Cleveland
WAGNER Johann Elmer	Lick Run, Cincinnati, OH	01-08-1898	06-26-1898	Johann & Sophie Wagner, pars
WAGNER Johannes Philippus	Cincinnati, OH	05-21-1899	07-15-1899	Johann & Sophie Wagner, pars
WALTER Barbara	Neckarsweiler, Baden	03-16-1816	04-01-1878	David Walter, husband
WALTER David Michael	Eckardsweiler, Amt Cork, Baden	06-08-1816	05-26-1881	David Walter, son
WEGENER Rosa Susanna	Lick Run, Cincinnati, OH	08-19-1886	08-29-1886	Friedrich & Sophie, parents
WEHRUNG Jacob	Lothringen, Reichalden	03-16-1816	02-25-1876	Margarethe Wehrung, wife
WEIDE Carl	Lick Run, Cincinnati, OH	09-29-1856	12-10-1887	Johann & Louise Weide, pars
WEIDE Emma	Lick Run, Cincinnati, OH	1859?	12-03-1865	Johann & Louise, parents
WEIDE Jacob	Lick Run, Cincinnati, OH	11-08-1874	04-24-1890	Johann & Louise Weide, parents
WEIDE Johann	Lick Run, Cincinnati, OH	08-20-1896	03-03-1897	Georg & Caroline Weide, parents
WEIDE Wilhelm Christian	Lick Run, Cincinnati, OH	08-04-1888	01-15-1889	Georg & Caroline Weide, parents
WEIDE Wilhelm	Lick Run, Cincinnati, OH	04-14-1868	01-04-1874	Joh. Gotthilf & Louise, pars
WEIMANN Heinrich	Hannover, Hannover, Germany	11-04-1827	05-06-1879	None given
WELDELE Julia Maria	Cincinnati, OH	11-28-1853	07-07-1881	Franz Weldele, husband
WENZEL August	Lick Run, Cincinnati, OH	01-03-1867	07-14-1893	Marie Wenzel, mother
WENZEL Georg	Lick Run, Cincinnati, OH	05-20-1870	05-21-1870	Friedrich & Maria Wenzel
WENZEL Johann Heinrich	Lick Run, Cincinnati, OH	09-09-1865	03-26-1882	Friedrich Wenzel, brother
WENZEL Louise	?	1y-00-2d	04-25-1872	Friedrich & Maria, parents
WIEHE Carl Robert Friedrich	?	5y 11m 9d	02-03-1872	Rev Georg & Cath. Wiehe, pars
WIEHE Female Infant	?	Stillborn	02-04-1872	Rev Georg & Cath. Wiehe, pars
WINKLER Carl August	Lick Run, Cincinnati, OH	08-20-1887	12-25-1887	Wilhelm & Elise Winkler, pars
WINKLER Edna Barbara	Lick Run, Cincinnati, OH	03-28-1893	09-01-1893	Wm & Barbara Winkler, parents
WINKLER Emilie Catharine	Cincinnati, OH	01-26-1898	04-04-1901	Wilhelm & Barbara, parents
WINKLER Georg Alexander	Cincinnati, OH	09-06-1885	01-10-1899	Wilhelm & Barbara, parents
WINKLER Child	Lick Run, Cincinnati, OH	Stillborn	03-02-1885	Gottlieb & Cath. Winkler
WÖRTZ Johann Georg	Fairmount, Cincinnati, OH	06-14-1864	09-15-1884	Johann & Marie Wörtz
ZIRN Apollonia	Landau, Rheinland Pfalz	05-05-1815	09-15-1890	Emma THON, daughter
ZUBILLER Juliane	Lick Run, Cincinnati, OH	4mos & 28 d	06-26-1870	Philip & Salome Zubiller, pars
ZUERN Carl	Lahr, Baden	03-15-1821	03-23-1874	?

The following are burials from Martini Church Record to other sites.

Name	Place of birth	BD or AE	DD	Relatives
AARON, Harry	--	34 yrs	12-28-1917	__
AEMISEGGER (?), John	--	06--0-1890	12-11-1933	Cremains
AKER Daniel	-- (Cremains)	08-16-1850	07-06-1913	Peter Aker, son; 2 married daus
ALLMAN Robert	--	12-25-1859	06-08-1936	None given; ? cem
ANDERSON Jacob	(Buried Newtown, OH)	03-31-1853	12-24-1925	5 sons, 3 brothers
ARNOLD Florence	--	06-04-1882	04-05-1936	None given; ? cem
BALBACH Marg nee HAUSE	--	05-14-1856	07-11-1927	1 son, 2 daughters; ? cem
BUEKLERS Rev Rich.	--	06-11-1871	05-06-1933	None given
BAUTEL Friedrich (Cremains)	Metzingen, Germany	06-21-1852	04-08-1922	Wife, 4 daughters, 3 sons
BECKER Mrs Mary Magd.	--	06-26-1860	05-01-1931	None given; ? cem
BEIGEL Leonard	--	03-01-1861	07-23-1936	None given; ? cem
BENSON Edw	--	12-28-1902	09-30-1929	None given; ? cem
BENSON William	--	06-11-1866	02-25-1929	None given; ? cem

MARTINI UNITED CHURCH of CHRIST Cincinnati, OH

The following are burials from Martini Church Record to other sites, continued

Name	Place of Birth	BD or AE	DD	Relatives
BERGLER Paul	Germany	11-15-1835	05-29-1916	Son; ? cem
BIEGLER Charles	--	08-05-1867	03-09-1931	None given; ? cem
BINDER Magdalene	Lick Run, Cincinnati, OH	01-06-1867	04-25-1867	Joseph & Maria Ursula, pars
Record states buried at Binder Family Cemetery but no cemetery known of that name. (? owned burial lot Martini)				
BINDER Maria	Lick Run, Cincinnati, OH	06-25-1862	05-09-1867	Joseph & Maria Ursula, pars
Record states buried at Binder Family Cemetery but no cemetery known of that name. (? owned burial lot Martini)				
BINDER Maria	Lick Run, Cincinnati, OH	1857?	01-29-1861	_ Binder, father
Record states buried Lick Run Cemetery				
BOEHME Jacob	--	08-03-1855	02-04-1929	None given; ?cem
BOHRER --	--	--	?1920	None given:;? cem
BOURKHOLZ John	--	04-29-1864	10-12-1931	None given; ? cem
BOYATT Shirley	--	10-22-1925	10-04-1929	None given; ? cem
BRAUN Mary Anne	--	08-01-1877	09-14-1933	None given; ? cem
BRITTING Anna	Wirmenden, ober Waiblingen, Wtbg	02-14-1828	05-17-1891	Peter Britting, husband
Record states she was buried in Lick Run Cemetery.				
BROOKS Lucy nee BRAUN	--	06-26-1850	12-26-1932	None given; ? cem
BROTHERTON Chas	--	04-06-1860	02-25-1936	None given; ? cem
BRUNDAGE Mr Hugh	--	04-22-1862	04-02-1930	None given; ? cem
BUDTMAN Johanna	Oldenburg, Germany	02-06-1847	01-14-1922	Buried New Richmond, OH
BUEHLER Jacob	--	02-24-1865	08-04-1934	None given; ? cem
BUEHLER Peter	--	12-10-1854	12-23-1935	None given; ? cem
BURBAGE Viola	Cincinnati, OH	Stillborn	06-13-1922	Parents
BURG Chas.	--	04-29-1894	12-19-1927	Wife, 1 son, 6 brothers, 2 sisters
BURNETT Harrison	--	07-07-1890	04-02-1932	Buried Union Cemetery
CAMERON Anna	--	11-26-1861	01-28-1936	None given; ? cem
CAMERON Arthur	--	11-24-1882	04-26-1935	None given; ? cem
CAMPBELL Marg	--	05-11-1869	08-06-1921	Husband, 2 daus, 4 sisters, & 1 brother
Buried Miamitown, OH				
CAMPBELL Miss Alice	--	72 years old	?	None given; ? cem
CLIFTON Dere (?)	--	12-02-1887	10-06-1934	None given; ? cem
COURTNEY Mrs Francis	--	06-05-1901	07-12-1930	None given; ? cem
CRACHIOLIE Mildred	--	10-21-1897	11-13-1936	None given; ? cem
CULLMANN Mrs Barbara	--	10-11-1839	12-18-1929	None given; ? cem
CZERWINSKY Mrs Barbara	--	04-15-1878	04-05-1929	None given; ? cem
DEDDENDORF Mrs Johanna	--	06-03-1858	07-02-1930	None given; ? cem
DEITEMEIER Mrs Eliz.	--	11-28-1846	05-14-1929	None given; ? cem
DEITEMEYER Emilie	Buxtehude, Hannover	01-17-1829	04-16-1894	Anton Deitemeyer, husband
Buried Bridgetown Cemetery				
DILG Betty nee HOUSTON	--	--	12-25-1932	None given; ? cem
DORSCH John Geo	Cincinnati, OH	02-26-1921	06-13-1922	Parents, 3 sisters, 1 brother
Buried St Marys Cemetery				
DORSCH William	--	05-18-1889	11-13-1922	Wife, 2 sons, 3 brothers, 1 sister
Buried St Joseph Cemetery				
DOTY Geo	--	02-01-1870	10-24-1933	None given; ? cem
DRISCHEL Daniel	--	08-30-1859	12-06-1928	None given; ? cem
EASTER Heriet	--	10-19-1841	--	-- Buried Pisgah, OH
EBEL Bertha	--	06-21-1858	06-21-1933	None given; ? cem
ECKARDT Geo.	--	06-27-1865	11-04-1935	None given; ? cem
ECKARDT Georg	?	11-06-1834	07-29-1866	Marie Eckardt, wife
Record states buried Eckardt Cemetery but probably was Martini; see copy of plat.				
ECKARDT Johann	Cincinnati, OH	05-23-1860	03-03-1903	Minnie Eckardt, wife
Buried Delhi Cemetery				
ECKARDT Hana nee CLARKSON	McKinney, KY	02-22-1882	12-12-1913	Husband & 2 children
EGNER Geo.	--	01-07-1879	12-26-1934	None given; ? cem
EGNER Georg	Cincinnati, OH	04-17-1850	08-22-1903	Magdalene Egner, wife
Buried in Marian Cemetery; no cemetery by this name but probably St Mary Cemetery in St Bernard.				
ENGEL Kunigunda	--	01-11-1868	10-30-1935	None given; ? cem
ERNST Geo	--	02-04-1892	12-19-1928	None given; ? cem
FAHRBACH Rosine & child	Oberrossbach, Bavaria	1823?	05-18-1861	Gottlieb Richter, witness
Record states buried Lick Run Cemetery ?				

MARTINI UNITED CHURCH of CHRIST   Cincinnati, OH

The following are burials from Martini Church Record to other sites, continued

Name	Place of Birth	BD or AE	DD	Relatives
FAIGLE Gotthilf	--	09-30-1871	03-10-1933	None given; ? cem
FEHL Abraham	--	05-10-1857	01-26-1935	None given; ? cem
FEHL Emma nee PFISTER	--	06-13-1862	01-25-1933	None given; ? cem
FEHLMAN Rob	--	12-12-1919	08-13-1934	None given; ? cem
FIELD Louis	--	03-29-1866	06-29-1936	None given; ? cem
FISCHER Barbara	Cincinnati, OH	03-23-1858	05-04-1895	Carl Fischer, husband
Buried Bridgetown Cemetery				
FISCHER Ferdinand	Cincinnati, OH	12-21-1880	12-19-1899	Carl & Ottilie Fischer, parents
Buried in Bridgetown Cemetery				
FOERTSCH Mrs Louise, nee RECKE		--	---	2 sons & 1 Daughter
FRICK Gottlieb	--	04-10-1849	07-05-1931	None given; ? cem
FRICK Mrs Louisa	--	02--0-1880	01-07-1935	None given; ? cem
FRICK Regina nee BARDLEIN	--	03-01-1855	09-26-1924	Husband, 1 son & dau
FRICK Mrs Louisa	--	12-21-1844	01-17-1935	None given; ? cem
FRIEDRICH Louise	Lick Run, Cincinnati, OH	06-14-1884	07-23-1884	Adam & Margarethe BÜHLER
Record states buried Lick Run Cemetery				
FRIEDRICH Melchior	--	--	10-07-1927	Wife, 1 son; ? cem
FUEGEL John Ed	--	02-26-1870	08-13-1926	Wife, 1 dau, 1 son, 3 brothers, 2 sisters
GERNHARDT Minnie	--	07-28-1863	02-10-1935	None given; ? cem
GESSWEIN Christian	Lick Run, Cincinnati, OH	7y 2m	1854	Thomas & Margarethe Gesswein
GIBERT (?), Miss Minnie	--	05-16-1870	11-06-1930	None given; ? cem
GLAZER Jacob	--	03-11-1868	01-26-1931	None given; ? cem
GOOD Geo	--	01-29-1891	07-28-1935	None given; ? cem
GRASSLE Mrs Cath.	--	10-30-1841	03-25-1930	None given; ? cem
GRAUSE Stephan	--	07-09-1862	DI 4-30-1921	3 sons, 2 daughters,
Buried at New Richmond, OH				
GREEN Mrs Jennie nee HENLING(?)	--	01-09-1853	05-29-1928	1 sister
Buried Evergreen Cemetery (Newport, KY?)				
GRONIGER Chas.	--	06-22-1854	01-26-1935	None given; ? cem
GRONIGER Chrysemthe	--	11-23-1911	07-28-1935	None given; ? cem
GROSZ Mrs Phil	--	10-21-1874	03-14-1929	None given; ? cem
GROSZ Phil	--	01-21-1859	06-29-1932	None given; ? cem
GUERRERA Nicholas	--	10-24-1907	01-11-1935	None given; ? cem
HACKMANN Marg nee ENGEL		08-14-1902	12-06-1932	None given; ? cem
HASELROTH Wilhelmina	--	--	09--0-1933	None given; ? cem
HAUCK Anna Maria	?	?	10-03-1866	Johann Hauck, husband
Record states buried Lick Run Cemetery				
HAUCK Johann	?	?	08-20-1869	?
HAUSER Sanda (?)	--	11-06-1907	11-17-1935	None given; ? cem
HEBER Nicolas	--	09-09-1889	07-18-1930	None given; ? cem
HECK John	--	12-22-1863	01-15-1936	None given:;? cem
HEINOLD Roy	--	06-27-1860	07-16-1935	None given; ? cem
HEIS Pauline Margarethe	Lick Run, Cincinnati, OH	02-22-1866	07-22-1867	Georg & Dorothea Heis
Record states buried in Klunz Cemetery; no cemetery known by said name, or was it burial lot? of Martini				
HELLE Alex	--	05-20-1878	03-03-1935	None given; ? cem
HELLE Betty Jane	--	--	?1923	Alex Helle, & wife nee JAEGER, pars
HELLMANN Mrs Anna	--	09-23-1859	03-25-1930	None given; ? cem
HEMBSER Richard	--	1858	02-07-1929	None given; ? cem
HENDLAND (?), Dr Edw.	--	05-07-1857	05-04-1930	None given; ? cem
HENRY Frank	--	07-03-1865	12-28-1934	None given; ? cem
HERTZ John	--	07-03-1867	10-23-1929	None given; ? cem
HESSE August Justus	Lick Run, Cincinnati, OH	11-25-1887	03-10-1891	Justus & Johanne Hesse, parents
Buried Green Twp Cemetery, Hamilton Co OH				
HESSE Catharine	Green Twp, Hamilton Co OH	09-13-1881	02-25-1891	Justus & Johanne Hesse, parents
Buried Green Twp Cemetery, Hamilton Co OH				
HESSE Georg David	Lick Run, Cincinnati, OH	03-24-1889	02-28-1891	Justus & Johanne Hesse, parents
Buried Green Twp Cemetery, Hamilton Co OH				
HESSE Louise	Lick Run, Cincinnati, OH	11-17-1891	04-03-1892	Justus & Johanne Hesse, parents
Buried Pleasant Ridge Cemetery				
HESSEL Fred	--	11-29-1857	01-07-1929	None given; ? cem

MARTINI UNITED CHURCH of CHRIST   Cincinnati, OH

The following are burials from Martini Church Record to other sites, continued

Name	Place of Birth	BD or AE	DD	Relatives
HOFFMEISTER Gottlieb	Ludwigsberg, Wurttemberg	06-06-1837	09-01-1855	Ludwig Hoffmeister, brother
Record states buried Lick Run Cemetery.				
HOLDEN Stephan	--	08-05-1863	08-21-1926	-- Buried Harrison, OH
HOLSCHER Henry	--	07-23-1866	--	None given; ? cem
HORN Emil Peter	Lick Run, Cincinnati, OH	06-21-1865	08-01-1866	Buried St Johns Cemetery
HOUZE William		03-07-1927	05-09-1928	Parents
Buried Evergreen Cemetery, Newport, KY ?				
HUDFLIS Adam	--	03-03-1887	10-15-1929	None given; ? cem
HUSTON Taylor	--	12-27-1872	08-24-1927	1 sister, 1 brother, ? cem
IVEY Roger Alex	--	11-07-1926	11-19-1927	Parents, 3 brothers, ? cem
JAHRAUS John	--	12-07-1865	05-25-1929	None given; ? cem
JANCH John	--	01-14-1872	08-22-1936	None given; ? cem
JENKINS Thomas	--	03-10-1858	03-02-1935	None given; ? cem
JOHNSTON Wm J	Louisville, KY	02-16-1860	03-09-1922	Buried Louisville, KY
JONES Orville	--	03-09-1895	03-02-1926	Wife
JONES Richard	--	06-21-1872	03-10-1936	None given; ? cem
KARETH Amelia	--	08-13-1858	04-01-1933	None given; ? cem
KARETH Frank	--	09-12-1875	06-24-1934	None given; ? cem
KARETH Geo.	--	02-28-1855	02-25-1931	None given; ? cem
KAUFMANN Louise	--	09-09-1860	06-07-1936	None given; ? cem
KAUFMANN William	--	--	06-03-1935	None given; ? cem
KEHRT Ed.	--	08-29-1870	01-12-1933	None given; ? cem
KEHRT Otto	--	04-23-1873	08-01-1931	None given; ? cem
KIEWIT Elsie	--	--	05-30-1935	None given; ? cem
KIRN Frank	--	02--28-1855	11-21-1929	None given; ? cem
KIRN Mrs Louisa nee KARETH	--	01-20-1854	06-12-1928	Husband, daughter, 1 sister, 1 brother
KLARE Geo	--	04-19-1877	09-12-1931	None given; ? cem
KLEIN John	--	03-17-1871	07-11-1931	None given; ? cem
KNAPP Friedrich	Lick Run, Cincinnati, OH	09-29-1853	07-24-1854*	Friedrich & Kunigunde Knapp
KNAUSS Dorothy	--	03-08-1852	03-06-1936	None given; ? cem
KOCH Louise	--	07-11-1856	10-26-1935	None given; ? cem
KOCH Mrs Julia	--	08-19-1851	11-12-1930	None given; ? cem
KOPP August	--	03-19-1875	11-17-1935	None given; ? cem
KRAEUSSER Mrs Kunigunda	--	02-02-1878	05-11-1931	None given; ? cem
KRAMER Louis	--	03-16-1862	12-14-1935	None given; ? cem
KUENEN (?), Mrs Louisa	--	06-09-1854	08-09-1930	None given; ? cem
KUMMER John		05-07-1857	08-10-1933	None given; ? cem
KUSTER Elba	Cincinnati, OH	01-17-1900	03-11-1914	Cremains; parents
LAMBERT Nicholaus	--	10-14-1864	11-02-1924	Wife, 3 sons, 1 dau, 1 step-dau
LAMMERS Mrs Ella	--	12-19-1886	10-15-1929	None given; ? cem
LANDANWITSCH Dora	--	02-18-1858	05-07-1926	3 brothers, 2 sisters, ? cem
LEGO (?), Mrs Dorothy	--	1840	08-16-1929	None given; ? cem
LEIBFARTH Catherine	--	04-23-1902	07-14-1936	None given; ? cem
LING Conrad Herbert	Cincinnati, OH	08-08-1903	04-03-1918	Mother, 3 sisters, 2 brothers
Buried Evergreen Cemetery, Newport, KY				
LLOYD Mrs Myrtle	--	03-30-1906	09-13-1931	None given; ? cem
LOICHINGER Ida nee SPEAR	Germany	06-28-1858	08-03-1923	Husband, 5 daughters, 1 son
(Cremains)				
LUHRMAN Henry	--	02-19-1855	07-19-1930	None given; ? cem
MANDERY Mrs Henriette	--	01-06-1849	11-20-1929	None given; ? cem
MANN Margie	(Buried Crittenden, KY)	03-29-1922	04-04-1925	Parents, 4 brothers, 4 sisters
MARTING Mrs Lisetta	--	02-16-1857	07-25-1929	None given; ? cem
MATTOX Mary		03-09-1928	12-10-1928	None given; ? cem
McGEE Mabel SCHRIMFER	--	01-28-1892	03-24-1936	None given; ? cem
McHENRY (?), Mrs Anna	--	12-09-1866	07-04-1929	None given; ? cem
MEEHE Mrs Lena	Germany	11-29-1864	01-02-1918	Husband, 2 daus, 1 son, 2 sisters
Buried St Marys Cemetery				
MENHAL Mrs Bertha nee KOHLER		01-12-1865	03-05-1930	None given; ? cem
METHLING Otto		05-02-1905	01-12-1933	None given; ? cem
MEYER Leander	--	10-05-1846	06-04-1935	-None given; ? cem
MEYER Minnie	--	03-09-1864	04-11-1934	None given; ? cem

MARTINI UNITED CHURCH of CHRIST — Cincinnati, OH

The following are burials from Martini Church Record to other sites, continued

Name	Place of birth	BD or AE	DD	Relatives
MICHAELIS Henry	--	08-14-1861	09-08-1930	None given; ? cem
MILLER Lillian	--	11-17-1904	10-22-1933	None given; ? cem
MITCHELL Mrs Namie (?)	--	08-22-1865	11-04-1930	None given; ? cem
MUELLER Mrs Barbara	--	04-19-1861	08-02-1930	None given; ? cem
MUIR Archibald Stuart	Scotland	06-26-1856	05-24-1918	Wife & 4 sons; Cremains
NART (?), J D	--	06-18-1865	04-06-1930	None given; ? cem
NEUMEISTER Lena	--	03-28-1874	01-04-1933	None given; ? cem
NEUMEISTER Louis	--	10-31-1865	02-16-1935	None given; ? cem
NINTRUP (?), Henry	--	12-23-1860	05-01-1930	None given; ? cem
OCHS Ora	--	12-06-1890	12-23-1935	None given; ? cem
ODENBACH John	--	02-27-1856	04-13-1930	None given; ? cem
OETTINGER Walter	--	06-08-1880	06-15-1927	Wife, son, mother, 2 sisters, 4 brothers
OSBORN, Banna (?)	Defiance	--	?1924	Son; buried Defiance, (?OH)
OTTE John	--	09-07-1856	05-15-1930	None given; ? cem
OTTE Louise	--	02-11-1863	07-27-1933	None given; ? cem
PAWLITZKI Mrs Anna	--	04-13-1846	10-14-1931	None given; ? cem
PEBLIZKI Carl	--	12-06-1878	06-21-1925	Mother, 2 sisters, ? cem
PENN Mrs	--	--	19??	None given; ? cem
PERRY Eva nee ALEXANDER	--	10-14-1875	02-10-1924	Husband, 1 sister, 2 brothers
Buried Evergreen Cemetery, Newport, KY				
PHILIPS Robert	--	02-11-1882	09-22-1929	None given; ? cem
POPP Amelia	--	08-30-1871	09-14-1933	None given; ? cem
PRATT Philabena nee DIEFENBACH	--	10-22-1862	01--0-1924	4 daughters, 2 sons
Buried at Harrison, OH in ? name Cemetery				
PROSS Elizabeth nee ROLLER	--	09-24-1843	09-14-1921	4 daughters
Buried in Cemetery at suburb of Madisonville, Cincinnati, OH				
RADCLIFF Frank	--	09-12-1892	06-26-1936	None given; ? cem
RAUSCHER Michael	(Buried Lewisburg, OH)	02-04-1880	08-09-1925	Wife, 4 children
REDDERT Henry	--	06-03-1859	10-04-1936	None given; ? cem
RETZSCH Gustav	--	09-13-1865	07-16-1933	None given; ? cem
RICHARD Mrs Flora	--	03-05-1888	10-02-1929	None given; ? cem
ROEMER Eliz.	--	04-04-1840	07-12-1928	2 sons, 3 daughters, ? cem
ROSEMEIER Mary	--	01-25-1839	05-28-1921	Buried New Richmond, OH
ROTH Mrs Carrie	--	09-14-1852	10-28-1930	None given; ? cem
RICKERT Anna	Germany	10-03-1837	03-29-1917	Buried Evergreen Cem, Newport, KY
RUDEMILLER Mrs Cath.	--	09-14-1875	05-09-1929	None given; ? cem
RUEHL Geo	--	10-28-1860	04-19-1932	Buried St Joseph Cemetery
RUEHL Infant	--	--	--	son of W Ruehl, no dates given
RUPPRECHT Anton	--	02-05-1865	02-16-1924	Cremains; 5 sons, 1 daughter
SALMON Lula	--	09-02-1872	05-21-1935	None given; ? cem
SCHAEFER Emma	Cincinnati, OH	05-02-1899	10-23-1909	Johann Schaefer, father
Buried in cemetery at Delhi, OH				
SCHAICH Gottfried	--	04-09-1885	08-26-1935	None given; ? cem
SCHALLER Elisabeth nee ECKARDT	Heilbronn, Wtbg.	06-10-1831	12-07-1903	Cremated; George Schaller, son
SCHALLER Elizabeth	--	12-11-1851	06-06-1933	None given; ? cem
SCHALLER Heinrich	Cincinnati, OH	07-07-1867	01-16-1903	None given - Cremated
SCHEIBE Josephine	--	04-06-1845	08-16-1929	None given; ? cem
SCHEIBE Robert	--	04-03-1861	12-15-1928	None given; ? cem
SCHELL Chas	--	07-09-1860	02-15-1932	Buried Mason, OH
SCHIEDRICH Henry	--	02-20-00??	01-19-1929	None given; ? cem
SCHLASINGER Milton	--	12-11-1910	06-16-1927	Parents, 4 sisters, 4 brothers
SCHLIPF Louise	--	10--0-1918	07-02-1935	None given; ? cem
SCHMIDLIN Carolyn	--	05-10-1856	06-14-1936	None given; ? cem
SCHMIDT Kathie	--	11-16-1865	02-01-1929	None given; ? cem
SCHNEIDER Eliz	--	12-08-1862	09-29-1936	None given; ? cem
SCHNEIDER Jacob	--	01-19-1866	03-27-1932	None given; ? cem
SCHNEIDER Joseph	Cincinnati, OH	09-08-1865	04-14-1917	Wife, 2 daughters 3 sons
Buried St Marys Cemetery				
SCHNEIDER Luella nee VANDERCAR	New Boston, MI	AE - 34 years	08-19-1920	Husband, parents, no cem given

MARTINI UNITED CHURCH of CHRIST — Cincinnati, OH

The following are burials from Martini Church Record to other sites, continued

Name	Place of Birth	BD or AE	DD	Relatives
SCHNEIDER Sarah	(Buried Huntington, WV)	04-11-1859	01-17-1925	Husband & 5 children
SCHULZ Melvin	--	03-23-1914	06-18-1936	None given; ? cem
SCHWARTZ Fred.	--	04-27-1862	06-11-1926	Wife, 2 daughters, 1 son, ? cem
SCHWEIKHARDT Frank	--	03-21-1857	01-03-1935	None given; ? cem
SCHWEITZER Alois	--	12-27-1864	11-18-1936	None given; ? cem
SHARRON Lillian	--	03-29-1887	02-06-1929	None given; ? cem
SHAW (?) Edw.	--	06-05-1867	09-11-1929	None given; ? cem
SHOLTEN Mrs Hazel	--	12-03-1890	03-21-1930	None given; ? cem
SIMON William	--	03-08-1874	08-22-1931	None given; ? cem
SMITH Louise	--	03-05-1874	03-17-1934	None given; ? cem
SNIDER Ethel Marie		07-02-1910	11-06-1927	Parents, 2 brothers, 1 sister
Buried Highland (?) KY				
SOMMER Mrs nee HECK	--	02-14-1865	11-25-1929	None given; ? cem
STANG Fred	--	07-16-1850	10-24-1933	None given; ? cem
STANG Sophie	--	02-16-1890	12-04-1931	None given; ? cem
STATH (?) Eliz. KELLER	--	09-11-1850	04-23-1935	None given; ? cem
STEAMEN (?) Albert	--	05-16-1907	07-26-1929	None given; ? cem
STEIN Anna Barbara	Green Twp, Hamilton Co OH	11-17-1861	06-20-1883	Joseph Stein, husband,
Buried in a Delhi ? Twp Cemetery				
STEINMEIER John	--	02-11-1861	10-28-1931	None given; ? cem
STEVENS Jonathan	--	03-18-1879	08-03-1935	None given; ? cem
STITZER Levi (?)	--	1862	10-23-1931	None given; ? cem
STOUT Mary	--	--	04-14-1934	None given; ? cem
STUCK Magdalene Lena	--	05-21-1852	03-30-1926	5 sons, 3 daughters, ? cem
STUCK Stanley	--	05-25-1911	05-25-1935	None given; ? cem
STUHLMANN Mrs Christine	Germany	04-01-1856	12-24-1917	Husband, son, sister
TENKINGER Jacob	Friedenstadt, Wtbg.	01-19-1856	12-07-1911	Wife Maria, 4 sons, 1 daughter
Buried Price Hill Catholic Cemetery; probably one of the St Joseph Cemeteries.				
TENNENBAUM Theresea	--	01-29-1886	01-10-1935	None given; ? cem
TEPFLER Walter	--	09-15-1887	04-06-1933	None given; ? cem
THINNES Cosetta	--	11-12-1885	09-08-1936	None given; ? cem
UEHLEIN (?) Geo.	--	09-16-1890	10-15-1929	None given; ? cem
ULM Raymond	--	05-02-1934	09-09-1936	None given; ? cem
VARNER Ira	--	04-17-1880	09-07-1933	None given; ? cem
WALTHER David	Kehl, Baden, Germany	06-24-1840	11-25-1896	-- Walther, wife
Buried Marian Cemetery; no cemetery by this name but possibly St Mary Cemetery in St Bernard				
WEISS Louise nee GERBER	(Buried Alamosa, CO)	03-17-1860	10-29-1924	Son & daughter
WENNINGER Frederic Geo.	Cincinnati, OH	04-20-1919	04-23-1919	Emma & Geo. parents
WENZEL Johann Gottfried	Lick Run, Cincinnati, OH	1859?	02-19-1861	Friedrich Wenzel
Buried Lick Run Cemetery ?				
WENZEL Johanne Rosine	Falkenheim, Prussia	01-12-1828	02-25-1866	Not listed
WEST Lee	Cincinnati, OH	05-15-1899	08-05-1920	Parents; buried Miamitown Cem.
WIEGMAN Marie	--	11-26-1850	06-04-1927	None given; ? cem
WIENECKE Heinrich	Pine Grove, OH	08-06-1869	08-09-1909	Rosa Wienecke, wife
Buried Marian Cemetery; no cemetery by this name but possibly St Mary Cemetery in St Bernard.				
WIESENTHAL Louis	Germany	02-01-1846	06-11-1922	Wife & children; Cremains
WIETHOFF John	--	07-19-1896	03-15-1936	None given; ? cem
WINCKLER Wilhelm Leonhard G.	Lick Run, Cincinnati, OH	08-01-1884	08-02-1884	Wilhelm & Barbara Winckler
Record states buried Lick Run Cemetery				
WINKING Emma	--	04-26-1869	07-11-1935	None given; ? cem
WISMAN Sam	Waterloo, OH	09-24-1843	07-02-1924	2 sons; buried Madison ?
WOLF John	--	08-09-1884	02-23-1932	Buried St Joseph Cemetery
WOLF Mrs Marie	--	01-22-1863	02-17-1931	None given; ? cem
WORLRINE (?), Charles	--	06-20-1924	05-15-1930	None given; ? cem
WUEST Ed	--	10-08-1867	03-07-1933	None given; ? cem
ZAPF Geo	--	09--0-1864	01-24-1929	None given; ? cem
ZIMMERMANN Frank	--	03-10-1868	07-02-1930	None given; ? cem

MARTINI UNITED CHURCH of CHRIST — Cincinnati, OH

Burials made at SPRING GROVE CEMETERY from Martini Church Record

Name	Place of Birth	BD or AE	DD	Relatives
ABEL Sebastian	--	05-31-1875	ae 46 years	Wife & 2 sons
BADER Johann	Königshofen, Bavaria	02-02-1821	11-03-1886	Barbara Bader, wife
BALLHAUS Auguste Louise nee THÖNSMEYER	Minden, Germany	11-19-1823	02-29-1904	Emil Ballhaus, son
BANTEAU John	Green Co (?)	12-11-1858	11-23-1923	Wife & 3 daughters
BAUER Albert	Cincinnati, OH	05-23-1895	04-27-1913	Heinrich & Pauline Bauer, pars
BAUER Anna	Fairmount, Cincinnati, OH	11-11-1883	03-18-1885	Henry & Anna Bauer
BAUER Elisabeth	Neustadt a/A. Bavaria	01-27-1840	06-25-1893	Michael Bauer, husband
BAUER Georg	Lick Run, Cincinnati, OH	12-23-1832	07-08-1881	None given
BAUER Georg	Urwiller, Elsass, Reichald.	1808	04-08-1879	Georg Bauer, son
BAUER Johann Conrad	Nieder Brassbach, B.	01-01-1819	04-30-1876	Margarethe Bauer, wife
BAUER Johann	Dachstadt, a/ Gräffenberg, Bavaria	02-19-1846	06-19-1895	Margarethe Bauer, mother
BAUER Lorenz	Fairmount, Cincinnati, OH	11-30-1883	11-29-1888	Georg & Bertha Bauer, parents
BAUER Lorenz	Lick Run, Cincinnati, OH	07-18-1888	07-28-1888	Lorenz & Louise Bauer, parents
BAUER Margarethe nee MÄUSSNER	Dachstadt, Bavaria	09-28-1819	03-15-1904	Georg Bauer, son
BAUER Michael	Cincinnati, OH	11-29-1836	04-03-1897	-- Bauer, brother
BAUER Stella	Fairmount, Cincinnati, OH	09-30-1881	03-09-1885	Henry & Anna Bauer
BAYER Helene nee FÖRTSCH	Kalchreuther, Bavaria	02-01-1833	06-14-1887	Georg FÖRTSCH, brother
BAYER Lorenz	Unterschollenbach Amt Erlangen, Bavaria	07-05-1830	12-17-1884	Helen Bayer, wife
BESEL Earl J	--	03-25-1901	03-09-1925	Parents
BIBENT Amelia	France	08-30-1831	08-09-1911	5 children
BIBENT Maurice J	Cincinnati, OH	03-20-1897	11-23-1918	Wife, son, mother, father, sister
BIBENT Moritz	France	11-28-1833	11-29-1885	Emilie Bibent, wife
BIEGLER John		05-19-1864	10-17-1926	None given
BIEGLER Leonhard	Lick Run, Cincinnati, OH	07-19-1857	07-09-1888	Maria Biegler, wife
BIENENSTEIN Florence	Cincinnati, OH	09-05-1888	01-13-1915	Mother
BINDER Maria	Lick Run, Cincinnati, OH	08-20-1868	01-04-1869	Joseph & Marie Binder, parents
BINDER Marie, nee DAIBER	Heidenheim, Wtbg.	--	01-16-1887	Johann Binder, husband
BITTERLE Eduard	Ehingen, Wtbg. Germany	04-12-1844	05-14-1909	Leopoldine Bitterle, wife
BITTERLE Frank	--	10-08-1902	06-23-1925	Parents, 1 brother
BOBSTELLER Katharina nee MEYER	Cincinnati, OH	11-04-1842	09-03-1914	Husband & 3 children
BROCKMEIER Mrs Leopodina	Germany	03-24-1854	09-26-1918	Husband (?), son
BRODBECK Catharine Caroline nee JUNG	Cincinnati, OH	02-05-1867	01-06-1900	Gustav Brodbeck, husband
BRODBECK Elisabeth nee FEIN	Cincinnati, OH	01-05-1868	03-12-1910	Gustav Brodbeck, husband
BRODBECK Norma Henriette Catherine	Cincinnati, OH	12-24-1899	01-29-1900	Gustav Brodbeck, father
BRONSTOP Elisabeth nee BAUER	Cincinnati, OH	02-04-1851	01-15-1908	None given
BROTHERTON Charles Jacob	Cincinnati, OH	07-06-1895	08-04-1904	Charles & Margarethe, parents
BUTSCHER Barbara nee BALLENGER	Ripley, OH	10-20-1842	10-15-1906	Jacob Butscher, husband
CAMPBELL Jeane nee HEDGES	Fredrickstown, MD	06-20-1836	19??	Daughter
CAWEIN Pauline Anna	Cincinnati, OH	08-12-1900	05-06-1902	Wm J & Caroline Cawein, pars
CAWEIN Wilhelm Daniel	Cincinnati, OH	02-19-1894	04-10-1910	Wilhelm J & Caroline, parents
CHAPMAN Vella	--	08-25-1871	01-26-1921	Husband
CHILCOTH Alida	Cincinnati, OH	02-03-1846	01-26-1920	1 son, 2 daughters
CROCKETT Margarethe Wilhelmine	Cincinnati, OH	09-26-1899	12-08-1899	Louis & Clara Crockett, parents
DAETER Carl Gilbert	Lick Run, Cincinnati, OH	05-23-1880	01-11-1886	Georg Peter & Marg. Daeter, pars
DAETER Gilbert	Pirmacens, Rheinland, Pfalz	10-29-1818	04-21-1904	George Daeter, son
DAIBER Anna Maria	Breitenborn, Kurhessen	04-26-1825	06-01-1899	Bernhard Daiber, brother-in-law
DAIBER Bernhard	Heidenheim, Wtbg.	01-11-1832	04-22-1909	Albert Daiber, son
DAIBER Christiane nee KÖNIG	Heidenheim, Wtbg.	02-19-1833	02-03-1898	Bernhard Daiber, husband
DAIBER Heinrich	Heidenheim, Wtbg.	01-01-1825	01-19-1898	Marie Daiber, wife
DAIBER Wilhelm	Heidenheim, Wtbg.	11-07-1860	07-17-1898	Marie Daiber, wife
DAILEY Robert Edwin	--	06-13-1886	05-02-1925	Wife, son, 1 brother, 1 sister

MARTINI UNITED CHURCH of CHRIST   Cincinnati, OH

Burials made at SPRING GROVE CEMETERY from Martini Church Record, continued

Name	Place of Birth	BD or AE	DD	Relatives
DATER Louise nee FEIN	St Johann, Germany	08-30-1828	09-06-1894	Gilbert Dater, husband
DATERS Geo Peter	Cincinnati, OH	09-23-1844	05-24-1918	2 sons, 2 daus, 1 brother, 4 sisters
DATERS Mrs Margaret	Cincinnati, OH	09-16-1845	12-21-1917	Husband, 2 sons, 2 daus, 1 sister
DAVIS Moritz B	--	11-21-1858	06-22-1914	Wife, 3 sons & 1 daughter
DEITEMEYER Lizette Wilhelmine S	Cincinnati, OH	05-05-1896	04-22-1899	Anton & Elisabeth, parents
DENHART Johann	Cincinnati, OH	08-02-1842	12-21-1883	Elisabeth Denhart, wife
DENSSER Ralph		06-23-1924	04-25-1934	None given
DEITEMEIER Anton		02-21-1855	11-13-1928	Wife, 1 daughter, 2 sons
DIETZ Jakob	Kirchheim, a. Deck Wurttemberg	01-29-1825	04-02-1884	Jakob Dietz, son
DIETZ Johann	Langenkundel, Rheinland, Pfalz	03-04-1832	05-10-1899	Catharine Dietz, wife
DIETZ Mrs Katharina	Cincinnati, OH	08-28-1843	10-12-1912	Nieces & nephews
DIETZ Sophia	Linsenhoften, Wtbg.	09-05-1823	05-25-1883	Jacob Dietz, husband
DOWNTON James	--	12-03-1881	05-22-1922	Wife, 3 daughters, 2 sons
EBEL Severin	Cincinnati, OH	02-11-1856	07-21-1912	Bertha Ebel, nee SCHMIDT; 4 dau
ECKARDT Elisabeth nee SIEGEL	Schoploch, Wtbg. Germany	04-12-1841	05-10-1907	Fritz Eckardt, son
ECKARDT Louis	Lick Run, Cincinnati, OH	07-31-1859	07-09-1896	Barbara Eckardt, wife
ECKARDT Peter	Green Twp, Hamilton Co OH	01-25-1837	08-05-1887	Elisabeth Eckardt, wife
ECKHARDT Clifford	Cincinnati, OH	07-24-1910	09-06-1913	Parents, 3 brothers & 1 sister
EISERT Henry		03-18-1861	04-25-1934	None given
EISERT Margaret nee RUPPRECHT	Cincinnati, OH	01-03-1863	07-21-1918	Husband, 4 daus, 1 son, mother
ENGEL Henry D	--	02-16-1868	08-17-1925	Wife, 3 sons, 3 daughters
ENGEL Margaretha nee OTT	Bavaria	07-31-1835	03-13-1912	2 dau, 1 (?) & 3 sons
ENGEL Philipp Daniel	Fürstenthum, Waldeck, GY	07-31-1832	04-18-1908	Margarethe Engel, wife
FEHL Elizabeth		04-10-1888	04-21-1927	Parents, 4 brothers, 3 sisters
FEHLS Martin	--	07-01-1890	03-24-1925	Parents, 4 sisters, 4 brothers
FEIN Clara nee STEUBER	Eisenberg, Rheinland Pfalz	01-04-1836	07-15-1895	G. H. Fein, husband
FEIN Georg H	Natches, MS	08-12-1835	06-20-1903	Georg Fein, son
FITZPATRICK William		10-22-1863	11-04-1926	None given
FOERTSCH Con.	--	10-19-1846	05-30-1925	Wife, 1 son, 6 daughters
FOERTSCH Georg	Kalchreuth, Ldg. Erlangen, Mitlfr.	05-15-1837	10-03-1909	Caroline Foertsch, wife
FÖRTSCH Charlotte	Lick Run, Cincinnati, OH	09-21-1880	12-23-1888	Conrad & Margarethe, parents
FÖRTSCH Wilhelmine	Lick Run, Cincinnati, OH	02-03-1887	12-22-1888	Conrad & Margarethe, parents
FRAESSDORF Wilhelm	Zerbst, Anhalt	1840	10-29-1880	-- Frässdorf, wife
FRANK Georg	Mascutah, IL	12-29-1869	01-22-1887	Johannes & Elisabeth, pars
FRANZMANN Jacobine	Reichenbach, Rheinland, Pfalz	01-02-1824	10-02-1882	Peter Franzmann, husband
FRANZMANN Peter	Kreuznach, Prussia	12-24-1816	01-31-1886	Friedr. Franzmann, son
FRICK Harry	Cincinnati, OH	05-26-1874	11-06-1907	Louise Frick, mother
FRICK Heinrich	Cincinnati, OH	07-24-1883	10-22-1904	Louise Frick, mother
FRICK Mrs Emma		12-16-1878	11-18-1925	Sp. (?) mother, sister
FRIES Gertrude Anna	Franklin, OH	10-30-1880	03-17-1924	Husband, 2 sons, father, 2 sisters, & 1 brother
GABLER Barbara nee DAIBER	Heidenheim, Wtbg.	12-02-1822	12-25-1886	Heinrich Daiber, brother
GABLER Carl	Göppingen, Wtbg.	01-01-1823	04-22-1885	Babette Gabler, wife
GAEFE Alfred	Cincinnati, OH	12-02-1900	12-31-1900	Friedrich & Marie Gaefe, parents
GAEFE Fridrich, Jr	Cincinnati, OH	10-10-1872	01-23-1901	Marie Gaefe, wife
GAEFE Friedrich	Hüde, Amt Diepholz, Hannover	03-23-1827	02-06-1908	Minnie Gaefe, daughter
GAEFE Miss Wilhelmine	Cincinnati, OH	01-15-1859	10-22-1918	3 Sisters, 6 nephews, 6 nieces
GAEFE Wilhelmine nee HUSTER	Hilter, a/Osnabruck, Hannover	02-02-1830	09-19-1901	Friedrich Gaefe, husband
GEORGE Fred		05-31-1865	05-23-1928	1 son, 1 daughter
GERHARDT Heinrich	Hessen, Germany	09-11-1861	01-12-1915	Will. Gerhardt, uncle
GERHARDT Mrs Wm. nee KARETH	Cincinnati, OH	10-13-1861	02-10-1919	Husband, 2 sons, 2 daughters
GIELE Martin	Fairmount, Cincinnati, OH	08-01-1871	01-24-1880	Louise Giele, wife?
GIERING Robert Heinrich	Cincinnati, OH	03-01-1904	03-23-1905	Johann & Mathilde Giering, pars
GILBERT Michael	Freimersheim, bei Landau, Rhein.Pfalz	12-03-1798	02-03-1881	Louise Gilbert, wife
GILBERT Michael	Lick Run, Cincinnati, OH	05-25-1853	01-07-1869	Peter & Caroline Gilbert, parents
GRAEBE Mrs Amelia	--	1840	04-06-1925	1 daughter

MARTINI UNITED CHURCH of CHRIST   Cincinnati, OH

Burials to SPRING GROVE CEMETERY from Martini Church Record, continued

Name	Place of Birth	BD or AE	DD	Relatives
GRAEF Mrs Clara		08-31-1856	01-11-1932	Not given
GREEN Ida nee HARPELL	Delaware, PA	08-01-1855	05-20-1924	1 son, 1 daughter
GREISER John	--	06-13-1872	08-25-1921	Wife & 2 daughters
GROSSER Ernestine nee SINDLER		07-27-1851	11-10-1927	2 sons, 1 daughter
GUMP Christina	Cincinnati, OH	11-16-1899	07-10-1920	Parents, 3 brothers, 1 sister
GUMP Karl	--	12-16-1851	03-05-1924	2 brothers
HAEFEL Francisca	Green Twp, Hamilton Co OH	1854	10-07-1881	Catharine Haefel, mother
HAMMLER Lillian nee MORGAN		02-08-1888	06-26-1926	Husband
HARTMANN Catharine	Kandel, Rheinland, Pfalz	11-25-1816	02-01-1900	None given
HARTMUTH Franz Phil.	--	03-28-1870	12-09-1910	Barb. Hartmuth, wife, 6 children
HAUFLER Carl	Cincinnati, OH	04-06-1892	09-07-1897	Gotthilf & Rosa Haufler, pars
HAUFLER Elisabeth	Rudingshausen, Hesse Darmstadt	02-10-1848	10-01-1890	Gotthilf Haufler, husband
HAUFLER Gotthilf	Grunbach, Wtbg.	08-18-1844	02-26-1906	Rosa Haufler, wife
HAUFLER Peter	Cincinnati, OH	01-02-1879	03-04-1899	Gotthilf & Rosa Haufler, parents
HECK Adam		10-20-1868	03-24-1927	Wife
HECK Adam	Rohrbach, Rheinland, Pfalz	01-29-1824	05-21-1902	-- Heck, wife
HECK Elisabeth nee HEID	Ldg. Erlangen, Bavaria	12-25-1833	05-11-1906	Adam Heck, son
HEDRICK Edward	--	03-08-1878	04-05-1924	Sister & brother
HELLE Laurette Elisabeth Louise	Cincinnati, OH	10-09-1901	06-17-1907	Alexander & Therese Helle, pars
HELLE Leroy Fredrick	Cincinnati, OH	07-16-1912	12-18-1913	Parents
HENSEL Emma	Cincinnati, OH	01-01-1895	02-18-1920	Parents & 3 brothers
HIGHFALL Lula nee BAUER		11-11-1889	04-11-1926	Husband, 2 sons
HOFFMEISTER Anna Marg	--	09-03-1835	11-30-1922	4 daughters, 1 sister
HOFFMEISTER Edwin	Cincinnati, OH	11-05-1873	02-02-1901	Friedrich & Mar., parents
HOFFMEISTER Louise died Amelia, OH	Cincinnati, OH	11-04-1862	03-30-1907	Margarethe Hoffmeister, mother,
HOFFMEISTER Wilhelm F	Ludwigsberg, Wtbg.	01-31-1827	12-15-1902	Marg. Hoffmeister, wife
HOLZMILLER John		03-11-1854	09-09-1928	Wife, 2 daughters, 1 son
HORN Barbara	Maroldt, Germany	02-18-1821	11-24-1896	Martin Horn, son
JOHNSON Edward		12-24-1862	07-05-1926	2 brothers, 1 sister
JOHNSON, Raymond	Huntington, WV	10-26-1900	06-25-1901	Thomas K Johnson, father
JOHNSTON Rosa Louise nee GAEFE; died Huntington, WV	Cincinnati, OH	02-01-1865	11-16-1900	Thomas K Johnston, husband
JOHNSTON Thomas K	Huntington, WV	09-12-1868	02-04-1903	None given
JONES Amelia		12-26-1872	05-21-1904	None given
JOPLIN Ella nee WEAVER		12-21-1903	07-12-1926	Husband
JUNG Daniel	Hossbach, Rheinland Pfalz	06-30-1829	05-26-1866	None given
KALBSKOPF Andreas	Schlackenrab, Oberfrank, Bavaria	06-07-1837	04-29-1881	Margaretha BAUER, wife
KALLIES Mildred nee DODSON		08-11-1900	08-30-1928	Husband, mother, 1 sister
KARETH Carl Jacob	Cincinnati, OH	03-06-1862	11-12-1908	Barbara Kareth, wife
KARETH Catharine	Cincinnati, OH	06-17-1900	12-17-1901	Michael E & Catharine Kareth
KARETH Charlotte Sophie nee SCHÖDINGER	Cincinnati, OH	12-08-1833	12-09-1899	None given
KARETH David	Cincinnati, OH	03-08-1873	12-05-1902	Georg Kareth, brother
KARETH Frank		08-11-1875	12-04-1933	None given
KARETH Franz Emanuel	Cincinnati, OH	09-31-1868	04-09-1905	Geo. Kareth, brother
KARETH Heinrich	Cincinnati, OH	07-31-1851	08-23-1891	Franziska Kareth, wife
KARETH Johann Friedrich	Unternesselbach, Mittelfranken, Bavaria	03-31-1819	03-27-1888	Johann Kareth, son
KARETH Johann Martin	Cincinnati, OH	11-10- --	03-14-1895	Margarethe Kareth, wife
KARETH Johann Michael	Cincinnati, OH	03-16-1854	11-14-1901	Emilie Kareth, wife
KARETH Johann Michael	Dortenheim, Bavaria	04-12-1828	08-04-1878	Charlotte Kareth, wife
KARETH Richard	Cincinnati, OH	10-15-1891	04-27-1918	Wife, 3 children, mother, & 3 brothers
KARETH Wilhelm	Lick Run, Cincinnati, OH	03-05-1860	04-28-1889	Charlotte Kareth, mother
KAUFMANN Jacob	Cincinnati, OH	07-26-1857	04-29-1912	Louise (wife), 3 sons, 3 dau.
KAUFMANN Jacob	Neustadt an der Hardt, Rhein.Pfalz	09-05-1834	10-08-1879	Jacob Kaufmann, son
KAUFMANN Maria Magdalena	Lick Run, Cincinnati, OH	07-22-1838	04-02-1879	Jacob Kaufmann, husband
KAUFMANN Rosine	Lick Run, Cincinnati, OH	01-08-1870	11-13-1873	Jacob & Marie Kaufmann, pars
KEHRT John		02-14-1879	08-26-1932	None given
KIEN Peter J	---	03-17-1870	04-21-1923	Wife, 5 children

MARTINI UNITED CHURCH of CHRIST   Cincinnati, OH

Burials to SPRING GROVE CEMETERY from Martini Church Records, continued

Name	Place of Birth	BD or AE	DD	Relatives
KIRN Louise Amanda	Lick Run, Cincinnati, OH	06-11-1889	03-18-1897	Franz & Louise Kirn, parents
KIRN Magdalena Emma	Lick Run, Cincinnati, OH	05-19-1887	04-02-1888	Franz & Louise Kirn, parents
KLING William		04-07-1855	10-10-1928	5 brothers, 1 sister
KNAPP Friedrich	Cincinnati, OH	01-12-1864	05-12-1908	None given
KNAPP Johann Friedrich	Kalchreuth, Mittelfr. Bavaria	10-20-1822	11-12-1909	Wilhelm Knapp, son
KNAPP Kunigunde nee HEID	Landgericht Erlagen, Bavaria	06-03-1823	11-05-1908	Joh. Fr. Knapp, husband
KÖHNE Caroline nee BEGEMANN	Schalenberg, Lippe Detd.	09-27-1824	03-29-1906	Paul Köhne, son
KRÄUSSER Carl Florenz	Lick Run, Cincinnati, OH	06-11-1887	12-18-1887	Marg. KUMMER, mother
KRÄUSSER Heinrich	Cincinnati, OH	05-19-1859	07-21-1887	Margarethe Kräusser, wife
KUMMER Anna Maria	Billigheim, Rheinland, Pfalz	08-28-1828	01-09-1884	Johann Kummer, husband
KUMMER Daniel	Lick Run, Cincinnati, OH	09-12-1869	06-14-1879	John & Marie Kummer, parents
KUMMER Emma	Cincinnati, OH	01-01-1855	12-11-1879	Johann & Marie Kummer
KUMMER Eva Margarethe	Lick Run, Cincinnati, OH	01-01-1867	06-21-1890	Johann Kummer, father
KUMMER Johann	Rheinland Pfalz, Bavaria	10-27-1833	11-14-1903	Johann Kummer, son
LEIBFARTH Jacob	--	10-09-1863	12-28-1909	Louise Leibfarth, wife
LEONHARDT Mrs Anna nee BICKEL		01-08-1848	06-05-1928	Daughter
LEONHARDT William	Steinsford	08-25-1852	04-09-1922	Wife, daughter
LePERE Frank	--	02-02-1863	12-25-1923*	Wife, 1 son, 1 daughter
LIGGET Anna May	--	03-04-1911	11-13-1923	Parents, 2 brothers
LITELL Richard	--	09-11-1923	02-17-1924	Parents
LOGE Friedrich	Cincinnati, OH	01-22-1868	03-22-1893	None given
LOGE Michael Georg	Cincinnati, OH	06-26-1867	04-26-1905	Lucy Loge, wife
LUTTERBECK Fred W	--	12-11-1872	08-14-1925	Wife, mother
MANN Abraham		--	02-27-1926	Wife, son
MANSO (?), Philip	--	02-02-1838	DI 5-10-1921	Wife, 1 son, 1 daughter
MECHLIN Mrs Anna	Cincinnati, OH	02-12-1875	03-13-1918	Husband, 2 sons, 2 daughters
MÜHE Johann	Braunschweig, Germany	11-09-1852	11-06-1895	Anna Mühe, wife
MURPHY James C	--	09--0-1870	01-23-1923	2 sisters
NAEGELE Anna Lorine	Cincinnati, OH	08-20-1912	05-17-1913	Joseph Heinrich Naegele & Louise nee WENZEL, parents
NAGEL Georg Peter	Cincinnati, OH	03-27-1884	08-20-1906	Peter & Margarethe Nagel, pars
NAGEL Mathilda nee GAEFE	--	--	08-04-1924	Husband, 1 dau, 1 son, 2 sisters
NINTRUP Mrs Catherine nee STEINMEYER	Indiana	07-13-1866	03-06-1919	Husband, 1 son, 3 daughters
O'CONNELL John	Baltimore, MD	03-04-1848	12-06-1892	Barbara O'Connell, wife
O'DENBACH Rosamunde Appollonia nee SIMON	Cincinnati, OH	12-05-1860	01-30-1894	Johann O'denbach, husband
OTT Margarethe	Ebermannstadt, Bavaria	04--0-1828	03-02-1906	Margarethe ENGEL, sister
PABST August Hermann	Stendal, Prussia	09-13-1857	04-30-1910	Catharine Pabst, wife
PABST Cathrine	--	--	08-24-1924	1 son, 3 brothers
PACKWOOD Rex	Iowa	01-01-1882	05-10-1924	Wife, 3 children
PAWLITZKI Michael	Rosenberg, West Prussia	08-18-1840	10-30-1890	Anna Pawlitzki, wife
PETERS Adolph	--	04-10-1852	11-10-1928	2 sons, 1 daughter
PETERS Eva nee STERMER	--	02-14-1852	02-18-1925	Husband, 2 sons, 1 daughter
PETRI Christian	Kirchheim a/Eck, Bavaria	05-28-1853	07-27-1894	Margarethe Petri, wife
PINSENSCHAUM Catharine	Fairmount, Cincinnati, OH	02-01-1884	01-25-1885	Joh. Michael & Catharine
PINSENSCHAUM Catharine nee WAMBGANS	Billighein, Rheinland, Pfalz	11-30-1848	07-05-1903	Georg Pinsenschaun, son
PINSENSCHAUM Jacob	Fairmount, Cincinnati, OH	11-27-1879	12-02-1879	Michael & Catharine, parents
PINSENSCHAUM Michael	Cincinnati, OH	09-12-1875	01-06-1903	Catharine Pinsenschaum, mother
PINSENSCHAUM Michael	Markt Daschendorf, Mittelfranken, Bavaria	05-17-1846	03-14-1899	Catharine, wife
PINSENSCHAUM Wilhelm	Fairmount, Cincinnati, OH	10-26-1879	12-31-1879	Michael & Cath. Pinsenschaum
REHBOLD Elisabeth	Lick Run, Cincinnati, OH	04-11-1884	04-05-1885	Johann & Magdalene, pars
RENNER Heinrich	Anweiler, Rheinland Pfalz	10---0-1795	01-29-1889	Philipp Renner, son
RICHTER Carrie	Cincinnati, OH	11-06-1872	07-27-1920	4 sisters
RICHTER Gottlieb	Dürmenz, o/a Mulbeim, Wtbg.	12-23-1831	08-06-1909	Jacob Richter, son
RICHTER Jacob	Cincinnati, OH	07-31-1888	09-21-1920	Wife, mother, 2 children, sister, & brother
RICHTER Jacob	Cincinnati, OH	11-06-1861	10-27-1918	Wife, 2 sons, 1 dau, 5 sisters

MARTINI UNITED CHURCH of CHRIST — Cincinnati, OH

Burials to SPRING GROVE CEMETERY from Martini Church Record, continued

Name	Place of Birth	BD or AE	DD	Relatives
RICHTER Wilhelmine nee UHLMANN	Lenzenhofen,o/a Nurtingen,Wtbg.	02-01-1838	12-21-1898	Gottlieb Richter, husband
RICKEL Franz	Lick Run, Cincinnati, OH	09-06-1863	02-24-1889	Wilhelm & Lina Rickel, parents
RICKEL Wilhelm, Sr	Braunschweig	11-10-1823	10-16-1892	Lina Rickel, wife
ROHR Franz	Lick Run, Cincinnati, OH	11-28-1875	08-25-1876	Philip & Marie Rohr, parents
ROHR Maria	Lick Run, Cincinnati, OH	01-29-1865	03-15-1879	Philipp & Marie Rohr
RUPPRECHT Eliz.	--	09-26-1841	02-23-1934	
RUPPRECHT Michael	Neustadt a/d Aisch, Bavaria	11-16-1836	07-22-1903	Elisabeth Rupprecht, wife
RUPPRECHT Minnie	Cincinnati, OH	03-27-1893	02-16-1916	Parents, etc.
RUPPRECHT Minnie nee RICHTER	--	01-14-1870	02-06-1924	Husband, 2 daus, 1 son, 3 sisters
SCHAEFFER Magdalene nee KLUNZ (?)	Cincinnati, OH	08-30-1830	03-02-1903	Georg Schaeffer, son
SCHAFF Ruth Delores	Cincinnati, OH	08-09-1913	11-29-1916	Parents
SCHALK Raymond	Cincinnati, OH	05-09-1896	03-13-1918	Father, Mother, sister
SCHALLER Friederike	Friesenheim, Baden	02-27-1824	04-18-1878	Paul Schaller, husband
SCHEIDT Theobald	Offenbach, Rheinland Pfalz	02-07-1843	07-23-1879	Barbara Scheidt, wife
SCHMIDT Geo	--	08-15-1856	09-14-1928	1 son, 1 daughter
SCHMIDT Hugo V	--	07-28-1852	07-15-1932	None given
SCHNEIDEMANN Louise nee GOEBEL	Lutterberge, Hannover	07-30-1830	10-23-1897	Heinrich Schneidemann, husband
SCHNEIDEMANN Mrs Louise	Cincinnati, OH	04-24-1863	12-23-1916	Husband & sister
SCHNEIDER Margarethe nee KREUTZ	Harschbach, a/Kusel, Rheinland, Pfalz	02-18-1825	06-08-1901	Marie HETERICH, daughter
SCHNEIDER Mary Anna nee STEINER	Switzerland	1863	01-23-1920	Husband & daughter
SCHNEIDERMANN Louise	Lutterberge, Hannover	02-26-1796	11-09-1881	Heinrich Schneidermann, son
SCHÖDINGER Georg	Cincinnati, OH	03-14-1892	05-06-1893	Georg & Lina, parents
SCHÖDINGER Margarethe nee HAUCK	Steinweiler, Rheinland Pfalz	04--0-1807	12-04-1893	Georg Schödinger, son
SCHOEDINGER Georg Jacob	Dumbach, Rheinland Pfalz	01-04-1805	10-17-1878	Margarethe Schoedinger, wife
SCHOEDINGER Georg	Lick Run, Cincinnati, OH	07-29-1882	08-04-1882	Georg & Magdalene Schoedinger
SCHOEDINGER Leo	--	12-09-1846	12-25-1924	3 daughters, 2 sons
SCHOEDINGER Magdalene Codelie	Lick Run, Cincinnati, OH	07-30-1874	08-11-1874	Jacob & Margaretha, parents
SCHOEDINGER Wilhelm Harry	Cincinnati, OH	03-14-1883	03-10-1904	Jacob & Margarethe, parents
SCHOEDINGER, Louise Irene	Lick Run, Cincinnati, OH	12-03-1881	04-15-1882	Jacob & Margarethe, parents
SCHOETTKER Gottlieb	Lippe Schaumberg, Germany	09-29-1832	12-29-1876	Engel Schoettker, wife
SCHREIBER Emma nee SCHLENKER	--	03-06-1866	08-17-1922	Husband, 4 daughters, 1 son
SCHWAB Nicolaus	Wuss (?), Baden	04-24-1809	09-29-1881	Margarethe Schwab, wife
SCHWÄGERLE Georg	Wachenheim, Rheinland, Pfalz	05-24-1824	09-06-1899	None given
SCHWÄGERLE Josephine	Fairmount, Cincinnati, OH	03-06-1885	09-06-1886	Joseph & Louise, parents
SCHWÄGERLE Regine	Wurttemberg	03-24-1824	10-23-1887	Georg Schwägerle
SIMON Johann Georg	Berbach, Bavaria	09-13-1834	11-27-1907	Barbara Simon, wife
SIMON Margaretha B	Anspach, Bavaria	01-12-1832	02-02-1912	3 sons, Georg, Wilhelm, Michael & Mrs Kath. ENGST (?)
SINDLINGER Mary nee DUPRESZ	--	02-02-1866	10-15-1923	Mother & 3 brothers
SOMMER Julius	--	03-21-1863	03-24-1932	None given
SPERBER Carl	Cincinnati, OH	05-02-1885	08-26-1907	Lorenz & Louise Sperber, pars
SPERBER Emma Louise	Lick Run, Cincinnati, OH	09-22-1897	03-22-1899	Lorenz & Emma Sperber, parents
SPERBER Fred	Cincinnati, OH	11-13-1858	01-13-1916	Wife & 8 children
SPERBER, Georg	Cincinnati, OH	02-22-1881	04-07-1883	Veit & Juliane Sperber, parents
SPERBER Margarethe nee MAISEL	Kalchreuth, Mitlfr, Bavaria	03-19-1834	04-12-1906	Friedrich Sperber, son
STAAB Mary Ann	London, England	02-03-1820	12-20-1896	Martin Staab, son-in-law
STANG Sophia nee WEINICH	Schweinfurth, Unterfranken, Bavaria	05-28-1856	11-16-1888	Friedrich Stang, husband
STEIGELMANN Michael	?, Rhein Bay.	11-07-1811	07-04-1875	None given
STERMER Minnie		06-01-1875	06-29-1932	None given
STERMER Mrs Louise nee WALTER		12-14-1858	01-11-1926	Son & daughter
STÜRMER Marie Anna Eva	Cincinnati, OH	12-08-1882	06-18-1903	Louise Stürmer, mother
WAGNER Mrs Marg nee LEILKAMP		07-28-1843	02-24-1923	2 Daughters, 2 sons

MARTINI UNITED CHURCH of CHRIST   Cincinnati, OH

Burials to SPRING GROVE CEMETERY from Martini Church Record, continued

Name	Place of Birth	BD or AE	DD	Relatives
WALTER Miss Minnie	--	03-19-1856	09-12-1911	2 sisters, Mrs Louise STERMER & Mrs HEINLEIN, & J STERMER, nephew
WALTHER Michael	Görsdorf, Elsass	10-03-1842	05-29-1894	Caroline Walther, wife
WAMBSGANSZ Johannes	Cincinnati, OH	10-31-1890	02-21-1891	Friedrich & Sophie, parents
WAMBSGANZ Flora Sophie	Cincinnati, OH	10-09-1887	08-21-1888	Friedrich & Sophie, parents
WEGMAN Rosalie	--	12-16-1877	05-02-1927	Mrs BERTRAM
WEIDE Caroline nee KRUMM	Cincinnati, OH	12-11-1860	01-08-1903	Georg Weide, husband
WEIDE Charles	--	11-23-1882	02-28-1921	Wife & son
WEIDE Georg	Cincinnati, OH	05-05-1858	09-10-1909	Dora Weide, wife
WEISS Catharine	Lick Run, Cincinnati, OH	05-11-1881	05-18-1881	Philipp & Anna Weiss
WEISS Eduard	Lick Run, Cincinnati, OH	09-01-1882	05-26-1883	Philipp & Anna Weiss, parents
WEISS Georg	Cincinnati, OH	11-28-1876	03-19-1889	Anna Weiss, mother
WEISS Johann	Lick Run, Cincinnati, OH	10-09-1874	07-30-1890	Anna Maria Weiss, mother
WEISS Philipp	Steinsfurth A Linsheim, Baden	1845	06-26-1884	Anna Marie Weiss, wife
WEISS Wilhelm	Cincinnati, OH	01-12-1879	06-06-1898	Philipp & Anna LENHARD
WEISS Wilhelmine Anna	Cincinnati, OH	11-18-1883	06-05-1898	Philipp & Anna LENHARD
WELSCH Margarethe nee RIES	Cincinnati, OH	01-10-1854	09-28-1909	Georg Welsch, husband
WELSH Mathilde Emilie nee SCHÖDINGER	Cincinnati, OH	10-14-1864	05-22-1906	Jacob & Margarethe Schödinger, parents
WENDLAND Charlotte nee HAAS	Rheinbischofshein, Amt Kehl, Baden	04-16-1823	02-17-1902	Eduard Wendland, son
WENDLAND Georg Dietrich	Beinenbiettel, Hannover	08-29-1825	10-02-1892	Charlotte Wendland, wife
WERNERSBACH Heinrich	Cincinnati, OH	04-25-1870	08-16-1907	Heinrich Wernersbach, father
WERTZ Ludwig Albert	Cincinnati, OH	10-18-1885	09-03-1895	None Given
WERTZ Marie	Cincinnati, OH	03-09-1858	04-24-1893	Georg Wertz, husband
WESTERKAMP Marie nee OEHLER		04-11-1834	08-05-1926	--
WICHMANN Friedrich GAEFE	Gibsonburg, Sandusky Co OH	10-25-1900	10-23-1901	Heinrich & Sophie, parents
WIESER Geo	--	03-08-1854	02-25-1923	4 daughters
WOLFF Theodore	--	---	10-22-1924	4 daughters, 1 son
WRIGHT Clara Belle	Kentucky	12-03-1861	06-18-1923	3 sons, 3 daughters

Burials to VINE STREET HILL CEMETERY from Martini Church Record

Name	Place of Birth	BD or AE	DD	Relatives
AHRENS Joseph	Cincinnati, OH	05-24-1898	04-12-1905	Joseph & Caroline Ahrens, pars
BARTELLS Virginia	Cincinnati, OH	11-17-1918	02-19-1920	Parents
BAUTEL Emil	--	10-15-1885	07-09-1921	--
BAUTEL Mathilda	Canstatt, Wtbg.	05-19-1859	12-06-1923	7 children, 1 sister
BETZ Maria nee SCHALLER	Cincinnati, OH	12-04-1853	02-16-1904	Johann Giering, son
BIEGLER Anna nee WAGNER	Aldorf, Bavaria	06-08-1869	05-14-1913	Karl Biegler, husband; Georg & Jach. Biegler, sons; 2 brothers & 3 sisters
BIEGLER Heinrich	Cincinnati, OH	08-23-1875	08-22-1909	Marie Biegler, wife
BINDER Paul	Irken Ungarn (?)	06-29-1880	05-28-1922	Wife, 1 son, 1 daughter
BLUEMLEIN Andreas	Dischbeck, Bavaria	03-18-1845	02-10-1886	Christine Blümlein, wife
BOBSTELLER Albert	--	03-26-1854	11-04-1926	--
BOLLE Conrad	Behrnigen, Switzerland	11-07-1835	11-28-1900	Marg. Bolle, wife
BOLLI Margaret	Germany	12-01-1846	05-20-1917	3 sisters, 1 brother
BORNEMANN Louis	Minden, Germany	01--0-1843	11-18-1916	2 step daughters
BUCK Fred	Cincinnati, OH	05-16-1896	08-31-1916	Parents
BURG Minnie nee PFIRMANN	Cincinnati, OH	03-03-1885	05-21-1917	Husband, dau, parents, brother
DAVIS Eli	--	09-06-1852	10-08-1932	--
DRISCHEL Johanna nee WOLINCK	--	03-25-1854	08-29-1927	Husband, 3 sons
ECKARDT Fred. Geo.	--	05-15-1916	08-10-1922	Parents, 1 brother
ENGLERT Anna Maria nee LIESCHER	Lachen, Rheinland, Pfalz	11-25-1854	04-03-1899	None given
FAYE Richard	--	09-23-1882	09-22-1932	None given
FEDERMANN Albert Louis	Cincinnati, OH	1909	12-10-1915	Parents
FEDERMANN William Edward	Cincinnati, OH	- 11 m 28 d	12-18-1915	Parents
FISCHER Charles	Cincinnati, OH	06-08-1858	02-11-1917	Wife & 4 sons
FRICK Friedrich	Roth, Amt Freu. Wurttemberg	04-23-1846	05-14-1885	Louise Frick, wife
FRIEDRICH Adam	Cincinnati, OH	11-15-1861	06-14-1893	Magdalene Friedrich, wife

MARTINI UNITED CHURCH of CHRIST — Cincinnati, OH

Burials to VINE STREET HILL CEMETERY from Martini Church Record, continued

Name	Place of Birth	BD or AE	DD	Relatives
GAERTNER Anna	--	11-16-1858	05-29-1934	None given
GANSZ Lillie Elisabeth	Fairmount, Cincinnati, OH	03-21-1888	09-08-1889	Louis & Elisabeth Gansz, parents
GÄRTTNER Gottlieb	Meimsheim, Wtbg.	06-05-1857	10-31-1911	Anna Gartner, wife & Mrs Kath. HAGEL, daughter
GIMBEL Mrs Almina	Cincinnati, OH	11-11-1889	07-01-1916	Husband & daughter
GRAU Leister	Cincinnati, OH	08-15-1907	02-14-1914	Fried. & Katherine Grau, parents
GRAU Mrs Cath.	Cincinnati, OH	08-13-1876	04-20-1916	Husband & children
GROSSHEIM Caroline	--	02-23-1869	03-05-1932	None given
GUCKENBERGER Georg	Heck, a.Neustadt, Mittelfranken, Bavaria	10-02-1839	04-07-1888	Margarethe Guckenberger, wife
HANNAUM Wilhelm Heinrich	Lengerich, Westphalia	04-01-1841	05-21-1896	Gesina Hannaum, wife
HEHEMANN Clara	Lick Run, Cincinnati, OH	03-20-1893	04-26-1894	Wilhelm & Auguste, pars
HEHEMANN Sophia	Lippe Schaumberg, Germany	09---0-1828	11-21-1890	Wilhelm Hehemann, husband
HEMLER Mrs Caroline	--	1844	01-07-1925	Nephews & niece
HENZEL William	--	09-11-1859	06-12-1928	Wife, 3 sons
HESSDOERFER Fred John	Germany	03-21-1880	11-02-1918	Wife, 2 sons, 1 daughter
HOEPPNER (?), Frank	--	--	10-16-1921	---
HORN Johann	Heinrichen, Kreis Munsterberg, Scheinin	12-15-1810	03-24-1895	-- wife
KAESEMEYER Heinrich	Lick Run, Cincinnati, OH	06-18-1890	01-16-1892	Ferdinand & Caroline, parents
KARETH Catharine	Lein, Prussia	03-01-1823	02-08-1886	Michael Kareth, husband
KARETH Earl Harry	--	10-28-1918	02-21-1924	Father, 1 sister
KARETH Geo.	--	12-13-1845	02-01-1925	Wife, 3 daughters, 3 sons
KARETH Johann	Dortenheim, Bavaria	? 1842	01-30-1885	Crec. Kareth, wife
KARETH Louise	Cincinnati, OH	10-31-1874	04-04-1895	Georg & -- Kareth, parents
KARETH Michael	Doddenheim, Bavaria	06-25-1820	07-30-1896	Michael Kareth, son
KARETH Mrs Marg.	--	12-13-1852	03-06-1928	3 daughters, 2 sons
KARETH William	--	07-25-1881	04-15-1926	Mother, 1 son, 2 brothers, 3 sisters
KELSCH John	--	08-22-1840	--	6 children
KIPP Henry	Cincinnati, OH	12-22-1856	11-23-1914*	Wife & 2 children
KIPP Marcella	Cincinnati, OH	01-08-1898	09-24-1909	Heinrich & Marie Kipp, parents
KRAUS Barbara nee DASCH	--	12-27-1---	01-25-1926	Husband
KUDER William	--	03-09-1912	02-25-1921	Parents
LAMMERS Fred H	Cincinnati, OH	12-29-1880	03-19-1917	Wife
LANDFRIED John	--	1874	05--0-1924	2 brothers, 1 sister
LANG Eliz nee BETZ	--	03-14-1916	12-20-1920	Husband & son
LENZ John	Hessen Darmstadt	1845	01-23-1922	Wife, son & daughter
LISCHER Georg	Lachen, Rheinland, Pfalz	12-06-1828	05-24-1900	Wilhelmine SCHWARM, dau
LOCANCZY John	--	1872	03-28-1932	None given
LOICHINGER Chas.	--	01-07-1856	12-15-1927	5 daughters, 1 son
LORBKER Chas.	--	07-14-1888	07-28-1923	1 sister
MANINGER Louise Cath.	Fairmount, Cincinnati, OH	03-31-1885	08-16-1885	Jacob & Catharine, parents
MARTIN Oster	Cincinnati, OH	08-11-1903	02-19-1914	Parents
MEHRING Elisabeth nee PFÖRTNER	Bergtheim, a/ Neustadt a/ Aisch, Bavaria	06-02-1836	02-24-1910	Leonhard Mehring, husband
MEHRING Leonhard	Cincinnati, OH	02-12-1874	02-01-1902	Leonhard & Barbara, parents
MEHRING Leonhardt	Germany	1838	05-03-1920	4 sons, 3 daughters
MEYER Henry	--	03-06-1872	12-19-1933	None given
MUELLER Christine nee DASH	--	04-03-1870	11-01-1927	Husband
NEUMAN (?) Robert Ernst	Germany	07-26-1868	05-20-1923	Wife, 4 sons, 2 daughters
NEUMAN Camilla Elisabeth M.	Cincinnati, OH	03-31-1903	04-02-1905	Robert & Pauline Neumann, pars
NIEB Fred	Cincinnati, OH	09-22-1863	04-13-1916	Children
NIEB Jacob	Cincinnati, OH	01-07-1888	05-22-1924	6 brothers, 3 sisters
PFIERMANN August	--	08-05-1856	04-14-1923	Wife
REDEL Ella	Cincinnati, OH	02-10-1894	08-07-1920	Parents, 2 brothers, 1 sister
RINKE Bridget nee KROEGER	--	03-08-1842	01-12-1923	2 daughters
ROOTNER Barbara	Germany	01-09-1841	10-10-1917	1 daughter, 2 sons
ROTTNER Ida	Cincinnati, OH	06-17-1882	07-17-1913	Husband, child, sister, brother
SCHALLER Paul	Cincinnati, OH	01-27-1864	11-13-1909	Carl Schaller, brother
SCHIEDRICH Henriette	Cincinnati, OH	07-23-1899	03-31-1903	Heinrich Theodor & Louise, pars
SCHMUCKER Carl	Germany	10-02-1867	08-03-1920	Wife, 1 son, 2 daughters
SCHNEIDER Louis	--	11-15-1851	12-18-1933	None given

MARTINI UNITED CHURCH of CHRIST — Cincinnati, OH

Burials to VINE STREET HILL CEMETERY from Martini Church Record, continued

Name	Place of Birth	BD or AE	DD	Relatives
SCHNITTGER William A	--	01-14-1857	01-11-1921	Wife & son
SCHRIEFER Jacob	--	05-23-1855	11-09-1931	None given
SCHUMACHER Wilhelmine	Rheinbischofshein, Baden	09-28-1825	10-10-1907	None given
SHELANDER Chas.	--	09-02-1862	12-02-1922	2 daughters, 1 son
SMIGELWITZ Alwine	Lick Run, Cincinnati, Oh	01-31-1895	07-12-1895	Paul & Josephine, parents
SPERBER Elisabeth nee BACH	Kalchreuth, Bavaria	06-02-1820	03-04-1906	None given
SPERBER Heinrich	Kalchreuth, Mittelfranken, Bavaria	12-15-1822	04-05-1888	Elisabeth Sperber, wife
SPERBER Lorenz	Cincinnati, OH	01-20-1884	03-18-1920	Wife, 4 children, mother, brother
STICHTENOTH Mrs Elizabeth	?	76 yrs	01-13-1918	2 sons, 2 daughters, 1 brother
TEDTMANN Walter G	Cincinnati, OH	04-20-1888	08-05-1906	Bernhard & Elisabeth, pars
TOEPKE Anna	London, England	03-04-1857	09-20-1921	None given
TRAUB Eliz. nee HARTH	--	12-20-1846	10-01-1928	3 sons
TRAXEL Magdalene	Steinman, Baden, Germany	10-?0-1836	04-30-1901	Rose HEHEMAN, daughter
UHLMANN Jacob	Linsenhofer, o/a.Nurtingen, Wtbg.	07-08-1833	01-25-1894	Emilie Uhlmann, wife
VOGT Magdalena	--	03-27-1837	03-03-1923	4 nieces, 2 nephews
WAGNER Barbara nee JOACHIM	Landsweiler, Rheinland, Pfalz	06-16-1863	01-01-1899	Johann Wagner, husband
WAGNER Georg	Cincinnati, OH	08-18-1892	11-16-1897	Johann & Barbara Wagner, pars
WINKLER Barbara nee MEHRING	Cincinnati, OH	01-11-1857	06-29-1907	Wilhelm Winkler, husband
WINKLER Helen Emma nee SMITH	--	04-27-1898	06-20-1921	None given
WINKLER Wilhelm	Merseburg, Germany	08-04-1854	10-26-1908	None given
ZIEGELMEIER Henry	-- (died in France)	01-09-1898	10-04-1918	Mother, 4 sisters, 3 brothers

Burials to BALTIMORE PIKE CEMETERY from Martini Church Record

Name	Place of Birth	BD or AE	DD	Relatives
ALTEMEIER Elmer	Cincinnati, OH	09-07-1899	11-07-1916	Parents, sister, brother
ALTEMEIER J Heinrich	Taylors Creek, Green Twp, Hamilton Co OH	07-25-1867	05-22-1902	Anna Altemeier, wife
ALTEMEIER Marie Fried. nee BEINECKE	Tecklenburg, Prussia	04-09-1847	07-08-1905	F H Altemeier, husband
ALTEMEYER Florence Louise A	Fairmount, Cincinnati, OH	07-24-1882	10-16-1884	Heinrich & Marie Altemeyer
ARNOLD Philip	--	10-19-1869	05-16-1934	--
BACKMEYER Carl	Cincinnati, OH	06-06-1874	04-19-1899	Carl & Elisabeth Backmeyer, pars
BACKMEYER Heinrich Georg R	Fairmount, Cincinnati, OH	07-05-1876	09-01-1884	Carl & Elisabeth Backmeyer
BACKMEYER Henriette	Cincinnati, OH	02-26-1872	12-29-1886	Carl & Elisabetrh, pars
BACKMEYER Henriette nee DALKMANN	Ohrlinghausen, Lippelt	10--0-1817	07-03-1898	Carl Backmeier, son
BACKUS Helen	--	11-24-1879	06-22-1934	None given
BALDWIN Anna Helene	Cincinnati, OH	07-01-1900	01-21-1902	Harry & Catharine Baldwin, pars
BALDWIN Clifford William	Cincinnati, OH	04-07-1899	01-20-1902	Harry & Catharine Baldwin, pars
BARTH Lawrence	--	01-08-1888	11-19-1931	None given
BAUER Johann Conrad	Hemzümer, Wtbg	03-13-1825	09-06-1889	Louise Bauer, wife
BAYER Auguste nee SCHMIDT	Cincinnati, OH	09-17-1867	02-08-1907	Wm Bayer, husband
BECKER Valentine	Germany	02-22-1854	10-06-1916	Wife & children
BENJAMIN Frieda	--	10-16-1906	04-15-1934	None given
BENZ John	St Gala, Switzerland	10-03-1856	05-04-1916	Wife & daughter
BENZ Mrs Lena nee GRAF	--	08-30-1858	05-18-1928	Daughter
BRACKMEIER Eliz. nee BEINECKE	--	05-31-1855	01-28-1923	Husband, 1 son & daughter
BRECHTEL Eliz.	--	09-25-1903	05-28-1934	None given
BRITTON Geo.	--	03-11-1866	07-16-1921	Wife
BRITTON Mrs nee NEUMEISTER	--	10-01-1855	09-06-1925	1 Son, 1 daughter, 1 brother
BROWN Robert	--	07-12-1869	07-11-1928	Wife, 2 sons, 4 daughters
BRUCKER Daniel	--	02-19-1858	05-01-1923	1 brother, 1 sister
BUEHLER Elisabeth nee SCHNEIDER	b/Wiesbaden, Nass.Germany	04-18-1827	03-08-1902	Jacob Buehler, son
BUEHLER Jacob	Fugenheim, Rheinland, Pfalz	07-25-1825	12-22-1900	Elisabeth Bühler, wife
BUEHLER John	--	05-30-1856	11-04-1928	2 brothers, 1 sister
CLARK Chester	--	01-06-1894	07-31-1934	None given

MARTINI UNITED CHURCH of CHRIST — Cincinnati, OH

Burials to BALTIMORE PIKE CEMETERY from Martini Church Record, continued

Name	Place of Birth	BD or AE	DD	Relatives
COOK Raymond R	--	--	09-24-1924	Parents, 5 sisters, 2 brothers
CORNELIUS Eliz. nee EGNER	--	05-30-1847	03-13-1928	6 sons, 1 daughter
CORNELIUS James	Cincinnati, OH	02-01-1865	06-18-1892	James & Elisabeth, parents
DELLBRUEGGE Mrs Kate	Germany	08-13-1850	08-24-1916	8 children
DOPPLER Adam	Cincinnati, OH	09-03-1862	07-04-1907	None given
DOPPLER Raymund	Fairmount, Cincinnati, OH	05-18-1896	06-01-1896	Heinrich & Elisabeth, parents
DORSCH Johann	Holfelden, Bavaria	06-01-1825	09-04-1896	Michael Dorsch, son
DORSCH Michael	Cincinnati, OH	05-31-1854	03-05-1898	Michael Dorsch, son
DUNHAM Anna C nee HETTESHEIMER	Cincinnati, OH	08-26-1874	06-03-1912	Robert Dunham, 4 daughters
EBEL Georg	Fairmount, Cincinnati, OH	11-23-1877	05-05-1885	Severun & Bertha Ebel, parents
EGNER Elisabeth	Winzenheim, Elsass, France	08-22-1817	04-23-1891	Georg Egner, son
EHLER Eliz. nee BUEHLER	--	09-23-1851	04-25-1927	3 brothers, 1 sister
FISCHER Charles P, Jr	Cincinnati, OH	10-26-1878	01-09-1908	Laura Anna Fischer, wife
FOERTSCH Howard	Cincinnati, OH	03-27-1917	05-29-1918	Parents, brother & sister
FOERTSCH Jennie nee RUMMEL	--	11-23-1897	03-24-1924	Husband,2sons,3brothers,2sisters
FOERTSCH Paul	Germany	1845	04-04-1920	Wife, 3 sons, 1 daughter
FRANK Johannes	Gimmeldingen, Rheinland Pfalz	02-06-1832	01-31-1907	Elisabeth Frank, wife
GREVES (?) Anne	--	06-21-1856	12-13-1933	None given
GUENTHER Louis Ernest	Germany	12-04-1853	01-27-1919	Wife, 2 sons, 3 daughters
GUTZWILLER Edward	Basel, Switzerland	12-04-1850	11-24-1921	3 sons, 2 daughters
GUTZWILLER Maria	--	01-08-1850	01-02-1921	Husband, 2 daughters, 3 sons
HAAKE Friedrich	Krantheim, Weimar, Germany	01-27-1822	01-31-1897	Adam DOPPLER, step-son
HAAKE Margarethe (DOPPLER) nee KASSEL	Struth, Loth.France	01-27-1831	05-17-1896	Friedrich Haake, husband
HAMMON Shirly Jane	--	Infant	08-28-1926	Parents
HARNISCH Arthur	Cincinnati, OH	02-09-1881	03-01-1901	Johann & Caroline, parents
HARNISCH Gertrude Alice	Cincinnati, OH	01-20-1885	03-13-1907	Johann & Caroline, parents
HARNISCH Johann Milton	Cincinnati, OH	02-06-1874	01-10-1895	Johann & Caroline, parents
HARNISCH Mildred J	N Fairmount, Cincinnati, OH	11-26-1889	06-05-1891	John & Caroline Harnisch, pars
HARNISCH Wilhelm P	Cincinnati, OH	06-20-1876	09-05-1894	Johann &Caroline Harnisch,pars
HARNISH John M	Indiana	10-27-1841	07-17-1917	Wife, 4 daughters, 1 son, 1 sister
HARNIST Flora	--	07-29-1857	10-07-1928	Mother, 3 sisters, 1 brother
HEIS Johann	Cincinnati, OH	01-05-1900	02-07-1900	Carl & Emma Heis, parents
HEIS Joseph	Cincinnati, OH	11-05-1902	11-12-1902	Carl & Emma Heis, parents
HETTESHEIMER Eduard	Cincinnati, OH	07-04-1875	03-22-1897	Eva Hettesheimer, mother
HETTESHEIMER Eva nee EGNER	Cincinnati, OH	10-13-1843	08-15-1909	J Hettesheimer, son
HETTESHEIMER Peter	Cincinnati, OH	09-10-1861	04-02-1893	Eva Hettesheimer, mother
HOFFMANN Margarethe nee STEMMERMANN	Gersdorf, Hannover	02-21-1815	11-16-1903	August Hoffmann, husband
KNAU Joseph Michael	Cincinnati, OH	10-26-1898	11-25-1900	Michael & Annie Knau, parents
KOCH Oscar	Sachsen, Germany	07-11-1856	06-08-1922	Wife & children
LEOPOLD John	Germany	62 years	04-02-1920	None given
LINCK Johann Leonhard	Winzheim, Bavaria	01-22-1813	09-10-1884	Martin Linck, son
LUTTERBECK Fred.	--	02-02-1845	02-05-1923	Wife, 1 son
McCOY Mrs Ethel nee ELLIS	--	08-10-1889	10-28-1932	None given
MEHL Friedrich	Westerhausen, Prussia	11-06-1839	06-11-1896	Elisabeth Mehl, wife
MUELLER Friedrich Albert	Cincinnati, OH	04-15-1899	04-30-1906	Joseph & Lillie Müller, parents
MUELLER Susanna	Cincinnati, OH	06-28-1882	05-10-1910	Maria Müller, mother
MUENISHBACH Barbara nee HUBERT	--	10-02-1844	11-06-1926	None given
NEUMEISTER Jacob	Cincinnati, OH	07-30-1862	09-03-1916	Wife & children
OSTERHAUS Emilie	Lick Run, Cincinnati, OH	08-26-1884	04-20-1885	Wilhelm & Emilie, pars
OSTERHAUS Wilhelm	Cincinnati, OH	04-01-1860	12-02-1885	Emilie FRIEDRICH, wife
PETERS Barbara nee BALLINGER	Switzerland	03-07-1824	11-20-1889	Georg Peters, husband
PINSENSCHAUM Friedrich Michael	Cincinnati, OH	09-08-1904	09-16-1904	Friedrich & Emma, parents
POPP, Leonhard John H	Cincinnati, OH	03-28-1898	07-11-1915	Parents
PREUNINGER Michael	Cincinnati, OH	04-14-1905	03-30-1906	Johann & Clara Preuninger, pars
RALSTON Eleanore	--	04-06-1927	04-27-1928	Parents
ROSENACKER Fayetta	--	05-19-1884	12-04-1933	None given

MARTINI UNITED CHURCH of CHRIST — Cincinnati, OH

Burials to BALTIMORE PIKE CEMETERY from Martini Church Record, continued

Name	Place of Birth	BD or AE	DD	Relatives
ROSENBERGER Caroline Eliz. nee ALTEMEIER	Cincinnati, OH	07-04-1873	12-21-1903	Joseph Rosenberger, husband
SCHLESSINGER John	--	02-22-1908	01-18-1934	None given
SCHMIDT Elisabeth nee KLEE	Hasheim, Baden, Germany	11-02-1826	11-22-1904	Bertha EBEL, daughter
SCHNABEL August	Cincinnati, OH	06-02-1857	02-20-1910	Ernst Schnabel, brother
SCHNELLER Anna (KNAU) nee KARETH	Cincinnati, OH	08-05-1846	04-09-1908	Peter Schneller, husband
SCHUMACHER Carl	Rheinbischofshen, Baden	08-12-1821	09-02-1890	Wilhelmine Schumacher, wife
SCHWAB Michael	--	01-16-1853	01-24-1932	None given
SCHWAB Mrs Margaret	Germany	12-06-1827	02-12-1918	5 daughters, 1 son
SCHWAEGERLE Jacob	Deidesheim, Rheinland, Pfalz	06-09-1854	09-30-1894	Marie Schwägerle, wife
SCHWANDNER Elvera	--	08-26-1901	05-27-1934	None given
SEWALD Elisabeth	Fairmount, Cincinnati, OH	10-13-1867	07-28-1889	Johann & Friederike Sewald, pars
SEYLER Luther	Deitersheim, Rheinland Pfalz	07-02-1846	05-16-1913	Kath. Seyler, wife; Georg & Louise, children
SEYLER Mrs Kath.	--	07-20-1852	06-27-1932	None given
SHIBLEY Fanny May	Hopkinsville, KY	11-07-1911	06-28-1920	Parents, 4 brothers, 3 sisters
SPENCER Melvin Charles	Cincinnati, OH	04-23-1897	09-15-1898	William & Cath. Spencer, pars
SWARTZ Hilda nee ALTEMEIER	--	09-24-1892	01-12-1923	4 brothers, 3 sisters
UHL Andreas	Langenfeld, Bavaria	09-04-1821	09-25-1899	None given
UHL Sophia, nee STRENG	Weyersheim, Wtbg.	11---0-1823	11-15-1890	Andreas Uhl, husband
VOLZ Franz E	Cincinnati, OH	08-01-1859	06-23-1894	Mathilde Volz, wife
WEDDENDORF Friedrich	Laddbergen, Westphalia	07-06-1857	08-22-1898	Hannah Weddendorf, wife
WEHRUNG Adam	--	09-31-1858	04-04-1928	Wife, 1 daughter, 3 sons
WEHRUNG Eliz. nee SCHALK	--	04-12-1861	06-19-1922	Husband, 4 sons, 1 daughter
WEHRUNG Margarethe	Walfskirch, Elsass	07-08-1818	09-07-1890	Adam Wehrung, son
WEHRUNG Mrs Adam	--	04-22-1860	11-24-1933	None given
WIETHOFF John	--	03-30-1870	11-11-1926	None given
WINEING (?), Henry	--	10-23-1863	03-24-1934	None given

Burials to WALNUT HILL CEMETERY from Martini Church Record

Name	Place of Birth	BD or AE	DD	Relatives
AEHI Marie Eva nee ROHR	Gäcklingen, Switzerland	09-11-1862	12-11-1899	None given
ANDERSON Franklin	--	06-05-1888	11-01-1928	Wife, 4 brothers
BERGLER Babette	Neustadt a/d- Bavaria	10-07-1845	03-26-1892	Paul Bergler, husband
BRAUN Fred	--	11-22-1863	03-23-1932	None given
DAIBER Caroline nee KÖTTER	Cincinnati, OH	03-08-1883	04-21-1906	Friedrich Daiber, son
DETMERING Charles	--	03-19-1879	06-23-1934	None given
DIERKEN Dora nee MICHAELIS	--	10-22-1859	10-28-1925	Husband, 3 daughters
DIERKEN Henry	--	09-18-1851	04-16-1928	3 daughters
DIESENREITER Arthur T Paul	Lick Run, Cincinnati, OH	03-10-1879	07-07-1879	Julius & Amalie Diesenreiter, pars
DUGGINS Wallace	--	08-27-1924	09-05-1927	Parents, 1 sister, 1 brother
FENKER Wilhelm	Wagenfeld, Hannover, GY	05-15-1863	05-10-1894	Louise ALBRECHT, sister
FEUERSTEIN Clara	Hainesport, NY	07-14-1869	06-09-1887	Henriette Feuerstein, mother
FINNERAN Helen nee HERZNER	--	04-12-1899	01-04-1926	Husband, 2 children
FÖRTSCH Charlotte	Green Twp, Hamilton Co OH	08-17-1851	12-12-1885	Paul Förtsch, husband
FRAUMAN Roy	Cincinnti, OH	07-01-1894	02-19-1920	Wife, 3 brothers
FRECHTEMEIER William	Germany	04-25-1861	11-25-1917	3 brothers, 1 sister
GLINDMEIER Chas.	--	--	08--0-1924	Wife, 1 daughter
GROH Charlotte	Bensheim, bei Darmstadt, Hessen	02-24-1814	03-05-1880	Paul FÖRTSCH, son-in-law
HATTENDORF Marcia Elisabeth	Cincinnati, OH	01-07-1918	05-27-1919	Parents, 1 sister, 2 brothers
HETSCH Wilhelm	Lick Run, Cincinnati, OH	02-06-1883	05-24-1883	Georg & Catharine Hetsch, pars
HOFFMANN Friedrich	Gräfenhill, Oberfranken, Bavaria	03-01-1800	01-29-1880	Johann SCHRAMM, son-in-law
HORNER Anna	--	02-01-1861	12-24-1919	None given
KOEHNE Jacob	Diepholz, Hannover	03-10-1808	07-12-1880	Caroline Köhne, wife
KUTZLEB Albert	--	03-14-1899	02-03-1924	Parents, 1 brother, 1 sister
KRAEUSSER Jacob	Wurttemberg	10-20-1834	08-06-1884	Barbara Kraeusser, wife
LAILE Louis	--	10-08-1854	02-19-1925	2 sons, 1 daughter
MAURER Bertha Anna	Fairmount, Cincinnati, OH	05-05-1873	08-03-1873	Carl & Auguste, parents

MARTINI UNITED CHURCH of CHRIST — Cincinnati, OH

Burials to WALNUT HILL CEMETERY from Martini Church Record, continued

Name	Place of Birth	BD or AE	DD	Relatives
MAURER Johann died Germantown, OH	Waldmossingen, Wurttemberg	07-09-1858	09-27-1903	Kunigunde Maurer, wife
METZGER Christine	Steinbach, Oberfranken, Bavaria	01-21-1849	11-23-1886	None given
MEYER Miss Jeanette	--	01-30-1909	02-01-1932	None given
MILLER Mrs Carrie	--	10-28-1878	07-17-1932	None given
NAEGELEN Julie Sophie	Lick Run, Cincinnati, OH	10-08-1885	07-22-1886	Jac. & Franziska, parents
NAGEL Henriette nee MEIER	Landorf, Osnabrück, Hannover, Germany	05-02-1829	12-24-1901	Heinrich Nagel, husband
NAGEL Joh. Heinrich	Fenna, Land. Osnabrück, Hannover	05-01-1825	02-12-1902	Eduard Nagel, son
NAGEL Johann	Green Twp, Hamilton Co OH	09-25-1864	03-05-1885	Heinrich & Henriette Nagel
NINTRUP Emma Kath. nee DIERKEN	--	09-12-1892	10-08-1922	Husbnd, son, dau, parents, 3 sis
OPPELT Peter	Bischberg, Bamberg, Bavaria	06-04-1867	02-14-1909	Kunigunde Oppelt, wife
REDDERT Sophie	--	07--0-1855	04-11-1925	Husband, 1 son, 1 daughter
ROESNER Friedrich	K. Steinach, Mittelfranken, Bavaria	06-24-1831	06-13-1887	-- Roesner, brother
SCHAEFER Pauline	Cincinnati, OH	09-10-1854	01-22-1920	2 brothers
SCHAFF Carolione nee EISLE	--	09-03-1852	03-18-1921	2 sons, 1 daughter
SCHEUERLE Paul	--	03-01-1839	07-17-1927	2 sons, 3 daughters
SCHRAMM Barbara Margarethe	Unterobsang, Oberfranken, Bavaria	10-30-1833	08-06-1886	Heinrich Schramm, son
SCHRAMM Johann	Lick Run, Cincinnati, OH	12-24-1878	07-25-1882	Johann & Kunigunde Schramm
SCHRAMM John	Germany	02-16-1840	10-30-1919	2 sons, 2 daughters
SCHRAMM Kunigunde	Germany	08-02-1841	06-12-1917	Husband, 2 daus, 2 sons, 1 sis
SCHRAMM Leonhard	Lick Run, Cincinnati, OH	04-11-1880	08-30-1883	Johann & Kunigunde Schramm
SCHRAMM Magdalene	Cincinnati, OH	08-26-1869	02-08-1898	Johann & Kunigunde, parents
SEIBEL Wilhelm	Anweiler, Rheinland Pfalz	11-20-1841	12-12-1896	Wilhelm Seibel, son
SEIBEL Wilhelmine	Saxony	11---0-1853	01-16-1889	Wilhelm Seibel, husband
SPAEDER Anna Marie	Rohrbach, Rheinland, Pfalz	1830	03-15-1886	Carl Spaeder, husband
STRIMPF Mrs Frieda nee KRATT	--	03-03-1881	03-03-1928	Husband, 1 daughter, 1 son
TAUBER Magdalene	Fairmount, Cincinnati, OH	10-20-1885	04-29-1886	Andreas & Marg., parents
VOIGHT Johann	Loch, Oberf. Bavaria	09-14-1834	12-29-1889	Magdalene Voight, wife
WEIDE John Gottfried	Germany	08-19-1824	05-22-1916	4 daughters
WEIDE Louise nee KRETSCHMER	Eisberg, Sachsen- Altebg.	09-10-1832	07-04-1900	Johann Weide, husband
WESTERKAMP Christian G	Osnabruck, Hannover	01-22-1837	07-14-1894	Marie Westerkamp, wife
ZENGEL Aurems (?)	Germany	03-08-1843	01-24-1920	Step daughter

Martini Congregation Burying Place
First Plan, northward from the church
Laid out on January 1, 1867
Each regular lot is 16 x 16 feet
(Traced from the original church minute book)

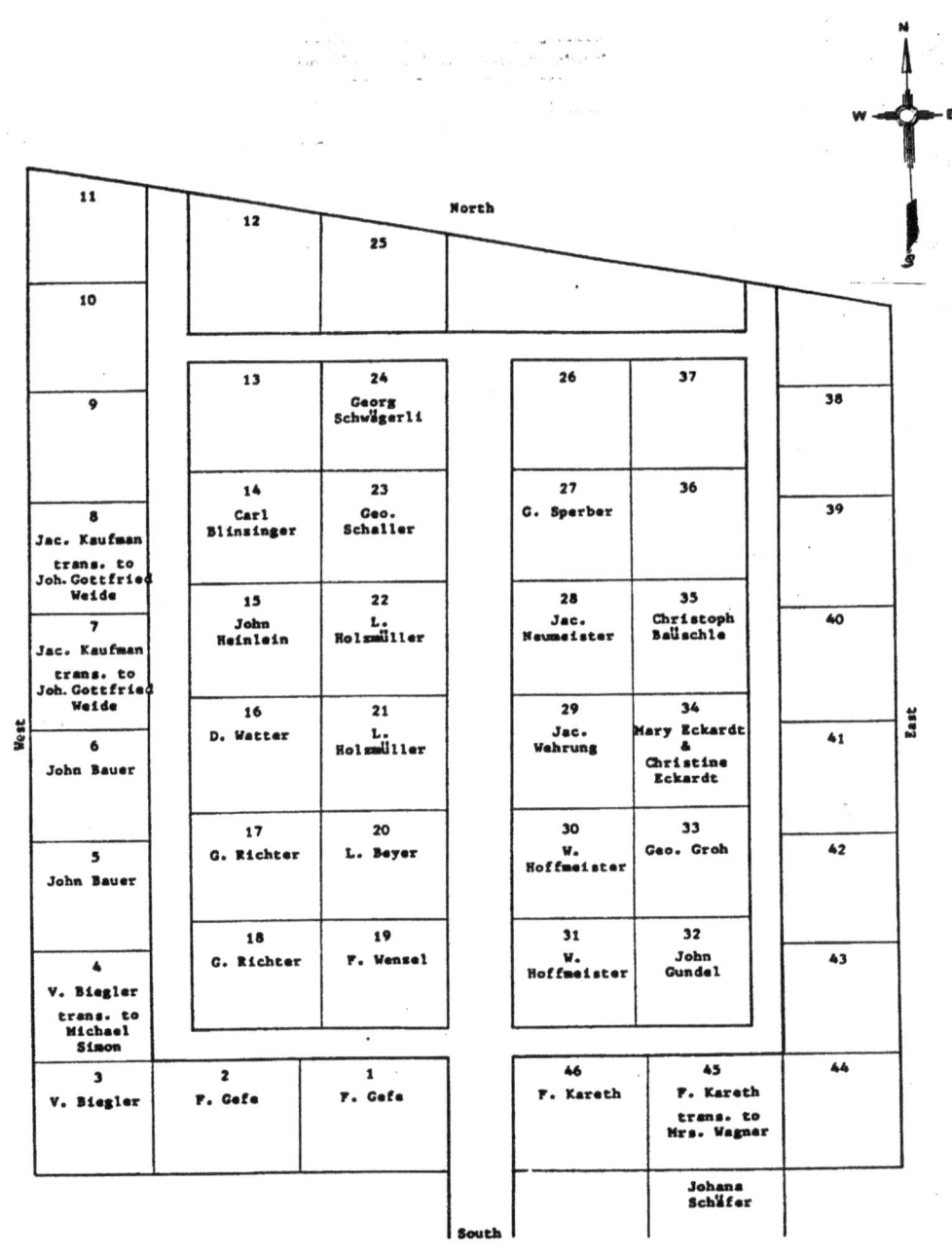

INDEX of MARTINI UNITED CHURCH of CHRIST RECORDS

AARON - 135
ABEL - 141
AEHI - 150
AEMISEGGER - 135
AHRENS - 146
AKER - 135
ALBRECHT - 150
ALEXANDER - 139
ALLMAN -135
ALTEMEIER - 148, 150
ALTEMEYER - 148
ANDERSON - 135, 150
APPLEMAN - 131
ARNOLD - 135, 148
ASCHENBACH - 131, 132
BABSTELLER - 131, 133
BACH - 148
BACKMEYER - 148
BACKUS - 148
BADER - 141
BALBACH - 135
BALDWIN - 148
BALLENGER - 141
BALLHAUS - 131, 141
BALLINGER - 149
BANTEAU - 141
BARDLEIN - 137
BARG - 133
BARTELLS - 146
BARTH - 131, 148
BAUER - 141, 143, 148
BAUSCHLE 131
BAUTEL - 135, 146
BAYER - 141, 148
BECKER - 131, 135, 148
BEGEMANN- 144
BEIGEL - 135
BEINECKE - 148
BEINICKE - 148
BELZEL - 131
BENJAMIN - 148
BENSON - 135
BENZ - 148
BERGLER - 136, 150
BERTRAM - 146
BESEL - 141
BETZ - 146, 147
BIBENT - 141
BICKEL - 144
BIEGLER - 131, 132, 134, 135, 141, 146
BIENENSTEIN - 141
BINDER -131, 136, 141, 146
BITTERLE - 141
BLINSINGER - 131
BLINZINGER - 131
BLUEMLEIN - 146
BOBSTELLER - 141, 146
BOEHME - 136
BOHRER - 136
BOLLE - 146
BOLLI - 146
BORNEMANN - 146
BOURKHOLZ - 136
BOYATT - 136

BRACKMEIER - 148
BRANDT - 131
BRAUN - 131, 136, 150
BRECHTEL - 148
BRITTING - 131, 132, 136
BRITTON - 148
BROCKMEIER - 141
BRODBECK - 141
BRONSTOP - 141
BROOKS - 136
BROTHERTON - 136, 141
BROWN - 148
BRUCKER - 148
BRUMM - 131
BRUNDAGE - 136
BUCK - 146
BUDTMAN - 136
BUEHLER - 136, 148, 149
BUEKLERS - 135
BUHLER - 137
BURBAGE - 136
BURG - 136, 146
BURGER - 132
BURNETT - 136
BUTSCHER - 141
CAMERON -136
CAMPBELL - 136, 141
CAWEIN - 131, 133, 141
CHAPMAN - 141
CHILCOTH - 141
CLARK - 148
CLARKSON - 136
CLASSEN - 131
CLIFTON - 136
CONRAD - 131
CONRADI - 131
COOK - 149
CORNELIUS - 149
COURTNEY - 136
CRACHIOLIE - 136
CROCKETT - 141
CULLMANN - 136
CZERWINSKY - 136
DAETER- 141
DAIBER - 131, 141, 142, 150
DAILEY - 141
DALKMANN - 148
DASCH - 147
DASH - 147
DATER - 142
DATERS - 142
DAUM - 132
DAVIS - 142, 146
DEDDENDORF -1356
DEITEMEIER - 136, 142
DEITEMEYER - 136, 142
DELLBRUEGGE - 149
DENHART - 142
DENSSER - 142
DETMERING - 150
DIEFENBACH - 139
DIERKEN - 150, 151
DIESENREITER - 150
DIETZ - 142
DILG - 136

DODSON - 143
DOPPLER - 132, 149
DORNER - 132
DORSCH - 132, 136, 149
DOTY - 136
DOWNTON - 142
DRAXEL - 132
DRISCHEL - 136, 146
DUGGINS - 150
DUNHAM - 149
DUPRESZ - 145
EASTER - 136
EBEL - 136, 142, 149, 150
ECKARDT - 132, 134, 136, 139, 142, 146
ECKHARDT - 142
EGGERS - 134
EGNER - 136, 149
EHLER - 149
EICHNER - 132
EISERT - 142
EISLE - 151
ELLIS - 149
EMLICH - 132
EMMELICH - 132
ENGEL - 132, 136, 137, 142, 144
ENGLERT - 146
ENGST - 145
ERNST - 136
FAHRBACH - 136
FAIGLE - 137
FAYE - 146
FEDERMANN - 146
FEHL - 137, 142
FEHLMAN - 137
FEHLS, 142
FEIN - 141, 142
FENKER - 150
FERKEL - 132
FEUERSTEIN - 150
FIELD - 137
FINNERAN - 150
FISCHER - 132, 137, 146, 149
FITZPATRICK - 142
FOERTSCH - 137, 142, 149
FORTSCH - 141, 142, 150
FRAESSDORF - 142
FRANK - 131, 132, 142, 149
FRANZMANN - 142
FRAUMAN - 150
FRECHTEMEIER - 150
FRICK - 137, 142, 146
FRIEDRICH - 132, 133, 137, 146, 149
FRIES - 142
FUEGEL - 132, 137
GABLER - 142
GAEFE - 132, 142, 143, 144, 146
GAERTNER - 147
GANSZ - 147
GARTTNER - 147
GEORGE - 142
GERBER - 140
GERHARD - 132
GERHARDT - 132, 142

GERNHARDT - 137
GESSWEIN - 137
GIBERT - 137
GIEHL - 132
GIELE - 142
GIERING - 142
GILBERT - 142
GIMBEL - 147
GLAZER - 137
GLINDMEIER - 150
GNAU - 132
GOEBEL - 145
GOOD - 137
GRAEBE - 132, 142
GRAEF - 143
GRAF - 148
GRASSLE - 137
GRAU - 132, 147
GRAUSE - 137
GREEN - 137, 143
GREISER - 143
GREVES - 149
GROEBE - 132
GROH - 150
GRONIGER - 137
GROSSER - 143
GROSSHEIM - 147
GROSZ - 137
GUCKENBERGER - 147
GUENTHER - 149
GUERRERA - 137
GUMP - 143
GUNDEL - 132
GUTZWILLER - 149
HAAKE - 132, 149
HAAS - 146
HACKMANN - 137
HAEFEL - 143
HAGEL - 147
HAMMLER - 143
HAMMON - 149
HANNAUM - 147
HARNISCH - 132, 149
HARNISH - 149
HARNIST - 149
HARPELL - 143
HARTH - 148
HARTMANN - 143
HARTMUTH - 143
HASELROTH - 137
HATTENDORF - 150
HAUCK - 137, 145
HAUFLER - 143
HAUSE - 135
HAUSER - 137
HEBER - 137
HECK - 137, 140, 143
HEDGES - 141
HEDRICK - 143
HEHEMAN - 148
HEHEMANN - 147
HEID - 143, 144
HEIN - 132
HEINLEIN - 146
HEINOLD - 137
HEIS - 132, 137, 149
HELLE - 137, 143
HELLMANN - 137

HEMBSER - 137
HEMLER - 147
HENDLAND - 137
HENLING - 137
HENRY - 137
HENSEL - 143
HENZEL - 147
HERBOLDSHEIMER - 133
HERTZ - 137
HERZNER - 150
HESSDOERFER - 147
HESSE - 137
HESSEL - 137
HETERICH - 145
HETSCH - 150
HETTESHEIMER - 133, 149
HIGHFALL - 143
HILTENBEITEL - 133
HIRSCH - 133
HOEPPNER - 147
HOFFMAN - 149
HOFFMANN - 150
HOFFMEISTER - 133, 138, 143
HOLBERT - 132
HOLDEN - 138
HOLSCHER - 138
HOLZMILLER - 143
HOLZMUELLER - 133
HOLZMULLER - 133
HOPPNER - 133
HORN - 138, 143, 147
HORNER - 150
HOUSTON - 136
HOUZE - 138
HUBER - 133
HUBERT - 149
HUDFLIS - 138
HUSTER - 142
HUSTON - 138
IVEY - 138
JAEGER - 137
JAHRAUS - 138
JANCH - 138
JENKINS - 138
JESKE - 133
JOACHIM - 148
JOHNSON - 143
JOHNSTON - 138, 143
JONES - 138, 143
JOPLIN - 143
JUNG - 141, 143
JUNGE - 133
KAEFEL - 133
KAESEMEYER - 147
KALBSKOPF - 143
KALLENBACH - 133
KALLIES - 143
KARETH - 133,138,142,143,
 147,150
KASSEL - 149
KAUFMAN - 133
KAUFMANN - 138, 143
KEHRT - 138, 143
KELLER - 140
KELSCH - 147
KIEN - 143
KIEWIT - 138
KIMBERLEY - 131

KIPP - 147
KIRN - 138, 144
KLARE - 138
KLEE - 150
KLEIN - 138
KLEINER - 133
KLING - 144
KLUNZ - 145
KNAPP - 133, 138, 144
KNAU - 133, 149, 150
KNAUSS - 138
KNORR - 133
KOCH - 138, 149
KOECHLI - 133
KOEHNE - 133, 150
KOHLER - 138
KOHNE - 144
KONIG - 141
KOPP - 133, 138
KOTTER - 150
KOWES - 132
KRAEUSSER - 138, 150
KRAMER - 138
KRATT - 151
KRAUS - 147
KRAUSSER - 144
KRETSCHMER - 151
KREUTZ - 145
KROEGER - 147
KRUMM - 146
KUDER - 147
KUENEN - 138
KUHLMANN - 134
KUMMER - 138, 144
KUSTER - 138
KUTZLEB - 150
LAILE - 150
LAMBERT - 138
LAMMERS - 138, 147
LANDANWITSCH - 138
LANDFRIED - 147
LANG - 147
LEGO - 138
LEIBFARTH - 138, 144
LEILKAMP - 145
LENHARD - 146
LENZ - 147
LEONHARDT - 144
LEOPOLD - 149
LEPERE - 144
LIESCHER - 146
LIGGET - 144
LINCK - 133, 149
LING - 138
LISCHER - 147
LITELL - 144
LLOYD - 138
LOCANCZY - 147
LOGE - 144
LOICHINGER - 138, 147
LORBKER - 147
LORENZ - 133
LUHRMAN - 138
LUTTERBECK - 144, 149
MAISEL - 145
MANDERY - 138
MANINGER - 147
MANN - 138, 144

MANSO - 144
MARTIN - 147
MARTING - 138
MATTOX - 138
MAURER - 150, 151
MAUSSNER - 141
MAYER - 133
McALLISTER - 133
McCOY - 149
McDONALD - 134
McGEE - 138
McHENRY - 138
MECHLIN - 144
MEEHE - 138
MEHL - 140
MEHRING - 133, 147, 148
MEIER - 151
MENHAL - 138
METHLING - 138
METZGER - 151
MEYER - 133, 138, 141, 147, 151
MICHAELIS - 139, 150
MILLER - 139, 151
MITCHELL - 139
MORGAN - 143
MUELLER - 133, 139, 147, 149
MUENISHBACH - 149
MUHE - 144
MUIR - 139
MULLER - 133, 134
MURPHY - 144
NAEGELE - 144
NAEGELEN - 151
NAGEL - 135, 144, 151
NART - 139
NEUMAN - 147
NEUMEISTER -134,135,139,148, 149
NIEB - 147
NINTRUP - 139, 144, 151
OCHS - 139
O'CONNELL - 134, 144
ODENBACH - 134, 139, 144
OEHLER - 146
OETTINGER - 139
OPPELT - 151
OSBORN - 139
OSTERHAUS - 149
OTT - 142, 144
OTTE - 139
PABST - 144
PACKWOOD - 144
PAPST - 134
PAWLITZKI - 139, 144
PEBLIZKI - 139
PENN - 139
PERRY -139
PETERS - 144, 149
PETRI - 144
PFIERMANN - 147
PFIRMANN - 146
PFISTER - 137
PFORTNER - 147
PHILIPS - 139
PINSENSCHAUM -144, 149
POPP - 139, 149
PRATT - 139
PREUNINGER - 149

PROSS - 139
RADCLIFF - 139
RALSTON - 149
RAUSCHER - 139
RECKE - 137
REDDERT - 139, 151
REDEL - 147
REHBOLD - 144
REINHARDT - 134
RENNER - 144
RETZSCH - 139
RICHARD - 139
RICHTER - 134, 145
RICKEL - 145
RICKERT - 134, 139
RIES - 146
RINKE - 147
RODER - 132
RODLER - 134
ROEMER - 139
ROESNER - 151
ROHR - 134, 145, 150
ROLLER - 139
ROOTNER - 147
ROSEMEIER - 139
ROSENACKER - 149
ROSENBERGER - 150
ROTH - 139
ROTTELE - 134
ROTTNER - 134, 147
RUDEMILLER - 139
RUEHL - 139
RUMMEL - 149
RUPPRECHT - 134, 139, 142, 145
SALMON - 139
SCHAEFER - 134, 139, 151
SCHAEFFER - 145
SCHAFF - 145, 151
SCHAFFER - 134
SCHAICH - 139
SCHALK - 145, 150
SCHALLER - 134, 139, 145,146, 147
SCHEIBE - 139
SCHEIDT - 145
SCHELL - 139
SCHELLER - 134
SCHEUERLE - 151
SCHIEDRICH - 139, 147
SCHINDLER - 134
SCHLASINGER - 139
SCHLENKER - 145
SCHLESSINGER - 150
SCHLIPF - 139
SCHMIDLIN - 139
SCHMIDT - 134, 139, 142, 145, 148, 150
SCHMUCKER - 147
SCHNABEL - 150
SCHNEIDEMANN - 145
SCHNEIDER - 134, 139,140, 145, 147,148
SCHNEIDERMANN - 145
SCHNELLER - 150
SCHNITTGER - 148
SCHODINGER - 143, 145, 146
SCHOEDINGER - 134, 145
SCHOETTKER - 145
SCHRAMM - 150, 151

SCHREIBER - 145
SCHRIEFER - 148
SCHRIMFER - 138
SCHULTZ - 133
SCHULZ - 134, 140
SCHUMACHER - 148, 150
SCHUPFERLING - 134
SCHWAB - 145, 150
SCHWAEGERLE - 150
SCHWAEGERLI - 134
SCHWAGERLE - 145
SCHWANDNER - 150
SCHWARM - 147
SCHWARTZ - 140
SCHWEIKHARDT - 140
SCHWEITZER- 140
SEIBEL - 151
SEWALD - 150
SEYLER - 150
SHARRON - 140
SHAW - 140
SHELANDER - 148
SHIBLEY - 150
SHOLTEN - 140
SIEGEL - 142
SIMON - 134, 140, 144, 145
SINDLER - 143
SINDLINGER - 145
SMIGELWITZ - 148
SMITH - 140, 148
SMITT - 134
SNIDER - 140
SOMMER - 140, 145
SPAEDER - 151
SPEAR - 138
SPENCER - 150
SPERBER - 132, 135, 145, 148
STAAB - 145
STANG - 140, 145
STATH - 140
STEAMEN - 140
STEIGELMANN - 145
STEIN - 140
STEINER - 145
STEINMEIER - 140
STEINMEYER - 144
STEMMERMANN - 149
STERMER - 144, 145, 146
STEUBER - 142
STEVENS - 140
STICHTENOTH - 148
STITZER - 140
STOUT - 140
STRENG - 150
STRIMPF - 151
STUCK - 140
STUHLMANN - 140
STURMER - 145
SWARTZ - 150
TAUBER - 151
TEDTMANN - 148
TENKINGER - 140
TENNENBAUM - 140
TEPFLER - 140
THINNES - 140
THON - 134
THONSMEYER - 141
TOEPKE - 148

TRAUB - 148
TRAXEL - 148
TROXEL - 135
TUERCK - 135
TULLY - 135
UEHLEIN - 140
UHL - 150
UHLMANN - 145, 148
ULM - 140
VANDERCAR - 139
VARNER - 140
VOGT - 148
VOIGHT - 151
VOLZ - 150
WAGNER - 135, 145, 146, 148
WALTER - 135, 145, 146
WALTHER - 140, 146
WAMBGANS - 144
WAMBSGANSZ - 146
WEAVER - 143
WEDDENDORF - 150
WEGENER - 135
WEGMAN - 146
WEHRUNG - 135, 150
WEIDE - 135, 146, 151
WEIMANN - 135
WEINICH - 145
WEISS - 140, 146
WELDELE - 135
WELSCH - 146
WELSH - 146
WENDLAND - 146
WENNINGER - 140
WENZEL - 133, 135, 140, 144
WERNERSBACH - 146
WERTZ - 146
WEST - 140
WESTERKAMP - 146, 151
WICHMANN - 146
WIEGMAN - 140
WIEHE - 135
WIENECKE - 140
WIESENTHAL - 140
WIESER - 146
WIETHOFF - 140, 150
WILLNER - 134
WINCKLER - 140
WINEING - 150
WINKING - 140
WINKLER - 135, 148
WISMAN - 140
WOLF - 140
WOLFF - 146
WOLINCK - 146
WORLRINE - 140
WORTZ - 135
WRIGHT - 146
WUEST - 140
ZAPF - 140
ZENGEL - 151
ZIEGELMEIER - 148
ZIMMERMANN - 140
ZIRN - 135
ZUBILLER - 135
ZUERN - 135

Other Heritage Books by Hamilton County Chapter of the Ohio Genealogical Society:

CD: Hamilton County, Ohio Burial Records, Volumes 1-9:

Hamilton County, Ohio Burial Records:
* *Volume 1: Wesleyan Cemetery, 1842-1971 (1984)*
* *Volume. 2: Anderson Township Cemeteries, 1800-1989 (1990)*
* *Volume 3: Vine Street Hill Cemetery, 1852-1977 (1991)*
* *Volume 4: Miami Township (Primarily Maple Grove) (1993)*
* *Volume 5: Crosby and Whitewater Township Cemeteries (1993)*
* *Volume 6: Colerain Township Cemeteries (1994)*
* *Volume 7: Springfield Township Cemeteries (1994)*
* *Volume 8: Sycamore Township Cemeteries (1994)*
* *Volume 9: Union Baptist African American Cemetery (1997)*

Hamilton County, Ohio Burial Records:
Volume 4: Miami Township Cemeteries
Volume 5: Crosby and Whitewater Township Cemeteries
Volume 7: Springfield Township Cemeteries
Volume 8: Sycamore Township Cemeteries
Volume 9: Union Baptist African American Cemetery
Volume 10: Green Township
Volume 11: Columbia Township
Volume 12: Calvary Cemetery
Volume 13: First German Protestant Cemetery of Avondale and Martini United Church of Christ Records
Volume 14: Harrison Township

Hamilton County, Ohio Church Death Records, 1811-1849

Index of Death Lists Appearing in the Cincinnatier Zeitung, *1887-1901*

Index of Death Notices Appearing in the Cincinnati Daily Times, *1840-1879*

Index of Death Notices Appearing in the Cincinnati Volksblatt, *1846-1918, [Hamilton County]*

Restored Hamilton County, Ohio Marriages, 1808-1849

Restored Hamilton County, Ohio Marriages, 1850-1859

Restored Hamilton County, Ohio Marriages, 1860-1869

Restored Hamilton County, Ohio Marriages, 1870-1884

Other Heritage Books by Jeffrey G. Herbert:

Index of Death Notices and Marriages Notices Appearing in the Cincinnati Daily Gazette, *1827-1881*

Index of Death and Other Notices Appearing in the Cincinnati Freie Presse, *1874-1920*

Index of Death Notices Appearing in the Cincinnati Commercial, *1858-1899*

Restored Hamilton County, Ohio Marriages, 1808-1849

Restored Hamilton County, Ohio Marriages, 1860-1869

Restored Hamilton County, Ohio Marriages, 1870-1884

CD: Restored Hamilton County, Ohio Marriages, 1860-1869

www.ingramcontent.com/pod-product-compliance
Lightning Source LLC
Chambersburg PA
CBHW080248170426
43192CB00014BA/2603